Streiten gegen die Erosion der Demokratie

Rainer Eisfeld

Streiten gegen die Erosion der Demokratie

Politikwissenschaft für das 21. Jahrhundert

Rainer Eisfeld
Fachbereich 1
Osnabrück University
Osnabrück, Deutschland

Dieses Buch ist eine Übersetzung des Originals in Englisch „Empowering Citizens, Engaging the Public" von Eisfeld, Rainer, publiziert durch Springer Nature Singapore Pte Ltd. im Jahr 2019. Die Übersetzung erfolgte mit Hilfe von künstlicher Intelligenz (maschinelle Übersetzung durch den Dienst DeepL.com). Eine anschließende Überarbeitung im Satzbetrieb erfolgte vor allem in inhaltlicher Hinsicht, so dass sich das Buch stilistisch anders lesen wird als eine herkömmliche Übersetzung. Springer Nature arbeitet kontinuierlich an der Weiterentwicklung von Werkzeugen für die Produktion von Büchern und an den damit verbundenen Technologien zur Unterstützung der Autoren.

ISBN 978-981-19-8787-8   ISBN 978-981-19-8788-5 (eBook)
https://doi.org/10.1007/978-981-19-8788-5

Die Deutsche Nationalbibliothek verzeichnet diese Publikation in der Deutschen Nationalbibliografie; detaillierte bibliografische Daten sind im Internet über http://dnb.d-nb.de abrufbar.

Springer VS
© Der/die Herausgeber bzw. der/die Autor(en), exklusiv lizenziert an Springer Nature Singapore Pte Ltd. 2023
Das Werk einschließlich aller seiner Teile ist urheberrechtlich geschützt. Jede Verwertung, die nicht ausdrücklich vom Urheberrechtsgesetz zugelassen ist, bedarf der vorherigen Zustimmung des Verlags. Das gilt insbesondere für Vervielfältigungen, Bearbeitungen, Übersetzungen, Mikroverfilmungen und die Einspeicherung und Verarbeitung in elektronischen Systemen.
Die Wiedergabe von allgemein beschreibenden Bezeichnungen, Marken, Unternehmensnamen etc. in diesem Werk bedeutet nicht, dass diese frei durch jedermann benutzt werden dürfen. Die Berechtigung zur Benutzung unterliegt, auch ohne gesonderten Hinweis hierzu, den Regeln des Markenrechts. Die Rechte des jeweiligen Zeicheninhabers sind zu beachten.
Der Verlag, die Autoren und die Herausgeber gehen davon aus, dass die Angaben und Informationen in diesem Werk zum Zeitpunkt der Veröffentlichung vollständig und korrekt sind. Weder der Verlag, noch die Autoren oder die Herausgeber übernehmen, ausdrücklich oder implizit, Gewähr für den Inhalt des Werkes, etwaige Fehler oder Äußerungen. Der Verlag bleibt im Hinblick auf geografische Zuordnungen und Gebietsbezeichnungen in veröffentlichten Karten und Institutionsadressen neutral.

Lektorat/Planung: Jan Treibel
Springer VS ist ein Imprint der eingetragenen Gesellschaft Springer Nature Singapore Pte Ltd. und ist ein Teil von Springer Nature.
Die Anschrift der Gesellschaft ist: 152 Beach Road, #21-01/04 Gateway East, Singapore 189721, Singapore

Rainer Eisfeld: Werke

Deutsch

Pluralismus zwischen Liberalismus und Sozialismus (1972; ital. Ausg. 1976, kroat. Ausg. 1992)
Sozialistischer Pluralismus in Europa (1984)
Gegen Barbarei (1989, hg. mit Ingo Müller)
Ausgebürgert und doch angebräunt (1991, erw. Ausg. 2013)
Wild Bill Hickok. Westernmythos und Wirklichkeit (1994; erw. rev. Neuausg. 2021: Die bewaffnete Gesellschaft der USA)
Mondsüchtig (1996 [HC], 2000 [TB]; Neuausg. 2012; tschech. Ausg. 1997)
Als Teenager träumten. Die magischen 50er-Jahre (1999)
Marsfieber (2003, mit Wolfgang Jeschke)
Streitbare Politikwissenschaft (2006)
Mitgemacht (2015, hg.)
Ein neuer Blick auf 1968 (2022)

Englisch

Political Science and Regime Change in 20th Century Germany (1996, mit Michael Th. Greven and Hans K. Rupp)
Pluralism. Developments in the Theory and Practice of Democracy (2006, hg.)
Political Science in Central-East Europe (2010, hg. mit Leslie A. Pal)
Radical Approaches to Political Science (2012)

Political Science: Reflecting on Concepts, Demystifying Legends (2016)
Empowering Citizens, Engaging the Public. Political Science
for the 21st Century (2019)
Political Science in the Shadow of the State:
Research, Relevance, Deference (2021, hg. mit Matthew Flinders)

DIE REALITÄT

„[Nach] Meinungsumfragen in der Bundesrepublik und vielen anderen Ländern ... [befindet] eine überwältigende Zahl der Befragten ‚die Idee der Demokratie für gut', [steht aber] der von ihnen erfahrenen Praxis kritisch bis ablehnend gegenüber ... Bürgerinnen und Bürger messen die Demokratie an den von ihnen mit ihr in Verbindung gebrachten Versprechen. An der tatsächlichen (oder angeblichen) Nichterfüllung solcher Versprechen entzündet sich regelmäßig die Skepsis und Kritik an der Demokratie des 21. Jahrhunderts."
Hubertus Buchstein, Vortrag zur Eröffnung des DVPW-Kongresses: „Die Versprechen der Demokratie" [„Her mit dem guten Leben"], Tübingen 2013

DIE VISION

„Letztendlich unterstützt IPSA die Rolle der Politikwissenschaft bei der Befähigung von Männern und Frauen, sich wirksamer am politischen Leben zu beteiligen – sei es in den Staaten, in denen sie leben, oder darüber hinaus."
International Political Science Association (IPSA): Leitbild (2011)

„Wir sind der festen Überzeugung, unsere Studiengruppe sei eingesetzt worden in dem Bewusstsein, dass die Politikwissenschaft über ein reiches Potenzial verfügt, um bessere Wege zu weisen zur Erlangung von

- Frieden,
- wirtschaftlichem Wohlstand,
- Menschenrechten,
- partizipativer Demokratie
- und letztendlich individueller Entfaltung.

... Wir hoffen, dass unser Bericht Politikwissenschaftler/innen und die Politikwissenschaft als Ganzes dazu anspornt, dieses Potenzial zu verwirklichen."
American Political Science Association (APSA): Report of the Task Force on Political Science in the 21st Century (2011)

INHALT

Abkürzungen
Danksagung
Prolog

**Teil I
Erfordernisse**

1. Menschliche Geschicke verbessern:
   Leitmotiv der Politikwissenschaft im 21. Jahrhundert
   *Zunehmend mit der Erwartung konfrontiert, Bürgerinnen und Bürgern
   bei der Lösung
   ihrer Probleme zu helfen, sieht das Fach – als zersplittert und
   methodenorientiert
   wahrgenommen – sich vor die Herausforderung gestellt, relevanter, verständlicher
   und (wo immer nötig) kritischer gegenüber Regierungen, politischen und
   wirtschaftlichen Eliten zu werden*
2. Wie stellt das Geschick der Menschheit sich heute dar?
   *Die Fähigkeit, zum Guten wie zum Schlechten die menschliche Existenz zu
   beeinflussen, hat auf beispiellose Weise zugenommen*
3. Bewältigung durchgängigen Wandels:
   Hauptgegenstand der Politikwissenschaft im laufenden Jahrhundert
   *Politikwissenschaft sollte sich zu einer problemorientierten Wissenschaft
   entwickeln,*

*die sich konzentriert auf Gründe, Abläufe sowie partizipatorische
Bewältigung
politischer, gesellschaftlicher und kultureller Veränderungen. Deren
Ausmaß und
Tempo rufen Unsicherheit und Aggressivität gegenüber demokratischen
Institutionen hervor*
4. Zum Nutzen der Bürger:
   Der Politologe des 21. Jahrhunderts als öffentlicher Intellektueller
   *Aus bisherigen erbitterten Kontroversen unter Wissenschaftlern lässt sich
   mit einiger Sicherheit folgern, dass durchgängigeres öffentliches Engagement
   nicht automatisch zu einem verträglicheren Debattenklima führt. Eine
   politische Kultur solchen Engagements gilt es zu entwickeln*
5. Demokratieerziehung durch zugewandte Einwirkung
   Sensibilisierung künftiger Bürger für Politikwissenschaft und deren
   öffentliches Engagement
   *Schulische politische Bildung sollte sich nicht in Regierungslehre erschöpfen,
   sondern zu zivilgesellschaftlichem Engagement anleiten.
   Sie sollte sich auf das Erlernen einer demokratischen Lebensweise
   konzentrieren, einschließlich der Bewältigung durchgängigen Wandels*
6. Entschlossen, Alarm zu schlagen
   Politikwissenschaft als Hürde gegen Desinformation und ein Regime
   notorischer Lügner
   *Die Brexit- und Trump-Kampagnen haben gezeigt, wie weit wir
     auf dem Weg
   zur Herrschaft notorischer Lügner bereits vorangeschritten sind.
   Die Politikwissenschaft sollte sich für jede Aufdeckung offenkundig wahr-
     heitswidriger,
   ungesetzlicher oder unethischer Behauptungen und Maßnahmen einsetzen,
   mit denen Politiker, Parteien und Regierungen versuchen, Bürger zu täuschen
   und ihre verfassungsmäßige Verantwortung zu unterlaufen oder zu
     hintertreiben*

Teil II
Themenfelder

7. Bestärkung ethnisch-kultureller Vielfalt, Vermeidung gruppenbezogener
   Aufspaltung: Politikwissenschaft im 21. Jahrhundert und die Politik
   der Anerkennung

*Infolge von Bürgerkriegen, sozialem Elend und wirtschaftlicher Globalisierung
nehmen Flüchtlings- und Arbeitsmigration weiter zu.* Sowohl für Minderheiten
*als auch für die kulturell privilegierten Mehrheiten der Aufnahmeländer dient der Rückgriff auf ethnische Zugehörigkeit als soziales Identifikationsmerkmal.
Letztere sehen sich mit der Herausforderung konfrontiert, wachsende Heterogenität
zu akzeptieren. Die Politikwissenschaft sollte an sinnstiftenden Narrativen arbeiten,
die wechselseitige „Anerkennung" und Toleranz fördern, nicht aber Abgrenzung und Konflikt.
Dabei sollte sie sich der Verknüpfungen von kultureller mit wirtschaftlicher Ungleichheit und Macht bewusst bleiben*

8. Geringe Einkommen, niedriges Bildungsniveau: Politikwissenschaft im 21. Jahrhundert und die Ungleichheit politischer Ressourcen

   *Ungleiche soziale Ressourcen, vor allem Einkommen, Vermögen und Bildung,
   schlagen sich unweigerlich nieder in der Ungleichheit politischer Ressourcen, wo es
   um bürgerschaftliches Engagement geht und um Setzung von Themenschwerpunkten
   der Politik. Beides verschiebt die Demokratie bereits gegenwärtig in Richtung
   Plutokratie. Die Verringerung derartiger Ungleichgewichte ist von erstrangiger
   Bedeutung, um die Zugänglichkeit, Verantwortlichkeit und – in letzter Konsequenz – Legitimität vermeintlich „repräsentativer" Regierungen zu gewährleisten.
   Politikwissenschaftler/innen sollten sich führenden Ökonomen wie Krugman,
   Piketty und Stiglitz anschließen beim Drängen auf Steuerreformen und weitere
   finanzpolitische Änderungen*

9. Robuste Regulierung kapitalistischer Wirtschaft:
Politische Ökonomie für das 21. Jahrhundert
Staatliche Deregulierungsmaßnahmen und konsequente Einsparungen bei öffentlichen
Dienstleistungen haben die Fähigkeit der Gesetzgebung zur Erbringung von
Finanz- und Realtransfers reduziert. Sie haben wiederkehrende Finanzkrisen
verschärft, wenn nicht gar ausgelöst. Der sich hartnäckig behauptende neoliberale Diskurs ließ Regierungen und Marktteilnehmer darin wetteifern,
Staaten zu reorganisieren als – auf Ausgabenkürzungen hin orientierte – Quasi-Unternehmen. Dies schwächt ebenso die Loyalität der Bürger gegenüber
dem politischen System wie die Bereitschaft zum zivilgesellschaftlichen Engagement. Den marktorientierten Trend gilt es umzukehren. Eine wiedererstarkte Politische Ökonomie muss sich in die politische Debatte einmischen
10. Globale Erwärmung, Machtstrukturen und Lebensbedingungen:
Klimapolitik und die Politikwissenschaft des 21. Jahrhunderts
Die Aktivitäten von Vetospielern unter den wirtschaftlichen und politischen Eliten,
die in Ländern wie den Vereinigten Staaten, China, Russland oder Indien
klimapolitischen Wandel hemmen, überschatten ein grundlegenderes Problem.
Es besteht darin, dass die Verbesserung der Lebensbedingungen für Hunderte
von Millionen in Armut existierender Menschen aktuell bedeutet, die CO_2-
Emissionen steigern. Deren effektive Verringerung hängt davon ab, ob es gelingen
wird, Bevölkerungswachstum und Einkommensanstieg von zunehmender Umweltverschmutzung abzukoppeln
11. Radikalisierung, Terrorismus, Untergrabung bürgerlicher Freiheiten:
Mögliche Aporien einer Politikwissenschaft für das 21. Jahrhundert
Eine diesem Jahrhundert angemessene Politikwissenschaft, die auf friedliche

Konfliktbeilegung setzt, könnte sich – wie der russische Überfall auf die Ukraine
zeigt – außen- und innenpolitisch einer Reihe von Sicherheitsdilemmata gegenübersehen. Sie lassen sich innenpolitisch nicht zuletzt in die Notwendigkeit
fassen, gegen messianisch motivierte Gewalt Konzepte „sanfter" Polizeiarbeit
und Strategien einer De-Radikalisierung zu entwickeln – statt ausschließlich
auf repressive Maßnahmen zu setzen, die grundlegende demokratische Werte
bedrohen, ohne wirklich Aussicht auf Erfolg zu bieten

Teil III
Parteilichkeit

12. Politikwissenschaft für das 21. Jahrhundert: Politisierung einer Disziplin?
Für eine normativ orientierte, empirisch gestützte Wissenschaft von der Demokratie
Zu einem Zeitpunkt in der Geschichte, an dem die Rechenschaftspflicht demokratischer Regierungen zu zerrinnen droht, die Hybridisierung ursprünglich
demokratischer Regime in Ost-Mittel-Europa fortschreitet und Demokratien in
Westeuropa wie Nordamerika durch die Aushöhlung demokratischer Werte und
Regeln gefährdet wirken, wird eine Politikwissenschaft, die sich als Wissenschaft
von der Demokratie versteht, unweigerlich parteilich. Sie sollte dies akzeptieren und
Ziele wie Konsequenzen solcher Parteilichkeit verdeutlichen

Index

Danksagung

Dieses Buch stellt die deutsche Fassung der 2019 erschienenen Studie *Empowering Citizens, Engaging the Public: Political Science for the 21st Century* dar, die international auf Resonanz gestoßen ist (https://eprints.whiterose.ac.uk/168499/3/The%20Moral%20Foundations%20of%20Public%20Engagement_REVISED%20-%20AUG%202019.pdf; http://czasopisma.isppan.waw.pl/index.php/sm/article/view/138/95; https://link.springer.com/article/10.1007/s11615-021-00304-3). Die deutsche Ausgabe wurde ermöglicht durch ein innovatives Projekt von Springer Nature im Zusammenwirken mit dem Onlinedienst DeepL, wobei maschinelle Übersetzung kombiniert wurde mit eingehender Textprüfung durch den Verfasser. Für die Aufnahme des Buchs in das Vorhaben bin ich dankbar.

Soweit deutsche Übersetzungen der verwendeten Literatur erschienen sind, wurden sie bei den Zitaten zu Grunde gelegt. Durchgehend wurde der Text behutsam aktualisiert. Lediglich das Schlusskapitel habe ich erheblich erweitert, um den eingetretenen Entwicklungen im Verhältnis der Europäischen Union zu den „hybriden" Regimen Polens und Ungarns ebenso gerecht zu werden wie – ohne den russischen Angriffskrieg aus dem Auge zu verlieren – den vor Kriegsbeginn festgestellten, nicht ohne weiteres von der Bildfläche verschwundenen korrupt-kleptokratischen Strukturen und Prozessen in der Ukraine.

Besonders hinweisen möchte ich auf die Angaben in Kap. 11 über die Tätigkeit der Munk School of Global Affairs & Publics Policy an der Universität Toronto. Auf sie bin ich im Zusammenhang mit dem *Pegasus*-Projekt journalistischer Recherchegruppen (2021) gestoßen, das den weltweiten Undercover-Einsatz einer Spionagesoftware aufdeckte.

In diesem Buch wird argumentiert, dass die Notwendigkeit, sich in zahlreichen Bereichen fortschreitender Aushöhlung der Demokratie entgegenzustellen, ausschlaggebende Bedeutung besitzt für die hier erhobene Forderung, Politikwissenschaft in ein Fach zu verwandeln, in dem Probleme Vorrang vor Methoden haben und öffentliche Relevanz vor ausgefeilter Spezialisierung.

Zum ersten Mal werden die Voraussetzungen, Aspekte und Folgen einer derartigen Transformation hier mit der Detailliertheit erörtert, die nur ein Buch ermöglicht. Fast zwanzig Jahre lang hat man bei APSA, IPSA und PSA diskutiert über die gegenwärtige Abkopplung der Politikwissenschaft von der Öffentlichkeit und die zweifelhafte Relevanz des Fachs. Ohne diese Debatte – der die deutsche Fachdiskussion weit hinterherhinkt – hätte die vorliegende Darstellung nicht geschrieben werden können. Auf die Leserinnen und Leser warten einige unmissverständliche Schlussfolgerungen.

Ich komme auf diesen Punkt gleich zurück. Zuvor aber gilt es, eine tief empfundene Dankesschuld abzutragen.

Meinem kanadischen Freund und Kollegen Leslie Pal verdankt dieser Band eine Fülle scharfsinniger Anregungen. Ohne ihn wäre es nicht dasselbe Buch. Er und ich haben ein Jahrzehnt lang zusammengearbeitet. 2008 begannen wir mit der Konzipierung eines gemeinsam herausgegebenen Sammelwerks. Es erschien 2010 unter dem Titel: *Political Science in Central-East Europe: Diversity and Convergence* mit einer Empfehlung des IPSA Executive Committee. Les hat jedes Kapitel des vorliegenden Buchs gelesen und immer wieder kritische Fragen gestellt, die mich zwangen, meine Standpunkte zu verdeutlichen oder zu überdenken. (Was nicht heißt, dass er Verantwortung für das Endprodukt trägt.)

Leslies unbeirrte Zuversicht, dass ich mein Vorhaben zuwege bringen würde, ermutigte mich, so oft neue Hindernisse sich auftürmten – und das war nicht eben selten der Fall. Ich weiß seine anhaltende Unterstützung umso mehr zu schätzen angesichts seiner zahlreichen eigenen Verpflichtungen – wie auch der Tatsache, dass er selbst dazu neigt, zurückhaltender zu argumentieren als ich.

Mehrere Ideen dieses Buchs habe ich zuerst in einem kurzen Aufsatz vorgestellt: „How Political Science Might Regain Relevance and Obtain an Audience: A Manifesto for the 21st Century", veröffentlicht in *European Political Science* (Juni-Ausgabe 2011). Jener Artikel – ganze sechs Seiten lang; arg kompakt ausgefallen, fürchte ich – war als Beitrag zu einer Debatte über die Relevanz des Fachs gedacht, angestoßen 2008/2009 durch den ehemaligen IPSA- Generalsekretär John Trent auf zwei IPSA-Kongressen in Montréal und Santiago de Chile („Is political science out of step with the world?"). Ich fühle mich John tief verpflichtet dafür, dass er mich immer wieder zum Nachdenken angeregt hat, auch dort, wo wir unterschiedliche Folgerungen aus den Belegen gezogen haben, die er präsentiert hat.

Andrea Lenschow war so großzügig, mich auf einen 2016 in der Zeitschrift *Global Environmental Politics* erschienenen Aufsatz hinzuweisen, der zentrale klimapolitische Forschungsschwerpunkte resümiert. Zusammen mit Andreas eigenen Arbeiten half der Beitrag mir wesentlich dabei, mir Zugang zu verschaffen zu dem verwickelten Thema. Als mehrjährige Dekanin des Fachbereichs hat Andrea überdies erheblich dazu beigetragen, dass die Universität Osnabrück mir nach meiner Emeritierung weiter räumliche Möglichkeiten zur Verfügung gestellt hat. Für die uneingeschränkte Unterstützung, die ich von ihr erfahren habe, bleibe ich ihr zu großem Dank verpflichtet.

Seinen letzten Schliff erhielt das Buch durch die Diskussion einer Expertenrunde während des Politologen-Weltkongresses 2018 im australischen Brisbane. Marian Sawer, Dianne Pinderhughes, Matthew Flinders und Leslie Pal setzten sich mit den zentralen Argumenten des Bandes auseinander. Ihnen allen schulde ich ein erhebliches Maß an Dank. Marian, die die Debatte wie stets liebenswürdig und gelassen moderierte, hat unser Fach immer wieder bereichert – als Präsidentin der Australian Political Studies Association, IPSA-Vizepräsidentin, langjährige Mitherausgeberin des *International Political Science Review*, Programm-Codirektorin (zusammen mit Dianne) des Politologen-Weltkongresses in Posen 2016. Dianne rief während ihrer historischen APSA-Präsidentschaft – sie war die erste Afro-Amerikanerin, die in dieses Amt gewählt wurde – die Studiengruppe „Politikwissenschaft im 21. Jahrhundert" ins Leben, aus deren Vision ich eingangs zitiert habe. Gegenwärtig fungiert sie als IPSA-Präsidentin. Matt, der drei Jahre lang Großbritanniens Political Studies Association leitete, ist Gründungsdirektor des Sir Bernard Crick Center for the Public Understanding of Politics – der Name spricht für sich: Im Bemühen, die Kluft zwischen Wissenschaft und Gesellschaft zu verringern, sucht das Zentrum zivilgesellschaftliches Engagement auf allen Ebenen zu ermutigen. Über Les muss nichts weiter gesagt werden, höchstens noch, dass sein Forschungsschwerpunkt „Öffentliche Politik und Verwaltung unter krisenhaften Bedingungen" sich optimal eignete für einen kritischen Blick auf das Buchmanuskript.

Vor anderthalb Jahrzehnten, 2006, schrieb APSR-Chefredakteur Lee Sigelman – dessen viel zu früher Tod drei Jahre später im Fach Bestürzung auslöste – über das vorherrschende „Schubladendenken" im Fach. Er führte es zurück auf die Herausbildung von „Nischen": Hoch spezialisierte Politologen betreiben dort „hoch differenzierte Forschung", deren Resultate sie anschließend weiteren „hochspezialisierten Zielgruppen" mitteilen, statt zu schreiben für „einige wenige Spezialisten, dafür aber zahlreiche Laien". Im selben Jahr startete die IPSA eine Initiative zur Vernetzung ihrer Forschungskomitees, die darauf abzielte, die Folgen ausufernder Spezialisierung abzumildern. Als Vertreter der Ausschüsse im Executive Committee zwischen 2006 und 2012 war ich in diesen Versuch eingebunden. Erstmalig in der Geschichte der IPSA brachte die 2008 in Montréal veranstaltete Konferenz: „Political Science in the World: New Theoretical and Regional Perspectives", von Dirk Berg-Schlosser und mir geleitet, Vertreter von 27 Forschungsausschüssen und 23 nationalen politikwissenschaftlichen Vereinigungen zusammen (https://www.ipsa.org/sites/default/files/participation/participation_32-2_web.pdf).

Dies war der Ort, an dem John Trent erstmals seine Befunde vortrug, die – wie er sich ausdrückte – eine „Erneuerung" des Fachs gebieterisch nahelegten.

Bevor die Ausschüsse mich als ihren Vertreter in den Vorstand wählten, hatte ich sechs Jahre lang das Pluralismus-Forschungskomitee der IPSA geleitet (http://rc16.ipsa.org/pages/About-the-RC16). Gesellschaftlicher ebenso wie politischer Pluralismus war, ist und bleibt ein Thema, das zahlreiche Schlüsselfragen berührt – von ungleichen politischen Ressourcen über Deregulierung und den Niedergang der Gewerkschaften bis zu fremdenfeindlichen Übergriffen gegen eingewanderte Minderheiten. Das vorliegende Buch wird immer wieder darauf dringen, dass Politikwissenschaftler/innen sich diesen und einer Anzahl weiterer „großer" Fragen vorrangig widmen. Und es wird ebenso immer aufs Neue betonen, dass dazu Umschichtungen der gegenwärtigen Prioritäten des Fachs nötig sind im Hinblick auf Ausbildung, Forschung, Finanzierung und Lehre.

Natürlich sind solche Schritte konfliktreich und zeitaufwendig. Deshalb möchte ich keinen Zweifel an meiner Überzeugung lassen, dass jede Politologin und jener Politologe hier und heute damit beginnen kann, an ihrer oder seiner Universität neue Wege zu beschreiten. Um zu veranschaulichen, dass ein solcher Prozess nicht nur machbar, sondern auch bereichernd sein kann und Unterstützung sich oft aus unerwarteten Richtungen einstellt, bitte ich um Nachsicht, wenn ich mich einen Augenblick lang auf meinen eigenen beruflichen Werdegang beziehe. Letztlich hat er meine Sichtweise darauf geprägt, was das Fach bewirken könnte. 1974 unterstrich Henry W. Ehrmann (1908–1994) im *American Political Science Review* „die Breite des historischen Ansatzes und den Konkretheitsgrad der Analyse" meines ersten Buchs (meiner Dissertation) über Pluralismus als kritische politische Theorie. Zwei Jahre darauf wurde die Untersuchung ins Italienische übersetzt. Und der polnische Politologe Stanislaw Ehrlich (1907–1997) lud mich zur Tagung seines Forschungskomitees beim Politologen-Weltkongress 1979 in Moskau ein, einer Übung in friedlicher Koexistenz.

Stanislaw hatte 1976 eine IPSA-Studiengruppe über gesellschaftlichen und politischen Pluralismus ins Leben gerufen. Zwei Jahre später war sie als Forschungsausschuss anerkannt worden. Heute mag man sich vielleicht eher an ihn erinnern, weil er 1976 die Dissertation eines gewissen Jarowlaw Kaczyński betreut hatte, gegenwärtig Vorsitzender der sogenannten Recht- und Gerechtigkeitspartei Polens. Damals ragte Stanislaw hervor durch seinen Einsatz für die Überwindung der Ost-West-Spaltung in der Politologenzunft. Ich erinnere mich mit Zuneigung und Dankbarkeit an ihn – ein geachteter Wissenschaftler, ein geschätzter Kollege, ein lieber Freund.

Die Erfahrung wiederholte sich, nachdem Portugals Diktatur exakt an dem Tag – dem 25. April 1974 – durch die „Nelkenrevolution" gestürzt worden war, an dem meine Universität (eine der neuen Hochschulen, die damals in ganz Westdeutschland errichtet wurden) Studienwilligen ihre Pforten öffnete. Ich verstand das als Vorzeichen, welchem Thema ich mich als nächstem zuwenden sollte. Der Wechsel vom Nachdenken über ein politisches Konzept wie Pluralismus zur Erkundung der sozialen, politischen, wirtschaftlichen Spaltungen eines anderen Landes stellte eine beträchtliche Herausforderung dar. Aber um historisch fundierte Analysen würde es ein weiteres Mal gehen, und am Ende könnte eine aufschlussreiche Fallstudie über die Vernetzung von Innenpolitik und internationalem Druck im Kalten Krieg stehen.

Meine Arbeit an dem Thema brachte mich in Kontakt mit dem britischen Historiker Kenneth Maxwell (1941-), der ein Jahrzehnt zuvor in die USA gewechselt war. Seit er 1974/1975 im *New York Review of Books* zwei bahnbrechende Aufsätze veröffentlicht hatte – „Portugal: A Neat Revolution" und, noch pointierter, „Portugal Under Pressure" –, hatte er sich rasch den Ruf eines führenden Experten in portugiesischen Angelegenheiten erworben. Als er Mitte der 1980er-Jahre an der Columbia

University, dann am Woodrow Wilson Center (Washington) eine Reihe von Workshops und Konferenzen über Portugals aktuelle Lage und Zukunftsaussichten organisierte, lud er mich ein.

Die freimütigen Diskussionen bei diesen Treffen, die prominente portugiesische und amerikanische Wissenschaftler und Politiker zusammenbrachten und aus denen etliche Aufsatzsammlungen hervorgingen, eröffneten mir rare Einsichten, die der Überprüfung meiner eigenen Einschätzungen zugutekamen. Ken wandte sich später Fragen der brasilianischen Entwicklung zu (der Kenneth Maxwell-Dissertationspreis am David Rockefeller Center for Latin American Studies der Harvard University ist nach ihm benannt), und auch meine Arbeitsschwerpunkte änderten sich. Aber ebenso wie Stanislaw schulde ich Ken bleibenden Dank dafür, dass er mir Zugang zu internationalen Debatten verschafft hat, die bei sozialwissenschaftlichen Forschungsvorhaben ganz ungemein dabei helfen, über den eigenen Tellerrand zu blicken.

Aufrichtiger Dank gebührt *last, but far from least* zwei anonymen Gutachtern der englischen Originalfassung sowie meinem Lektor bei Palgrave Macmillan, Vishal Daryanomel, für ihre sachdienlichen und anregenden Kommentare, ferner Anish Kumar, der – für die Herstellung des Buchs verantwortlich – bei der Klärung technischer Fragen unverzichtbare Hilfe geleistet hat.

Prolog

„Es ist unwahrscheinlich", prophezeite H. G. Wells am Beginn des zwanzigsten Jahrhunderts, als er über die Aussichten politischer und sozialer Strömungen spekulierte, „dass je wieder irgendein nichtswürdiger Demagoge, schwitzend, mit sich überschlagender Stimme, unablässig arbeitenden Gesichtszügen, zerknittertem Hemdkragen, wirren Haaren und wild gestikulierend ... auf Märkten und anderen Plätzen, von Tribünen und Kanzeln eifernd ... in irgendeinem demokratischen Staat auf der Welt zum mächtigsten Mann aufsteigen wird" (Wells 1901, S. 140).

Solche Hoffnungen haben sich zwischen den beiden Weltkriegen und wieder nach 1945 zerschlagen. Weder Plätze und Tribünen, sondern Radio, Fernsehen und in jüngster Zeit soziale Medien haben Demagogen, die sich plebiszitärer Methoden bedienen, bei ihrem Aufstieg geholfen. Wie Juan Linz, Experte in der Analyse autoritärer Systeme, ein Jahrhundert nach Wells beobachtet hat, mag ihnen jegliche politische Erfahrung fehlen. Dennoch appellieren sie erfolgreich an Wähler – entweder, weil ihnen üppige Geldmittel zur Verfügung stehen, oder weil sie „sich außerhalb der Politik Popularität erworben haben" (Linz 2007, S. 144). Die Feststellung ruft sogleich Bilder in Erinnerung von einer noch nicht sehr lange zurückliegenden Wahl in einem der wichtigsten Staaten der Erde.

Politikwissenschaft kann nicht hoffen, Bürgerinnen und Bürger unempfindlich zu machen für Torheit, für Wut der gar für Hass – sie beispielsweise, Stichwort Torheit, gegen Verschwörungsideologien zu immunisieren, wie sie im Zusammenhang mit der Covid 19-Pandemie grassieren. Aber das Fach kann wesentlich mehr tun, als es momentan leistet, um der breiten Öffentlichkeit historisch angereichertes analytisches Denken nahezubringen sowie abgewogenes, für rationale Problemlösungen aufgeschlossenes Urteilsvermögen. Und die Disziplin muss, wo immer nötig, Alarm schlagen, jener Herrschaft der Lügner entgegentreten, auf die selbst ehrwürdige Demokratien aktuell zuschlittern, ausweislich der Brexit-Kampagne und der fortgesetzten, in der Republikanischen Partei auf beunruhigende Resonanz stoßenden Behauptungen Donald Trumps über die angeblich von ihm gewonnene Präsidentschaftswahl.

Neben den gerade genannten Anlässen gibt es hinreichend Gründe für die angemahnte Neubestimmung der Politikwissenschaft, die in diesem Buch erörtert werden. Drei, denen später eingehende Aufmerksamkeit zu Teil werden wird, seien hier herausgegriffen:

- die Existenz von Kartellen zur Fabrikation von Unwissen,
- die systematische Erzeugung von Angst sowie, durch beide noch verschärft,
- die psychisch verunsichernde Wirkung rapiden Wandels.

Um „unbequeme wissenschaftliche Erkenntnisse zu diskreditieren", hat eine Handvoll Akademiker, wie von den Wissenschaftshistorikern Naomi Oreskes (Harvard University) und Eric Conway (NASA/JPL) beschrieben, sich nach einem wiederkehrenden Muster zusammengetan mit Konzernen und mit Denkfabriken, die wiederum von diesen Konzernen finanziert werden. Das Ansehen, das sie genießen, haben sie dazu eingesetzt, nachweisliche Tatsachen zu bestreiten. Oreskes und Conway stufen diese Personen als Akteure ein, die darauf abzielen, „Zweifel zu säen", ohne „irgendwelche eigenen Forschungsergebnisse" auf den Gebieten vorzuweisen, um die es ging. Wohl aber verfügten sie über Einfluss. Und sie wussten sich der Medien zu bedienen, um ihre Auffassungen zu verbreiten (Oreskes und Conway 2014, S. XXI, XXIII, 318, 319, 332). Zudem arbeiten beide Verfasser heraus, dass es den Schlüsselfiguren gar nicht um Wissenschaft zu tun war. Es ging um Politik und Wirtschaftsinteressen – konkreter um Rolle und Ausmaß staatlicher Regulierung.

Werden solche Kampagnen betrieben, dann sollte die Politikwissenschaft an die Öffentlichkeit gehen und den Sachverhalt unmissverständlich richtigstellen.

Durch ständig wiederholte mediale Beschwörung hat Angst – so der Mediensoziologe David L. Altheide (Arizona State University) als Resümee seiner Forschungen über Politik und Massenmedien – sich zu einer verbreiteten Sichtweise entwickelt, zu nichts Geringerem als einem spezifischen „Blick auf das Leben". Angst vermag die Ansichten von Menschen zu politischen Fragen tiefgehend zu prägen. Die systematische Erzeugung von Angst, die sich „auf unsere Kultur und öffentliche Ordnung" auswirkt, kann mithin als politisches Werkzeug dienen (Altheide 2015 [^{1}2002], S. 3/4, 16/17, 23/24, 26).

Altheide vermerkte dazu, dass in einer Welt, die von vielen Menschen als „außer Kontrolle, weil in ständigem Wandel begriffen" wahrgenommen wird, Angst täuschende Erklärungen und Scheinlösungen liefern kann. Einmal mehr sind öffentliche Interventionen von Politikwissenschaftler(inne)n dringend erforderlich, um rationaleren Denkansätzen den Weg zu ebnen. *Bürgerinnen und Bürgern dabei zu helfen, Veränderungen – politische, wirtschaftliche, nicht zuletzt kulturelle Veränderungen – zu bewältigen, wird auf den folgenden Seiten als* **die** *Kernaufgabe einer problemorientierten Politikwissenschaft für das 21. Jahrhundert benannt werden.*

Bestechender als mancher Sozial- oder Politikwissenschaftler hat der britische Schriftsteller James Graham Ballard (1930–2009) veranschaulicht, wie die dramatischen Veränderungen unserer Zeit die einen – die sich solche Optionen leisten können – dazu veranlassen, sich zurückzuziehen hinter die Absperrungen videoüberwachter Wohnanlagen (*gated communities*), die anderen dagegen, eine ihnen zunehmend „fremd gewordene" Umwelt zu attackieren, am Ende zu mörderischer Gewalt zu greifen, nur um das Gefühl zu haben, „sie lebten überhaupt noch" (Ballard 2004, S. 3, 4, 5).

Wenn solche Narrative über das, was sich aktuell in Gesellschaften abspielt, in denen Macht, Modernität und Wissenschaft oft befremdliche Bündnisse eingegangen sind, Unbehagen auslösen, dann ist das Gefühl nur zu berechtigt. Letzten Endes mag es die tragfähigste Grundlage abgeben für die Zähigkeit, die zahlreiche Politolog(inn)en aufbringen müssen, sollten sie sich zu dem dauerhaften Versuch entschließen, den steten Dialog mit der Öffentlichkeit zu suchen, um Bürgerinnen und Bürger zu stärken. Wie andere, die sich ähnlich einsetzen, mögen sie dabei jenes Hoffnungsstrahls gedenken, auf den Leonard Cohen anspielte, als er 1992 von Ausdauer sang und von Beharrlichkeit (*The Anthem*):

„Ein Dasein ohne Risse gibt es nicht.
Doch erst durch Risse fällt das Licht."[1]

Literatur

Altheide, David L. (2015 [[1]2002]): *Creating Fear*. New Brunswick: Transaction Publishers.
Ballard, J. G. (2004): "Interview with the Author: J. G. Ballard talks to Vanora Bennett", in: J. G. Ballard: *Millennium People*. London: Harper Perennial, 4/5.
Linz, Juan J. (2007): "Some Thoughts on the Victory and Future of Democracy", in: Dirk Berg-Schlosser (hg): *Democratization: The State of the Art*. Opladen/Farmington Hills: Barbara Budrich, 133–153.

---

[1] Im Original: „There is a crack in everything. That's how the light comes in."

Oreskes, Naomi/Conway, Erik M. (2014): *Die Machiavellis der Wissenschaft. Das Netzwerk des Leugnens.* (Originaltitel: *Merchants of Doubt.* New York: Bloomsbury Press 2010). Weinheim: Wiley-VCH.

Wells, H. G. (1901): *Anticipations. The Works of H. G. Wells,* Vol. 4 (1924). New York: Scribner.

INHALTSVERZEICHNIS

Teil I Erfordernisse

Kapitel 1	Menschliche Geschicke verbessern	3
Kapitel 2	Wie stellt das Geschick der Menschheit sich heute dar?	17
Kapitel 3	Bewältigung durchgängigen Wandels	25
Kapitel 4	Zum Nutzen der Bürger	39
Kapitel 5	Demokratieerziehung durch zugewandte Einwirkung	65
Kapitel 6	Entschlossen, Alarm zu schlagen	77

Teil II Themenfelder

Kapitel 7	Bestärkung ethnisch-kultureller Vielfalt, Vermeidung gruppenbezogener Aufspaltung	99
Kapitel 8	Geringe Einkommen, niedriges Bildungsniveau	117
Kapitel 9	Robuste Regulierung kapitalistischer Wirtschaft	139

Kapitel 10 Globale Erwärmung, Machtstrukturen
und Lebensbedingungen 173

Kapitel 11 Radikalisierung, Terrorismus,
Untergrabung bürgerlicher Freiheiten 189

Teil III Parteilichkeit

Kapitel 12 Politikwissenschaft für das 21. Jahrhundert:
Politisierung einer Disziplin? 213

Autorenverzeichnis 241

Stichwortverzeichnis 245

Abkürzungen

ABM	Anti-ballistic Missile (Abfangrakete)
ANU	Australian National University
APSA	American Political Science Association
AUFTA	Australia-United States Free Trade Agreement
CCTV	Closed Circuit Television (Videoüberwachungsanlage)
CETA	Comprehensive Economic and Trade Agreement (Kanada/ Europäische Union)
DDR	Deutsche Demokratische Republik
ECPR	European Consortium for Political Research
EEA	Eastern Economic Association (USA)
EP	Europäisches Parlament
EU	Europäische Union
FATCA	Foreign Account Tax Compliance Act (Auslandskonten-Meldepflicht-Gesetz, USA)
HUAC	House Un-American Activities Committee (Ausschuss des Repräsentantenhauses für unamerikanische Umtriebe)
ICSID	International Center for the Settlement of Investment Disputes
INF	Intermediate Range Nuclear Forces
IPSA	International Political Science Association
ISDS	Investor-State Dispute Settlement (Investor-Staat-Streitbeilegungs-Verfahren)
JIC	Joint Intelligence Committee (UK, verantwortlich für Aufsicht über und nachrichtendienstliche Bewertung der britischen Geheimdienste MI5, MI6, GCHQ)
JPL	Jet Propulsion Laboratory (Versuchsanstalt für Strahlantriebe, USA)
LSE	London School of Economics and Political Science

MIT	Massachusetts Institute of Technology
NAAEC	North American Agreement on Environmental Cooperation
NAALC	North American Agreement on Labor Cooperation
NAFTA	North American Free Trade Agreement
NAS	National Academy of Sciences (der USA)
NASA	National Aeronautics and Space Administration (USA)
NGO	Non-Governmental Organisation (nichtstaatliche, zivilgesellschaftliche Organisation)
NSA	National Security Agency (USA)
OECD	Organization for Economic Cooperation and Development
OSZE	Organisation für Sicherheit und Zusammenarbeit in Europa
PEGIDA	Patriotische Europäer gegen die Islamisierung des Abendlandes
PSA	Political Studies Association (Vereinigtes Königreich)
PWG	President's Working Group on Financial Markets
RAND	Research and Development, „think tank" in den USA, primär zur Beratung der amerikanischen Streitkräfte und anderer staatlicher Stellen
SDI	Strategic Defense Initiative (Spitzname „Star Wars", unter Ronald Reagan initiiertes Projekt eines Abwehrschirms gegen Interkontinentalraketen)
SUNY	State University of New York
TPP	Trans-Pazifische Partnerschaft
TTIP	Transatlantic Trade and Investment Partnership (USA/ Europäische Union)
UK	United Kingdom (Vereinigtes Königreich, Großbritannien)
UNICITRAL	United Nations Commission on International Trade Law (UN-Kommission für Internationales Handelsrecht)
USMCA	United States – Mexico – Canada Agreement (NAFTA-Nachfolgevertrag)

TEIL I

Erfordernisse

KAPITEL 1

Menschliche Geschicke verbessern

Leitmotiv der Politikwissenschaft im 21. Jahrhundert

„Außerachtlassung der Bürger": Nichts Geringeres hielt Elinor Ostrom, Nobelpreisträgerin für Wirtschaftswissenschaften des Jahres 2009, der Politikwissenschaft in ihrem derzeitigen Zustand vor. In einem Interview illustrierte sie ihre Kritik, indem sie berichtete, sie sei, als sie während einer Tagung der American Political Science Association (APSA) wartend dasaß, gefragt worden, weshalb sie ein Buch über Bauern lese. Politikwissenschaft, sei ihr bedeutet worden, habe „mit Präsidenten, Parteien und der Legislative zu tun" (Toonen 2010, S. 197).

Ostrom war als Hauptrednerin beim Weltkongress der International Political Science Association (IPSA) in Madrid 2012 vorgesehen. Sie hatte über polyzentrische ökologische, städtebauliche, gesellschaftliche Gremien geforscht, welche die Betroffenen selbst steuern, und damit der Politikwissenschaft, einer hoffentlich wieder erstarkenden Politischen Ökonomie und nicht zuletzt der Klimapolitik inspirierende Perspektiven geliefert (vgl. Tarko 2017, S. 12/13, 53, 172, passim; Rinderle 2017, S. 18–21). Schmerzlicherweise starb sie wenige Wochen vor dem Kongress an Krebs.

Politikwissenschaftler(inne)n, denen der bloße Hinweis auf die Lesegewohnheiten einer ehemaligen APSA-Präsidentin (übrigens Empfängerin des James Madison Award) nicht ausreicht, wäre ein Blick zu empfehlen auf nachstehende Sätze António de Figueiredos, Publizist und politischer Aktivist im Portugal Salazars (vgl. Figueiredo 1975, S. 10–12):

„Als ich für lese- und schreibunkundige Bauern Briefe verfasste und sie ihnen vorlas, begriff ich, dass Armut viele Formen annehmen kann außer zeitweisem Hunger." Er spürte, schrieb Figueiredo, „wie meine Einmischung sie hemmte, und ich sah, wie stockend sie sich auszudrücken versuchten." Zugleich entsann er sich des Schocks, als ihm in jungen Jahren klargeworden war, „dass Halbbildung und Analphabetentum keiner achtlosen Zurücksetzung entsprangen, sondern einen Stützpfeiler der etablierten Gesellschaftsordnung ausmachten."

Während er einer Schar versammelter Bauern aus den Reden Präsident Roosevelts mit ihren Freiheitsversprechen vorlas, berichtete Figueiredo weiter, habe ein Gendarm ihm Prügel angedroht, wenn er fortfahre, „die Hirne der Leute mit solchem ‚kommunistischen Gift' zu verwirren." Damals hatte er sich vorgenommen, eines Tages den Motiven des Gendarms nachzugehen und den Wurzeln seiner Macht.

Sollte nicht hoch auf der Prioritätenliste der Politikwissenschaft, wie im Falle Figueiredos, das entschiedene Bemühen stehen, unser eigenes wie das Verständnis anderer von der Art und Weise zu vertiefen, wie Bürgerinnen und Bürger zu wirksamer politischer Beteiligung entweder ermutigt oder daran gehindert werden? Und sollte derartiges Bemühen nicht, wie Ostrom 1997 in ihrer Antrittsrede als APSA-Präsidentin unterstrich, einen prüfenden Blick einschließen auf die Kenntnisse und Fertigkeiten, die unser Fach gegenwärtig vermittelt?

„Unsere Lehrbücher", so Ostrom, „konzentrieren sich viel zu sehr auf die Führungsebene". Sie informieren künftige Bürgerinnen und Bürger nicht „über die Handlungsspielräume, die sie kennen müssen und nutzen können." Auch die moralischen Entscheidungen, die sie dabei treffen, werden nicht erörtert. „Wir produzieren Generationen zynischer Bürger, die wenig Vertrauen ineinander haben" (Ostrom 1998, S. 3, 18).

Die Mängel, die dieser Mahnruf benannte, rückten unerwartet ins Rampenlicht infolge der abschätzigen Beurteilung der Disziplin durch ein amerikanisches Senatsmitglied. Der Republikanische Senator Thomas Coburn (Oklahoma) unterbreitete im November 2009 einen Änderungsantrag zum Entwurf des Haushaltsgesetzes 2010 für Handel, Justiz und Wissenschaft (*Commerce, Justice & Science Appropriation Act*), den er damit begründete, der politikwissenschaftliche Schwerpunkt der National Science Foundation (NSF) ziehe Mittel ab von Forschungen, deren Resultate „dazu taugten, die Geschicke der Menschen zu verbessern". Die Schlussfolgerung lag auf der Hand.

Coburn wollte der NSF untersagen, für politikwissenschaftliche Vorhaben öffentliche Finanzmittel zu bewilligen – oder, wie er zu Protokoll gab, „zu verschwenden". Sein Antrag erhielt im U.S. Senat 36 Stimmen; eine Mehrheit von 62 Senatoren lehnte ihn ab (Eisfeld 2011, S. 220). Vier Jahre später unternahm Coburn einen neuen Versuch, wobei er eine bewährte Taktik anwandte, die ums Haar zum Erfolg geführt hätte. Von „menschlichen Geschicken" war keine Rede mehr. Stattdessen sollte das Coburn Amendment zum Etatentwurf 2013 die Finanzierung politikwissenschaftlicher Forschungsprojekte durch die NSF auf Vorhaben beschränken, die von der Behörde als „förderlich" für die nationale Sicherheit oder die wirtschaftlichen Interessen der Vereinigten Staaten eingestuft wurden.

Begünstigt wurde Coburns Taktik durch die drohende Stilllegung der Bundesverwaltung infolge eines Haushaltspatts zwischen dem von der Demokratischen Partei kontrollierten Senat und der Republikaner-Mehrheit des Repräsentantenhauses. Es gelang ihm, sich mit der Vorsitzenden des Bewilligungsausschusses, der Demokratin Barbara Mikulski, zu einigen und seinen Zusatzantrag im Haushaltssicherungsgesetz für 2013 unterzubringen. Das Gesetz wurde per Akklamation statt durch protokollierte namentliche Abstimmung angenommen. Prompt stellte die NSF ihre Bezuschussung politikwissenschaftlicher Vorhaben ein (APA 2013; Reilly 2013; Mole 2013).

Nach einigem Hin und Her reagierte die American Political Science Association auf ähnlich bewährte Weise. Auch sie verzichtete darauf, erhoffte Verbesserungen menschlicher Geschicke ins Feld zu führen. Stattdessen gab sie 48.000 Dollar aus, um sich die Dienste der Washingtoner Lobbyfirma Barbara Kennelley Associates zu sichern. Die Agentur, gegründet von einer Kongressabgeordneten, die außerdem eine Professur für Politikwissenschaft innehat, bietet „strategische Kontakte für Kunden an, die auf Entscheidungsträger einwirken wollen." Laut APSA-Präsident John H. Aldrich wurde jemand gebraucht, der „Zugang zu Senatorin Mikulski" hatte. Der Aufwand machte sich bezahlt: Als der Kongress das endgültige Haushaltsgesetz für 2014 verabschiedete, wurde der Zusatz gestrichen (Stratford 2014).

Das Ergebnis mag man als Erfolg buchen. Aber natürlich berührt es die Probleme nicht, die der Zustand des Fachs aufwirft. Dass Einschätzungen wie diejenige Ostroms sich während der letzten beiden Jahrzehnte gehäuft haben, muss ernüchternd wirken. Giovanni Sartori vertrat 2004 die Auffassung, Politikwissenschaft – zumindest die amerikanische, weitgehend quantitativ orientierte – „habe keinerlei Fortschritte zu verzeichnen …. In praktischer Hinsicht ist sie weitgehend überflüssig; nutzbares Wissen liefert sie nicht" (Sartori 2004, S. 786). Joseph S. Nye ließ sich von der *New York Times* 2009 mit dem Satz zitieren, das Fach scheine „sich in die Richtung zu bewegen, immer mehr über immer weniger zu sagen" (Cohen 2009). Zwei Jahre später machte der ehemalige IPSA-Generalsekretär John Trent, der von 1973 bis 1988 die Weltkongresse der Organisation organisiert hatte, einen „Rückzug" der Disziplin aus der öffentlichen Debatte aus: Es gebe „nur wenige ‚öffentliche Intellektuelle' und kaum Kontakte zur politischen Klasse." Im Endergebnis, echote Trent Ostrom, herrsche das Gefühl vor, „dass wir für Bürgerinnen und Bürger keine Hilfe sind"(Trent 2011, S. 196, 197).

Ihren Ursprung haben solche Vorbehalte zu einem beträchtlichen Teil in zwei hartnäckig geführten Debatten: Erstens über die Aufsplitterung (weniger freundlich ausgedrückt, die Balkanisierung) des Fachs; zweitens über die Streitfrage, wieviel relevante Arbeit eigentlich in einer vorwiegend methodenorientierten Wissenschaft noch geleistet wird, zu deren Symbol – jedenfalls, was ihre Hauptrichtung angeht – „multiple Regressionsgleichungen avanciert sind" (Smith 1997, S. 254).

- Fortgeschrittene Aufsplitterung – gegenseitige Abschottung – ist, wie gleich eingangs in diesem Buch erwähnt, zurückgeführt worden auf die Herausbildung von „Nischen", in denen hoch spezialisierte Politologen „hoch differenzierte Forschung" betreiben. Sie leben davon, dass sie ihre „Reviere" verteidigen – ihre Prioritäten, ihre Projekte, ihre Zuständigkeiten – und für ihresgleichen publizieren: für wiederum „hoch spezialisierte Zielgruppen", statt für „wenige Spezialisten, aber viele Laien" (Sigelman 2006, S. 475). Die Spezialisierung einzelner Wissenschaftler wird ergänzt, eher noch verstärkt, durch die Spezialisierung lose organisierter, forschungsorientierter Sektionen oder Arbeitsgruppen. 2010 entfielen auf ganze vier Berufsorganisationen – die British Political Studies Association sowie die amerikanischen, deutschen und russischen politikwissenschaftlichen Vereinigungen – zusammen nicht weniger als 147 solcher Untergruppen. Die Projekte, Zusammenkünfte, Veröffentlichungen anderer werden von vielen kaum wahrgenommen. Bereichsübergreifende Forschung, die sich zentraler Fragestellungen annimmt und dabei traditionelle Reviergrenzen hinter sich lässt, bleibt unterentwickelt (Eisfeld 2016, S. 16, 18).

- Wenn formalisierte Methoden Vorrang haben vor inhaltlichen Fragen, dann sind die Konsequenzen absehbar: „enge" Fragestellungen (orientiert an der Verfügbarkeit quantitativer Daten), Ergebnisse von „begrenzter" Reichweite, „uninteressant" im Inhalt und formuliert in einer Sprache, die für die breitere Öffentlichkeit „unverständlich" ist – mit einem Wort, „obskur" (Smith 2009, S. 2).

Für den Bereich umweltpolitischer Studien – der in diesem Buch noch eine Rolle spielen wird – wurde die Einschätzung kürzlich bestätigt von den beiden langjährigen Herausgebern der führenden Zeitschrift *Global Environmental Politics*, Jennifer Clapp und Peter Dauvergne: In dem Maß, in dem die weitere Verfeinerung ausgefeilter methodischer Ansätze den Vorrang gewänne vor der Prüfung, wie weit sie das Rüstzeug lieferten, um drängenden Fragen auf den Grund zu gehen, würde kritisches Potenzial reduziert. Immer kompliziertere Modelle und statistische Verfahren liefen Gefahr, Wissenschaft von Politik und Problemorientierung abzukoppeln (Dauvergne und Clapp 2016, S. 3). Schärfere Kritiker wie Donald Green und Ian Shapiro haben seziert, was sie als „Pathologien" methodengesteuerter Politikwissenschaft bezeichnen und zurückführen auf das Bedürfnis der Anwender, ihre Modelle „zu rechtfertigen", statt „reale politische Befunde zu verstehen und zu erklären" (Green und Shapiro 1994, S. 33; Shapiro 2002, S. 598).

Dass die angewandten mathematischen Verfahren (wie zu zeigen sein wird) Mathematiker nicht immer überzeugt haben, setzt dem Ganzen die Krone auf.

Zersplitterung des Fachs und methoden- an Stelle problemorientierter Forschung können einander in ihren Konsequenzen verstärken. Mehrere Studiengruppen der APSA haben diesen und andere wunde Punkte benannt.

Die Studiengruppe über Postgraduale Ausbildung, eingesetzt von APSA-Präsidentin Theda Skocpol, warnte 2004 in ihrem Abschlussbericht, zu stark spezialisierte Qualifizierung könne „unzeitgemäße Forschung" begünstigen. Die Mitglieder betonten außerdem, zu den vornehmsten Aufgaben des Fachs sollte es gehören, Wege zu erkunden, auf denen Politik zur Milderung menschlicher Beschwernisse beizutragen vermöge, und einer breiten Öffentlichkeit zu vermitteln, wie das Studium der Politik dabei helfen könne, „wesentliche Aspekte menschlichen Zusammenlebens" besser zu verstehen (APSA 2004, S. 3, 4).

Die von APSA-Präsidentin Dianne Pinderhughes benannte Studiengruppe über Politikwissenschaft im 21. Jahrhundert stellte 2011 in ihrem Bericht fest, die Disziplin sei „oft schlecht gerüstet", um

- einerseits zu ergründen, „weshalb viele der randständigsten Mitglieder der Gesellschaft ... häufig nicht imstande sind zu erreichen, dass die Regierung sich angemessen um ihre Bedürfnisse kümmert",
- andererseits „Erklärungen zu entwickeln für soziale, politische und wirtschaftliche Prozesse, die derartige Marginalisierung" überhaupt erst „bewirken".

Das, schloss der Bericht, schränke die Relevanz des Fachs für den „breiteren gesellschaftlichen und politischen Diskurs" ein. Folglich müssten neue Wege gegangen werden (APSA 2011, S. 1, 56).

Eine von APSA-Präsident Rodney Hero einberufene Arbeitsgruppe, betitelt „In der Zwickmühle: Politische Prozesse der Rassen- und Klassenungleichheit in beiden Amerikas" (*The Double Bind: The Politics of Racial & Class Inequalities in the Americas*) ermittelte unter Anwendung komparativer Methoden, dass in den Gesellschaften Nord- und Südamerikas ethnische Minderheiten durch „niedrigen wirtschaftlichen Status und durch die Anreize des Parteiensystems" daran gehindert werden, demographisches Potential und politische Beteiligung „in wirtschaftliche Verbesserungen von Belang umzusetzen" (Hooker und Tillery 2016, S. 12). In fach- und länderübergreifenden Studien, so die Aufgabenstellung, sollte die Politikwissenschaft „die andauernde Kluft zwischen den Lebenschancen Weißer und Menschen anderer Hautfarbe" vertieft erforschen (Pinderhughes 2018, S. 8; Hooker und Tillery 2016, S. 4).

Die von APSA-Präsident John H. Aldrich gebildete Studiengruppe über öffentliches Wirken des Fachs stellte 2016 schließlich in ihrem Bericht: „Damit man uns hört" (*Let's Be Heard*) fest, die Disziplin verfüge über ein großes, ja wachsendes, aber weitgehend „unerschlossenes" Potenzial, „Leben zu verbessern" – sofern Politikwissenschaftler Schritte unternähmen, um mehr Menschen „mehr Einsichten von größerem Nutzen" über kontroverse Themen zu vermitteln (APSA 2016, S. 1, 2).

Den Boden bereitet für derartige Überlegungen hatte seit 2000 die Initiative (in den Augen von Optimisten die „Bewegung") *Perestroika in American Political Science*. Zumindest etliche ihrer Unterstützer verstanden Amerikas Perestroika als breit angelegte Bemühung (Luke 2005, S. 468), der Politikwissenschaft den Charakter einer

- „an Problemen orientierten, auf Menschen konzentrierten und politikbezogenen Disziplin" zu verleihen an Stelle eines
- „an Verfahren orientierten, auf Methoden konzentrierten und berufsbezogenen Fachs".

Unweigerlich strahlten von derartigen Debatten amerikanischer Politikwissenschaftler internationale Wirkungen aus, wie zwei IPSA-Veranstaltungen 2008/2009 und eine Tagung der British Political Studies Association 2012 beispielhaft demonstrieren. Im Fall der IPSA handelte es sich um die Plenarsitzung einer Konferenz in Montréal und einen Runden Tisch beim Weltkongress in Santiago de Chile. Die PSA-Tagung in Belfast war von Matthew Flinders (Sheffield) und Peter John (University College London) angeregt worden. Beide unterstrichen ihre Überzeugung, das Fach müsse sich „sichtbarer und zusammenhängender in öffentliche und politische Debatten einbringen" (Flinders und John 2013, S. 222). John Trent (Ottawa), der die beiden IPSA-Sitzungen leitete und oben bereits zitiert wurde, schloss aus dem reichen Quellenmaterial, das er gesichtet hatte, die Öffentlichkeit könne, nachdem sie zwei Jahrzehnte lang „Fehlinformationen und Missmanagement" von Politikern ertragen habe, reif sein für „bescheidene, auf Tatsachenkenntnis gegründete Weisheiten" unserer Disziplin (Trent 2012, S. 91/92, 134).

Die hier zusammengetragenen Gesichtspunkte umreißen eine Politikwissenschaft für das 21. Jahrhundert, die sich nachhaltig um die Verbesserung dessen bemühen sollte, was Senator Coburn „die Geschicke der Menschen" nannte. Ein *Caveat* muss jedoch unverzüglich hinzugefügt werden. Damit die schrittweise Herausbildung einer so beschaffenen Disziplin auch nur die geringsten Chancen erhält, müssen jene „neuen Wege", welche die APSA-Studiengruppe 2011 angemahnt hat (siehe oben), folgende Punkte umfassen:

- Die Anreizstruktur des Fachs muss weitgehend umgekrempelt werden. Bei Wissenschaftlern in der Frühphase ihrer Karriere begünstigen die gängigen Kriterien für die Vergabe von Forschungsmitteln, die Veröffentlichung von Fachaufsätzen und für beruflichen Aufstieg eine Orientierung, die einseitig auf Lieferung „methodisch anspruchsvoller" Beiträge setzt. Weder in Hochschulen noch bei Fördereinrichtungen genießen *outreach*-Aktivitäten, die eine breitere Öffentlichkeit im Blickfeld haben, „hohe Priorität" (Flinders und John 2013, S. 223; Savage 2013, S. 198). *Soll das Fach sich ändern, müssen die Karriereanreize geändert werden.*

- Ausbildung wird künftig die „Kunst" einschließen müssen, „akademische" – umständliche, undurchschaubare, auf ähnlich spezialisierte Wissenschaftler zielende – Formulierungen zu übersetzen in einen flüssigeren Stil, der Forschungsergebnisse nachvollziehbar vermittelt. *Am wichtigsten wird sein, dafür zu werben, dass dieser Ansatz als legitime, lohnende Form wissenschaftlichen Arbeitens akzeptiert wird.* Zu den Fertigkeiten, die von künftigen Politikwissenschaftlern zu erwerben wären, müsste der Umgang mit unterschiedlichen Medien, inklusive sozialer Medien wie Blog und Twitter, gehören (Smith 2009, S. 2; Flinders 2013, S. 149, 156, 162/163).
- „Problemwahl ist das A und O" (Calhoun 2009, S. 1): Die Politologenausbildung sollte dazu ermutigen, von der Lösung „kleinerer empirischer Rätsel" (Savage 2013, S. 191) vorzudringen zur Arbeit an „umfassenderen Fragen, die die Öffentlichkeit beschäftigen" (Calhoun 2009, ebd.). Selbstredend muss die Problemauswahl **fachlicher** Kompetenz überlassen bleiben – und, wo nötig, verteidigt werden gegen regierungsoffizielle *New Public Management-* Strategien „**politischer** ‚Problem'bestimmung'" (Flinders 2018, S. 3). Länder wie Großbritannien oder Australien haben damit begonnen, öffentliche Forschungsgelder an „Relevanz"-Kriterien zu knüpfen, die wirtschaftlichem Wachstum zu Gute kommen sollen. Regierungsprogramme, die danach trachten, Wissenschaftler auf solche Weise „einzuspannen", wirken offenkundig einer Neujustierung der Anreizstruktur des Fachs entgegen (Eisfeld und Flinders 2021). Welche Art künftiger „Arbeitsteilung" (Calhoun 2009, S. 2) sich auch immer im Fach herauskristallisieren mag, eine wachsende Zahl von Politikwissenschaftler/innen sollte sich jedenfalls auf Aspekte jener „großen" Themen konzentrieren, die den Gegenstand der folgenden Kapitel bilden und von denen mit einiger Sicherheit gesagt werden kann, dass *sie sich grundlegend auf die Geschicke der Menschheit auswirken.*

Eine erste ansatzweise Bestimmung dieser Geschicke ist Aufgabe des nächsten Kapitels. Das dritte Kapitel wird durchgängige, rapide, nicht selten politisch bewirkte, kulturelle, soziale und wirtschaftliche Veränderungen als Hauptgegenstand der Politikwissenschaft des 21. Jahrhunderts erörtern. Die Behauptung eines prominenten Politikwissenschaftlers, wonach „der moderne Mensch [im Gegensatz zum traditionsgeleiteten] die Möglichkeit des Wandels akzeptiert und für erwünscht hält" (Huntington 1968, S. 32), kann allenfalls als Idealtyp durchgehen, wie ihn Max Weber zum Zweck empirischer Falsifizierung und der Entwicklung schärferer analytischer Kategorien vorgeschlagen hat. Vorgänge, die das Konstrukt des „modernen Menschen" ein für alle Mal falsifiziert haben, werden zu Anfang des dritten Kapitels beleuchtet. Nur zu oft haben die Folgen von Wirtschaftskrisen, Massenarbeitslosigkeit, Kriegen, Wanderungsbewegungen, selbst von nachhaltigen Veränderungen der Sexualmoral, Furcht und Ressentiments ausgelöst an Stelle gewünschten Wandels.

Eine Grundthese dieses Buchs lautet, dass es von eminenter Bedeutung wäre, wenn das Fach solchen politisch höchst folgenreichen Aversionen öffentlich entgegenträte und Bürger systematisch unterstützte bei der Bewältigung der immer allgegenwärtigeren Einwirkungen politischen, wirtschaftlichen und kulturellen Wandels auf ihr Leben. Eine Politikwissenschaft für das 21. Jahrhundert, die diesen Weg einschlägt, würde – wie die folgenden Kapitel im Einzelnen ausführen – sich dafür engagieren,

- normale Bürger an dem Wissen, das die Disziplin bereitstellt, als „planmäßige Nutznießer" zu beteiligen, indem sie Laien dazu animiert, „Fragen zu formulieren, zu verfeinern, auszuweiten" (Lindblom 1990, S. 216/217, 257/258) – und zwar auch dann, wenn dies erfordern sollte, *eine neue politische Kultur wissenschaftlichen Einwirkens auf den öffentlichen Raum zu entwickeln*;
- Wissenschaftler zu ermutigen, sich als öffentliche Intellektuelle zu verstehen, die – wenn sie schreiben und reden – sowohl menschliches Wissen als auch menschliche Freiheit voranzubringen trachten, sich dabei aber „der Pluralität der Theorien und Methoden" ebenso bewusst bleiben wie der „Unvollkommenheit, die bereits für die fachinterne öffentliche Kommunikation von Wissenschaftlern so charakteristisch ist" (Calhoun 2009, S. 8);
- eine Bürgerkunde-Erziehung zu stärken, die
  - als „zivilgesellschaftliche Bildung" (Frank 2005, S. 1) Selbsttätigkeit an Stelle staatlichen Handelns, mithin informiertes Engagement an Stelle passiven Zuschauertums in den Vordergrund rückt, und zwar
  - indem sie die „partizipatorische Fähigkeit" (*civic literacy*) vermittelt, Gründe abzuwägen, die für den Weiterbestand oder aber die Änderung eigener wie gesamtgesellschaftlicher Wege und Werte sprechen (Putnam 2003, S. 253; Wong 2015, S. 5, 8);

- Alarm zu schlagen, wenn Politiker oder Regierungen versuchen, die Bürger zu hintergehen – ganz besonders dann, wenn sie „Hand in Hand" mit Wirtschaftseliten und Teilen der Medien daran arbeiten, eine „Herrschaft der Lügner" zu etablieren (Perlstein 2011);
- schließlich, und nicht weniger wichtig,
  - beharrlich den Finger auf jene politischen, wirtschaftlichen und sozio-kulturellen Herausforderungen zu legen, mit denen Bürgerinnen und Bürger anhaltend zu tun haben und die in den nächsten Kapiteln genauer im Kontext menschlicher Geschicke verortet werden: Zunehmende ethnisch-kulturelle Vielfalt; wachsende Ungleichheit politischer Ressourcen; wirtschaftliche Regulierungspolitik, die hinter dem Nötigen zurückbleibt; globale Erwärmung – *die Quintessenz jeglichen Wandels, betrifft sie doch die Lebensbedingungen auf dem ganzen Planeten* -; Terrorismus und seine Auslöser;
  - diese Fragen als die Kernthemen herauszustellen, um die ein Großteil an Forschung, Lehre und öffentlichem Engagement sich künftig drehen sollte in dem Bemühen, „den Bürgern dabei zu helfen, sich auf unterschiedliche Zukunftsaussichten vorzubereiten" (Hankiss 2002, S. 22).

In seiner Antrittsrede als APSA-Präsident erinnerte Robert Putnam 2002 seine Zuhörerschaft – und sein Fach – daran, dass nicht allein in den Vereinigten Staaten, sondern in zahlreichen westlichen Demokratien während der letzten Jahrzehnte die Entfremdung vom politischen System zu-, die politische Beteiligung dagegen abgenommen hat. Wer aber meinte, dieser Umstand müsste unter Politikwissenschaftler(inne)n eine lebhafte Debatte auslösen, wie der fatalen Entwicklung zu begegnen wäre, der hätte „sich getäuscht" (Putnam 2003, S. 250). Sich kontinuierlich in einer *gemeinsamen Diskussion mit Bürgerinnen und Bürgern* über deren wichtigste politische Anliegen auszutauschen, könnte einen nicht unerheblichen Teil der gebotenen Reaktion ausmachen.

LITERATUR

APA [American Psychological Association] (2013): "Coburn Amendment Restricts NSF Political Science Funding", April 2013, www.apa.org/science/about/psa/2013/04/political-science-funding.aspx, abgerufen 12. 9. 2016.

APSA [American Political Science Association] (2004): *Report to the APSA Council, APSA Task Force on Graduate Education*. Washington DC: APSA, files.eric.ed.gov/fulltext/ED495969.pdf, abgerufen 14. 9. 2016.

APSA [American Political Science Association] (2011): *Political Science in the 21st Century*. Report of the Task Force on Political Science in the 21st Century. Washington DC: APSA, www.apsanet.org/portals/54/Files/TaskForceReports/TF_21stCentury_AllPgs_webres90.pdf, abgerufen 14. 9. 2016.

APSA [American Political Science Association] (2016): *Let's Be Heard! How to Better Communicate Political Science's Public Value*. Report of the Task Force on Public Engagement. Washington DC: APSA, http://journals.cambridge.org/download.php?file= %2FPSC%2FPSC48_S1%2FS1049096515000335a.pdf&code=175ec04c9eeea48f9f1f376d4cb1ef35, abgerufen 14. 9. 2016.

Calhoun, Craig (2009): "Social Science for Public Knowledge". *Transformations of the Public Sphere* (Essay Forum), October 10. Social Science Research Council, http://publicsphere.ssrc.org/calhoun-social-science-for-public-knowledge/, abgerufen 18. 9. 2016.

Cohen, Patricia (2009): "Field Study: Just How Relevant is Political Science?" *New York Times*, October 19, 2009, http://www.nytimes.com/2009/10/20/books/20poli.html, abgerufen 12. 9. 2016.

Dauvergne, Peter/Clapp, Jennifer (2016): "Researching Global Environmental Politics in the 21st Century". *Global Environmental Politics*, Jg. 16 Nr. 1, 1–12.

Eisfeld, Rainer (2011): "How Political Science Might Regain Relevance and Obtain an Audience: A Manifesto for the 21st Century". *European Political Science*, Jg. 10, 220–225.

Eisfeld, Rainer (2016): "Specialization and Teamwork: Current Challenges to the Discipline", in: ders.: *Political Science: Reflecting on Concepts, Demystifying Legends*, Opladen/Berlin/Toronto: Barbara Budrich, 14–19.

Eisfeld, Rainer/Flinders, Matthew (Hg. 2021): *Political Science in the Shadow of the State. Research, Relevance, Deference*. Singapore: Palgrave Macmillan.

Figueiredo, António de (1975): *Portugal: Fifty Years of Dictatorship*. Harmondsworth: Penguin Books.

Flinders, Matthew (2013): "The Tyranny of Relevance and the Art of Translation". *Political Studies Review*, Jg. 11, 149–167.

Flinders, Matthew/John, Peter (2013): "The Future of Political Science". *Political Studies Review*, Jg. 11, 222–227.

Flinders, Matthew (2018): "The Politics of Impact in Political Science". Paper, 25th World Congress of Political Science (RC 33.05), Brisbane.

Frank, Susanne (2005): "Demokratiebaustein: 'Civic education' – was ist das?", Berlin: DIPF/Leibniz-Institut für Bildungsforschung und Bildungsinformation, https://www.pedocs.de/volltexte/2008/291/pdf/Civic_education.pdf, abgerufen 15. 4. 2022.

Green, Donald P./Shapiro, Ian (1994): *Pathologies of Rational Choice Theory. A Critique of Applications in Political Science.* New Haven/London: Yale University Press.
Hankiss, Elemér (2002): "Brilliant Ideas or Brilliant Errors? Twelve Years of Social Science Research in Eastern Europe", in: Max Kaase/Vera Sparschuh (hg.): *Three Social Science Disciplines in Central and Eastern Europe,* Berlin/Budapest: Collegium Budapest/IZ Sozialwissenschaften, 17–24.
Hooker, Juliet/Tillery, Alvin B. (2016): The Double Bind: The Politics of Racial and Class Inequalities in the Americas. Report of the APSA Task Force on Racial and Social Class Inequalities in the Americas, Executive Summary. Washington: American Political Science Association. http://www.apsanet.org/Portals/54/files/Publications/Double%20Bind%20Executive%20Summary.pdf?=2016-08-03-115421-300, abgerufen 12. 8. 2018.
Huntington, Samuel P. (1968): *Political Order in Changing Societies.* New Haven/London: Yale University Press.
Lindblom, Charles E. (1990): *Inquiry and Change. The Troubled Attempt to Understand and Shape Society,* New Haven/London: Yale University Press.
Luke, Timothy W. (2005): "Caught Between Confused Critics and Careerist Co-Conspirators", in: Kirsten Renwick Monroe (hg.): *Perestroika! The Raucous Rebellion in Political Science.* New Haven/London: Yale University Press, 468–488.
Mole, Beth (2013): "NSF Cancels Political-Science Grant Cycle", *Nature,* August 2, 2013, www.nature.com/news/nsf-cancels-political-science-grant-cycle-1.13501, abgerufen 12. 9. 2016.
Ostrom, Elinor (1998): "A Behavioral Approach to the Rational Choice Theory of Collective Action". *APSR,* Jg. 92, 1–22.
Perlstein, Rick (2011): "Inside the GOP's Fact-Free Nation". *Mother Jones,* May/June Issue, www.motherjones.com/politics/2011/04/history-political-lying, abgerufen 18. 9. 2016.
Pinderhughes, Dianne (2018): "Remaking Political Science: Reframing Democracy in the 21st Century". Paper, 25th World Congress of Political Science (RC 33.05), Brisbane.
Putnam, Robert D. (2003): "APSA Presidential Address: The Public Role of Political Science". *Perspectives on Politics,* Jg. 1, 249–255.
Reilly, Mollie (2013): "Tom Coburn Amendment Limiting National Science Foundation Research Funding Passes Senate", *Huffington Post,* March 21, 2013, www.huffingtonpost.com/2013/03/21tom-coburn-national-science-foundation_n_2921081.html, abgerufen 12. 9. 2016.
Rinderle, Peter (2017): "Die Dramen der Allmende". *ZfP,* Jg. 60, 4–31.
Sartori, Giovanni (2004): "Where is Political Science Going?" *PS,* Jg. 11, 785–786.
Savage, Lee (2013): "A View from the Foothills: Public Engagement among Early Career Researchers". *Political Studies Review,* Jg. 11, 190–199.

Shapiro, Ian (2002): "Problems, Methods, and Theories in the Study of Politics, or What's Wrong With Political Science and What to Do About it". *Political Theory*, Jg. 30, 596–619.

Sigelman, Lee (2006): "The Coevolution of American Political Science and the American Political Science Review". *APSR*, Jg. 100, 463–478.

Smith, Rogers M. (1997): "Still Blowing in the Wind: The American Quest for a Democratic, Scientific Political Science". *Daedalus*, 126 (1), 253–287.

Smith, Rogers M. (2009): "The Public Responsibilities of Political Science". *Transformations of the Public* (Essay Forum). December 10, 2009. Social Science Research Council, http://publicsphere.ssrc.org/smith-the-public-responsibilities-of-political-science, abgerufen 14. 9. 2016.

Stratford, Michael (2014): "In Wake of Coburn Amendment Repeal, Social Science Groups Plot Path Forward". *InsideHigherEd*, January 24, 2014, www.insidehighered.com/news/2014/01/24/wake-coburn-amendment-repeal-social-science-groups-plot-path-forward, abgerufen 12. 9. 2016.

Tarko, Vlad (2017): *Elinor Ostrom. An Intellectual Biography*. London/New York: Rowman & Littlefield.

Toonen, Theo (2010): "Resilience to Public Administration: The Work of Elinor and Vincent Ostrom from a Public Administration Perspective". *Public Administration Review*, Jg. 70, 193–202.

Trent, John E. (2011): "Should Political Science Be More Relevant? An Empirical and Critical Analysis of the Discipline". *European Political Science*, Jg. 10, 191–209.

Trent, John E. (2012): "Issues and Trends in Political Science at the Beginning of the 21st Century", in: ders./Michael Stein (hg.): *The World of Political Science: A Critical Overview of the Development of Political Studies around the Globe, 1990–2012*. Opladen/Berlin/Toronto: Barbara Budrich, 91–153.

Wong, Alia (2015): "Why Civics Is About More than Citizenship". *The Atlantic*, September 17, 2015. http://www.theatlantic.com/education/archive/2015/09/civic-education-citizenship-test/405889/, abgerufen 14. 9. 2016.

KAPITEL 2

Wie stellt das Geschick der Menschheit sich heute dar?

In ihrem Frühwerk (1958) über menschliche Grundtätigkeiten, das den berühmten Titel *The Human Condition* trägt (dt. *Vita Activa*), konzentrierte Hannah Arendt sich auf drei Arten des aktiven (im Gegensatz zum kontemplativen) menschlichen Lebens: Arbeiten, welches sie als Grundbedingung des biologischen Überlebens definierte; Herstellen, das Arendt als notwendig ansah, um die kollektive künstliche Umwelt des Menschen zu schaffen; und, was für sie am wichtigsten war, Handeln – Handeln im eigentlichen Sinn, das menschlicher Freiheit gleichkommt und als assoziierte Aktivität in der politischen, d. h. öffentlichen Sphäre ausgeübt wird:

> Von den drei Tätigkeiten ... ist das Handeln an die Grundbedingung der Natalität enger gebunden als Arbeiten und Herstellen. Der Neubeginn, der mit jeder Geburt in die Welt kommt, kann sich in der Welt nur darum zur Geltung bringen, weil dem Neuankömmling *die Fähigkeit zukommt, selbst einen neuen Anfang zu machen, d. h. zu handeln* Arendt 1981, S. 15; Hervorhebung nicht im Original).

Solche – im reinsten Sinne – menschliche Tätigkeit ist freilich dann am grundlegendsten gefährdet, wenn, wie Arendt zuvor in *Elemente und Ursprünge totaler Herrschaft* gezeigt hatte, ideologisch vorgegebene *un*menschliche „Gesetze" der Natur oder Geschichte an der Menschheit von totalen Regimen exekutiert werden, deren Terror die Untertanen durch ein „eisernes Band" zusammenzwingt und ihre Fähigkeit zum freien

Handeln auslöscht. Unrealistischerweise ist diese Fähigkeit in Arendts Verständnis aber schon dann korrumpiert, wenn wirtschaftliche oder soziale Fragen – also Probleme des Arbeitens und Herstellens – in „authentische" Politik Eingang finden.

Im weiteren Sinn bezieht sich die „conditio humana" auf die Existenz des Einzelnen in seiner Gesellschaft, auf der Erde und letztlich im Universum. Der Begriff umfasst soziale und politische Rollen (seien sie zugeschrieben oder erworben), den verfügbaren Wissensstand und die Bandbreite ethischer Perspektiven. In einem zwölfseitigen Kapitel, überschrieben „Das 20. Jahrhundert", hat der Astrophysiker Carl Sagan (1934–1996) die beispiellosen Veränderungen zusammengefasst, die sich im vergangenen Jahrhundert auf die menschliche Existenz ausgewirkt haben. Schon vor fünfzig Jahren hatte Sagan angemerkt, „selbst innerhalb einer Lebensspanne" fänden so einschneidende soziale und technologische Umwälzungen statt, dass viele Menschen sich in ihrer eigenen Gesellschaft „fremd" fühlten. Er hatte weiter argumentiert, dass althergebrachte politische und wirtschaftliche Haltungen, Methoden und Rezepte unwiderruflich hinterherhinkten. Diese Einschätzung ließ ihn zu dem Schluss gelangen (Sagan 1978, S. 46 ff.): „Wir sollten uns für auf großer Basis angelegte soziale, wirtschaftliche und politische Experimente in allen Ländern einsetzen."

Oder wir sollten, wie Hannah Arendt forderte, noch einmal die menschliche Fähigkeit auf die Probe stellen, Neues zu beginnen, wobei „die Idee der Freiheit und die Erfahrung eines Neuanfangs miteinander verkoppelt" werden sollten (Arendt 1963, S. 28, 31, Zitat S. 34).

Stattdessen, so Sagan damals, scheine das Gegenteil der Fall zu sein. In Ländern wie den Vereinigten Staaten oder der Sowjetunion „zielt die offizielle Politik dahin ab, dass wichtige Experimente unterdrückt werden."

Sagans Aussagen werden hier aus mehreren Gründen herausgegriffen.

- Weil der Astrophysiker ohne Zögern historische, soziale, politische Überlegungen einbezog, wo immer es ihm „angemessen" schien (Sagan 1974, S. XIV). Anders ausgedrückt, er entschied sich bewusst dafür, Fachgrenzen zu überschreiten. Wie Sagan auf dem Gebiet der Planeten- und Weltraumwissenschaften, sollte die Politikwissenschaft die Debatten und Ergebnisse anderer Disziplinen, der Natur- ebenso wie der Geisteswissenschaften, berücksichtigen. Das Kapitel über Klimapolitik in diesem Buch geht darauf näher ein.

Sollte dieser Standpunkt einer zusätzlichen Erläuterung bedürfen, so wurde sie einmal mehr von Hannah Arendt geliefert. Als sie in *Vita Activa* über die immer stärker künstlich konstruierte Welt des Menschen und ihre immer radikaler „verbesserten" Bewohner reflektierte, gelangte sie zu dem Schluss, dass es sich um „eine politische Frage ersten Ranges" handle, die daher „nicht gut der Entscheidung von Fachleuten, weder den Berufswissenschaftlern noch den Berufspolitikern, überlassen bleiben" dürfe (Arendt 1981, S. 9). Zumindest so lange, hätte sie hinzufügen können, wie wenigstens annähernd demokratieähnliche Verhältnisse herrschen, unter denen die Einzelnen frei, d. h. im Arendt'schen Sinn politisch, handeln können. In den Debatten, die solchen Entscheidungen vorausgehen, sollte die Politikwissenschaft ein Wort mitreden.

- Weil Sagan in herausragender Weise den öffentlichen Intellektuellen verkörperte, dessen Rolle im übernächsten Kapitel erwogen wird. Als die National Academy of Sciences ihm zwei Jahre vor seinem Tod die Public Welfare Medal verlieh, verlautbarte sie, Sagan sei „enorm erfolgreich darin gewesen, die Wunder und die Bedeutung der Wissenschaft zu vermitteln." Seine 1980 ausgestrahlte Fernsehserie *Kosmos* wurde von schätzungsweise 400–500 Millionen Zuschauern in über 60 Ländern verfolgt. Das dazu gehörige Buch wurde international rund 5 Millionen Mal abgesetzt und war eine Zeitlang das meistverkaufte, in englischer Sprache je veröffentlichte Wissenschaftsbuch, bis es von ‚Stephen Hawkings' *Eine kurze Geschichte der Zeit* überholt wurde. Bei der postumen Verleihung des Distinguished Public Service Award an Sagan erklärte die National Science Foundation, dass er „der Menschheit unendlich viel gegeben" habe, da er die Bedeutung wissenschaftlichen Denkens für die Allgemeinheit verständlich erklärt habe.
- Weil Sagan sich der Aufgabe verpflichtet sah, eine humane Welt „zu erhalten und zu pflegen", ein Engagement, das vielleicht am 13. Oktober 1994 am deutlichsten zu Tage trat. Bei einem öffentlichen Vortrag an der Cornell University präsentierte er damals seinen Zuhörern das Bild jenes „bläulichen Tüpfelchens", das ein halbes Jahr zuvor von der Raumsonde Voyager 1 aufgenommen worden war, bevor sie das Sonnensystem verließ. In seinen anrührenden Worten (Sagan 1994):

„Sie sehen einen winzigen Fleck. Das ist hier. Das ist zu Hause. Das sind wir. Auf ihm hat jeder, von dem Sie je gehört haben, jedes menschliche Wesen, das jemals gelebt hat, sein Leben zugebracht."

Menschliche Selbstgefälligkeit, so Sagan weiter, „der Wahn, wir nähmen im Universum eine privilegierte Position ein, wird durch diesen Punkt fahlen Lichts erschüttert." Für ihn unterstrich das Foto die Verantwortung der Menschheit, den blassblauen Lichtfleck zu bewahren, „die einzige Heimat, die wir je gekannt haben."

Unser aller gemeinsame Heimat bewahren: In den frühen 1980er-Jahren führten die Studien Sagans und seiner Mitarbeiter (bald als TTAPS-Gruppe bekannt) über die Entwicklung globaler Staubstürme auf dem Mars, die von den Mariner- und Viking-Sonden beobachtet worden waren, zu der Hypothese vom „nuklearen Winter" – anhaltender Abkühlung und Verdunklung der Erde durch die Ausbreitung von Rauch und Staub in der Atmosphäre, die einem nuklearen Schlagabtausch folgen würde. Um sowohl die Gemeinschaft der Wissenschaftler als auch die Öffentlichkeit zu alarmieren, entschieden Sagan und seine Mitarbeiter sich, zweigleisig vorzugehen. *Die Methode der Gruppe verkörpert perfekt jene „Kunst der Übersetzung", die nicht „hoch genug veranschlagt werden kann", wie Matthew Flinders sie Politologen ans Herz gelegt hat, um die „Undurchschaubarkeit" so vieler heutiger Studien zu verringern* (Flinders 2013, S. 150, 160).

Die bei den Untersuchungen verwendeten physikalischen Modelle wurden in der Wochenzeitschrift *Science* der American Association for the Advancement of Science ausführlich dokumentiert (TTAPS 1983). Eine speziell für Laien entworfene Fassung, die sich auf die gewonnenen klimatischen und biologischen Kenntnisse konzentrierte – verheerende Folgen für Wälder und Landwirtschaft, weitgehendes Aussterben von Tierarten, Zusammenbruch der Nahrungsketten -, wurde zeitgleich in *Foreign Affairs* veröffentlicht (Sagan 1983/1984). Dieser Text enthielt politische Empfehlungen zur schrittweisen Reduzierung der nuklearen Arsenale der Welt unter die „geschätzte Schwelle", die einen nuklearen Winter auslösen würde (übereinstimmend mit einem früheren Vorschlag von George F. Kennan), aber immer noch „ausreichend zur strategischen Abschreckung, sofern diese als notwendig angesehen wird" (Sagan 1983/1984, S. 284; auch S. 285/286).

Es gibt Anzeichen dafür, dass die anschließende breite Diskussion über die Möglichkeit einer Klimakatastrophe, an der sowohl amerikanische als auch sowjetische Wissenschaftler und politische Entscheidungsträger beteiligt waren, zum Abbau der Spannungen zwischen der Reagan- und der Gorbatschow-Administration beigetragen haben könnte, der den Verträgen über die Verringerung der strategischen Rüstung in den späten 1980er-Jahren vorausging (Robock 2010, S. 425). Unter Verwendung verbesserter Klimamodelle und nun mit Blick auf die Umweltfolgen regionaler Nuklearkonflikte – etwa zwischen Indien und Pakistan – sind die Debatten über die Gefahren eines nuklearen Winters auch nach (zeitweiser) Verkleinerung der Kernwaffenbestände im Anschluss an das Ende des Kalten Krieges fortgesetzt worden (siehe z. B. Robock 2010). Die jüngste Studie dieser Art (Harrison et al. 2022), durchgeführt von Cheryl Harrison (Louisiana State University) und zahlreichen Mitautor(inn)en, konzentriert sich auf die Folgen globaler Verdunklung für die Ozeane der Erde, sowohl bei einem „begrenzten" nuklearen Schlagabtausch zwischen Indien und Pakistan als auch, weit massiver, zwischen Russland und den USA: Die Oberflächen der Ozeane würden Jahrzehnte zur Erholung benötigen, die tieferen Schichten Jahrhunderte, die Arktis würde eine Jahrtausende während „kleine Eiszeit" erleben, auch hier mit entsprechenden Konsequenzen für die weltweiten Nahrungsketten.

Erreichen derartige Erörterungen die politische Ebene, dann spielen nicht nur inhaltliche Argumente eine Rolle. Würden Rhetorik und Stil des Diskurses der Angst, der Wut, den Vorurteilen oder der Verachtung des Gegners Vorschub leisten, müsste dies das Vertrauen in Nuancen, Kompromisse, schließlich in die Demokratie selbst untergraben. Als die American Association of Physics Teachers 1990 Carl Sagan die nach dem dänischen Physiker Hans Christian Ørsted benannte Orsted-Medaille verlieh, pries sie ihn nicht nur dafür, dass er sich zur „Verantwortung des Wissenschaftlers" bekannt habe, „die Aufmerksamkeit der Öffentlichkeit auf wichtige und schwierige politische Fragen zu lenken, die mit Wissenschaft zu tun haben." Die Organisation unterstrich auch, dass Sagan „durch sein stets rücksichtsvolles Verhalten gegenüber Andersdenkenden" versucht habe, „das intellektuelle und ethische Niveau der Debatte zu heben."

1996 starb Carl Sagan im Alter von nur 62 Jahren an den Folgen von Myelodysplasie, einer seltenen Knochenmarkskrankheit, welche die Produktion roter und weißer Blutkörperchen dezimiert.

Wie also steht es gegenwärtig um die Geschicke der Menschheit? Kurz nach der Jahrhundertmitte hatte der amerikanische Schriftsteller Ray Bradbury sich an einer Einschätzung versucht (Bradbury 1962, S. 55): „Der Mensch in seinem Widerspruch, halb der Hölle entronnen, halb dem Himmel zugewandt, steht samt seinen ähnlich widersprüchlichen Apparaten bereit zum Aufbruch in den Kosmos und fragt sich, was er ist."

Zum Jahrhundertende pflichtete Carl Sagan, weniger metaphorisch formulierend, Bradbury im Wesentlichen bei (Sagan 2001, S. 271–283).

In noch nicht dagewesenem Ausmaß hatte der Mensch sich die Mittel verschafft, um „Leben zu erhalten, zu verlängern und zu verbessern", gleichzeitig aber auch Leben zu vernichten:

- Im Jahr 2000 lebten 6 Milliarden Menschen auf der Erde, verglichen mit 1,5 Milliarden um 1900; doch im Laufe des Jahrhunderts wurden über 150 Millionen in Kriegen, bei ethnischen „Säuberungen" oder „auf direkten Befehl nationaler Anführer" umgebracht. Solche Massentötungen gehen weiter.
- Die Lebenserwartung in Westeuropa und den Vereinigten Staaten nähert sich 80 Jahren (und hat sich damit binnen eines Jahrhunderts fast verdoppelt), aber die weltweite Säuglingssterblichkeit – die in den Vereinigten Staaten höher liegt als in allen anderen Industrienationen – beläuft sich auf täglich 40.000 Kinder.
- Die Agrartechnik und ihre Verzweigungen (wie etwa Kühlanlagen) erhalten 99,9 Prozent des menschlichen Lebens; allerdings stellen wir „nicht nur mutwillig", sondern unbeabsichtigt „noch nie dagewesene Experimente" mit der globalen Umwelt an und bedrohen die Existenz unserer eigenen Spezies.
- Die Medizin (Methoden zur Geburtenkontrolle inbegriffen) hat das menschliche Wohlergehen „ungeheuer verbessert", vorrangig allerdings in den entwickelten Ländern, während Strahlung und Chemikalien „zu neuen Krankheiten geführt haben und an der Entstehung von Krebs beteiligt sind."
- Innovative Gerätschaften haben uns „von allerlei Plackerei befreit" und „vielen Menschen genutzt", aber nicht nur in den Vereinigten Staaten hat die Kluft in den Realeinkommen von Arm und Reich sich „rapide" vergrößert.
- Die Informations- und Kommunikationstechnologie hat Kultur und Bildung tiefgreifend verändert. Sie hat neue Werkzeuge für Zugang zu den Erkenntnissen der Zivilisationen und Denker der Welt bereitgestellt; doch – wiederum nicht nur in den Vereinigten Staaten – beschränkt sich das, was heute als Lese- und Schreibfähigkeit gilt, auf eine „sehr rudimentäre Kenntnis" der eigenen Sprache; das Fernsehen hat sein Niveau „auf den kleinsten gemeinsamen Nenner" heruntergefahren (soziale Medien mit ihren nutzergenerierten Inhalten steckten noch in den Kinderschuhen, als Sagan schrieb ...), und die Neigung der Bürger „zu kritischem Denken und politischem Handeln" schwindet.

Sagans Liste ist sicherlich nicht erschöpfend. Aber ihre wichtigsten Punkte – Bildung, Umwelt, Regulierung und Einkommensverteilung – stehen ganz oben auf einem humanen Programm, das eine problemorientierte Politikwissenschaft in den Vordergrund ihrer Forschung, Lehre und öffentlichen Auftritte rücken sollte. Eine APSA-Studiengruppe hat erst kürzlich in ihren Empfehlungen „Vielfalt, Inklusion und Ungleichheit" als Kategorien bezeichnet, die „in jeden Studiengang einfließen sollten, statt als getrennte oder ergänzende Angebote im Lehrplan vorgesehen zu werden" (APSA 2011, S. 3).

Schließlich spricht Sagan mit seiner Schlussbemerkung über die abnehmende Neigung der Bürger zu kritischer Reflexion und politischer Beteiligung einen Punkt an, den jenes Fach, das „von Demokratie und wirksamem bürgerschaftlichem Engagement mehr versteht als jedes andere" (APSA 2011, S. 56), zu seinem Hauptanliegen machen sollte. Vincent Ostrom (der nur 17 Tage nach seiner Frau starb) schrieb über die Verwundbarkeit von Demokratien, dass diese dann gefährdet sind, wenn Menschen ihre sozialen Beziehungen so wahrnehmen, „als beruhten sie auf den Prinzipien von Befehl und Kontrolle", nicht aber „auf dem Grundsatz der Eigenverantwortung in selbstverwalteten Gemeinwesen" (Ostrom 1997, S. 4). Er hätte hinzufügen können, dass Demokratien ebenso gefährdet sind, wenn Menschen eine zunehmende Zahl ihrer Beziehungen als bedroht empfinden von Unsicherheiten, die zusammen mit diesen Bindungen auch „ihre Erwartungen über künftige Entwicklungen" zerschlagen können (Ostrom 1997, S. 142).

Der Versuch, Menschen auf derartige Unsicherheiten vorzubereiten, ist die Strategie, welche die Politikwissenschaft einschlagen sollte, falls sie ihren Teil dazu beitragen will, Bürgerinnen und Bürger heranzubilden, die tatsächlich bereit sind, sich auf Demokratie „einzuzulassen", ja sie „voranzubringen" (APSA 2011, S. 13).

Literatur

APSA [American Political Science Association] (2011): *Political Science in the 21st Century*. Report of the Task Force on Political Science in the 21st Century. Washington DC: APSA, www.apsanet.org/portals/54/Files/TaskForceReports/TF_21stCentury_AllPgs_webres90.pdf, abgerufen 14. 9. 2016.

Arendt, Hannah (1981): *Vita Activa* (Originaltitel: *The Human Condition*. Chicago: University of Chicago Press 1958). München/Zürich: Piper.

Arendt, Hannah (1963): *Über die Revolution* (Originaltitel: *On Revolution*. New York: Viking Press 1963). München: Piper.

Bradbury, Ray (1962): "Cry the Cosmos". *LIFE International*, September 14, 52–62.
Flinders, Matthew (2013): "The Tyranny of Relevance and the Art of Translation". *Political Studies Review*, Jg. 11, 149–167.
Harrison, Cheryl u. a. (2022): "A New Ocean State After Nuclear War". *AGU Advances*, Jg. 3 No. 4 (August), https://agupubs.onlinelibrary.wiley.com/doi/10.1029/2021AV000610, July 7, abgerufen 21. 7. 2022.
Ostrom, Vincent (1997): *The Meaning of Democracy and the Vulnerabilities of Democracies*. Ann Arbor: Michigan University Press.
Robock, Alan (2010): "Nuclear Winter". *Wiley Interdisciplinary Reviews: Climate Change*, Jg. 1, Mai/Juni, 418–427, Wiley Online Library, climate.envsci.rutgers.edu/pdf/Wires Climate ChangeNW.pdf, abgerufen 12. 10. 2016.
Sagan, Carl (1974): *Broca's Brain. Reflections on the Romance of Science*. New York: Random House.
Sagan, Carl (1978): *Nachbarn im Kosmos* (Originaltitel: *The Cosmic Connection*. New York: Doubleday). München: dtv.
Sagan, Carl (1983/84): "Nuclear War and Climatic Catastrophe: Some Policy Implications". *Foreign Affairs*, Jg. 62, 257–292.
Sagan, Carl (1994): "A Pale Blue Dot". www.bigskyastroclub.org/pale_blue_dot.html, abgerufen 12. 10. 2016.
Sagan, Carl (2001): *Gott und der tropfende Wasserhahn. Gedanken über Mensch und Kosmos*. (Originaltitel: *Billions and Billions*, New York: Random House 1997). München: Droemer.
TTAPS [Turco, R. P./Toon, O. B./Ackerman, T. P./Pollack, J. B./Sagan, Carl] (1983): "Nuclear Winter: Global Consequences of Multiple Nuclear Explosions". *Science*, Jg. 222 Nr. 4630 (23. Dezember), 1283–1292.

KAPITEL 3

Bewältigung durchgängigen Wandels

Hauptgegenstand der Politikwissenschaft im laufenden Jahrhundert

„Ich stehe hier", tat Harold J. Laski 1926 in seiner Antrittsvorlesung an der London School of Economics and Political Science kund, „um für das Studium der Politik im Sinne von Geschichte zu plädieren." Kein Gegenstand des Fachs, so Laski weiter, „erschließt sich wirklich unserem Verständnis, wenn nicht einbezogen wird, wie er sich entwickelt hat." Und er verglich die ungewisse Zukunft mit „einem Hafen, der zurückweicht", wann immer Menschen sich ihm nähern, wobei ihre Auslegung der Geschichte ihnen als Landkarte dient, während sie auf den im Dunst verschwimmenden Hafen zusegeln (Laski 1939, S. 35, 37, 38).

Geschichte in die Politikwissenschaft einzubeziehen bedeutet, sich für eine dynamische Perspektive zu entscheiden. Änderungen im Zeitablauf rücken in den Mittelpunkt des Fachs, „geprägt und begrenzt zugleich" (Smith 1997, S. 297) durch das Zusammenspiel von

- Strukturen – langfristig verankerten Macht- oder Einflussbeziehungen und
- Akteuren – Einzelpersonen, Verbänden, politischen Parteien, sozialen Bewegungen,
- nicht selten „vorangetrieben durch grundlegendere wirtschaftliche und demographische Faktoren".

Betrachtet man eine Institution, ein politisches System, selbst eine Verfassung als Ergebnisse historischer Veränderungen, dann erscheinen sie selbstredend nicht mehr als unwandelbar. Im Gegenteil, sie können neuerlicher Änderung unterliegen.

Auf welche Weise *sollten* sie sich ändern? Entsprechende Vorschläge könnten, beispielsweise, von den Attributen abhängen, die Politologen einer „guten Gesellschaft" zuschreiben – wie eine solche Gesellschaft aussehen sollte, *und* auf welche Weise sie sich politisch erreichen ließe. „Brauchen wir ein parlamentarisches System?" fragte Laski lakonisch (Laski 1939, S. 34). Seine Antwort: Das hängt davon ab, „wie wir unsere Ziele definieren", und von den Methoden und Institutionen, die wir für geeignet halten, diese Ziele eventuell zu erreichen.

Mit anderen Worten: Eine unverzichtbare Rolle für Sollvorstellungen zu akzeptieren, liefert einen weiteren Grund, weshalb Wandlungsprozesse ins Zentrum der Politikwissenschaft zu rücken wären. Die wesentlichen Ziele des Fachs, nämlich menschliche Befindlichkeiten zu verbessern, wären als „historisch fundierte" normative Argumente zu formulieren, untermauert durch die Ergebnisse empirischer – quantitativer – Forschung (Smith 1997, S. 268, 269). Eine Rückkehr zu „unschärferen Theorien" mit „weniger empirischem Gehalt" (Feyerabend 1976, S. 212) ist nicht beabsichtigt.

Doch ist das erst das halbe Geschichte. In einem Ausmaß, das Laski 1926 nicht vorhersehen konnte, kann heute fast jeder Aspekt unseres Lebens, einschließlich derer, die früher als „natürlich" galten, durch menschliche Eingriffe geprägt werden. So lautete die Quintessenz der Aussagen Carl Sagans über unser Geschick im vorangehenden Kapitel. Oder, um die 11. Feuerbachthese von Karl Marx anders zu formulieren (Krockow 1977, S. 16): „Bisher *konnten* die Philosophen die Welt nur verschieden interpretieren; jetzt ist es *möglich* geworden, sie zu verändern."

Dieser Vorgang ist als „Fundamentalpolitisierung" der modernen Industriegesellschaft bezeichnet worden, in Anlehnung an den Begriff der „Fundamentaldemokratisierung", den Karl Mannheim während der 1930er-Jahre prägte. Mannheim meinte damit die „Aktivierung" auch derjenigen „Schichten und Gruppen, die früher nur passiv an dem politischen Leben teilnahmen", aber im Lauf eines Jahrhunderts „an die Öffentlichkeit gedrängt" hatten (Mannheim 1935, S. 18, 20). Die Schlussfolgerung aus dem Prozess der Fundamental-politisierung lautet, dass Politik künftig als „der organisierte Kampf um die Bewahrung *oder Veränderung* bestehender Verhältnisse" verstanden werden muss (Krockow 1977, S. 14).

Ausmaß und Mittel der Herbeiführung solcher Veränderung bergen zusätzliches Konfliktpotenzial. Denn Wandel erfasst nicht nur sämtliche Lebensbereiche. Er hat sich auch beschleunigt. Kulturelle Orientierungen, soziale Rollen, berufliche Positionen wirken plötzlich „zeitweilig, provisorisch" (Krugman 2009, S. 125). Wie im vorangehenden Kapitel vermerkt: Wirtschaftliche, politische, kulturelle Veränderungen verbreiten Unsicherheit. Menschen wissen nicht, ob sie Politik und Gesellschaft noch länger vertrauen können. Sie „verlieren den Kompass" (Duvergé 2022, zit. in Kläsgen 2022, S. 21). Konträre Interesse streiten um Inhalt und Ausmaß des Wandels, mit der Folge konkurrierender politischer Programme. *Ratlose Unsicherheit kann das Ergebnis sein, Angst und daraus resultierende Aggressivität die weitere Folge – Aggression auch gegen demokratische Institutionen, die solche Konflikte zulassen, statt Geborgenheit zu bieten. Einzelne Personen oder ganze Gruppen müssen dann als Sündenböcke herhalten, erst recht, wenn gesellschaftliche oder politische Strukturänderungen mit Wirtschaftsabschwüngen und entsprechenden Ängsten zusammenfallen.*

Zahlreiche Beispiele aus der jüngeren und jüngsten Vergangenheit belegen für mehrere der größten Industrieländer dieses folgenschwere Zusammenwirken von Angst und Aggressivität:

Die anhaltende Große Depression von 1873–1896, kombiniert mit dem in Gang befindlichen raschen Übergang einer Feudalordnung, „an der viele voller Ehrfurcht hingen", in eine industrialisierte und urbanisierte Klassengesellschaft rief in Mitteleuropa, nicht zuletzt in Deutschland und Österreich, „Halluzinationen und irrationale Reaktionen" hervor: Der Antisemitismus wandelte sich zu einer „modernen" Massenbewegung, „gegründet auf die Theorie von Blut und Rasse" (Rosenberg 1943, S. 63, 64, 1967, S. 94, 95).

Eine Generation später traf die Weltwirtschaftskrise von 1929 Deutschland unmittelbar im Anschluss an die als traumatisch erlebte Niederlage im 1. Weltkrieg, den Untergang des Kaiserreiches, schließlich die Hyperinflation von 1923. Verzweiflung und Panik trieben große Teile des deutschen Mittelstands dazu, für die Nazis zu stimmen (Geiger 1930, 1932, S. 118, 121).

Als 1989 der „real existierende Sozialismus" zusammenbrach und die früheren Warschauer Pakt-Staaten einschneidende Veränderungen bewältigen mussten, begünstigten die harten wirtschaftlichen und politischen Tatsachen den Aufstieg des Nationalismus: Er bot psychologischen Trost und ließ sich zur politischen Mobilisierung nutzen. Das galt besonders im Falle Russlands:

Der mit dem Zerfall der Sowjetunion einhergehende internationale Einfluss- und Machtverlust, während der 1990er-Jahre verschlimmert durch politische Wirren und wirtschaftlichen Niedergang, wurde in der post-kommunistischen Gesellschaft Russlands als kollektive Demütigung erlebt. So wenig akzeptiert wie Deutschlands Niederlage 1918 in der Weimarer Republik (Beyme 2016, S. 35, 36), hatte er eine nationalistische Welle zur Folge und förderte Wladimir Putins autoritäre Wende.[1] Deren Instrumente – innenpolitische Repression, systematische Desinformationskampagnen nach innen und außen, inklusive „willkürlicher Geschichtsklitterungen" und „offener Lügen" (Beyme 2016, S. 50, 51) – wurden schließlich in den Dienst eines geopolitisch motivierten völkerrechtswidrigen Angriffskriegs gegen die Ukraine gestellt, der über Europa hinaus zunehmend als außen- und sicherheitspolitische „Zäsur" wahrgenommen wird, „durch die ein Davor und Danach entstanden sind" (Münkler 2022, S. 9). *Von ihr werden Folgen auf zahlreiche, in diesem Buch behandelte Bereiche ausstrahlen, die noch unabsehbar sind und die sich zu der bereits jetzt beschworenen „Zeitenwende" summieren könnten.*

Im wiedervereinigten Deutschland verlief der Integrationsprozess der DDR nach 1989 „kostspieliger" und verursachte „größere Schäden ..., als anfangs weithin geglaubt" (OECD 1992, S. 10). Arbeitslosigkeit und Unterbeschäftigung (Teilzeitarbeit, erzwungene Frühverrentung) in den neuen Bundesländern stiegen zeitweise auf über 30 %. Belastungen durch finanzielle Vereinigungsfolgen und den Zustrom ausländischer Flüchtlinge, durch den Verlust ideologischer Gewissheiten und wirtschaftliche Ängste lösten eine Welle rassistischer Angriffe auf Asylbewerber und andere Ausländer aus, von Brandanschlägen auf Asylunterkünfte bis zu Totschlag und Mord, die 1992 siebzehn Tote und mehr als 500 Verletzte

---

[1] Vom 20. bis 25. November 2008 war ich an die Moskauer Diplomatenschule MGIMO – dem Moskauer Institut für Internationale Beziehungen, das dem russischen Außenministerium untersteht – zu vier Vorlesungen eingeladen: über Grundfragen der Demokratie und der Politikwissenschaft, über Aspekte des politischen Systems der Bundesrepublik und über aktuelle Probleme deutscher Politik. Mein Plädoyer für Pluralismus, Föderalismus und Wohlfahrtsstaat, für die Ausweitung wirtschaftlicher und sozialer Demokratie, für mehr Mitbestimmung ethnischer und kultureller Minderheiten wurde freundlich, aber mit hochgradiger Skepsis aufgenommen. Der gemeinsame Nenner der Argumente, mit denen ich mich in den anschließenden Debatten konfrontiert sah, lautete: Die Werte und Ziele wissen wir zu schätzen. Doch sie müssen zurückstehen hinter dem Wiedererstarken des russischen Staates. Nie wieder soll Russland international so ohnmächtig dastehen wie unter Jelzin während der 1990er-Jahre. – Diese Einstellung hat die Grundlage geliefert, auf der das „System Putin" entstehen konnte und auf die das Regime weiter bauen kann.

forderte. Bundesregierung, Länderregierungen, Polizei und Justiz reagierten erschreckend langsam und zunächst gänzlich unzureichend auf die Gewalttaten. Der Ausbruch schuf genügend politischen Druck, um eine Abmachung zwischen Koalition und Opposition zuwege zu bringen, die hinfort das in der Verfassung garantierte Recht auf Asyl durch Zurückweisung jener Bewerber einschränkt, die aus angrenzenden „sicheren" Ländern einreisen.

Ein Vierteljahrhundert später, 2014/2015, fanden Islam- und Fremdenfeindschaft ein Ventil in den Kundgebungen der selbsternannten Patriotischen Europäer gegen die Islamisierung des Abendlandes (PEGIDA) sowie ihrer diversen Ableger. Die Demonstrationen, die ihren Anfang erneut in der ehemaligen DDR nahmen, und eine zunehmende Zahl von Attacken auf Flüchtlingsunterkünfte signalisierten einen neuerlichen Anstieg fremdenfeindlicher Vorurteile. Teilweise stellten sie eine Reaktion dar auf die – wenn auch vorübergehende – Politik der „offenen Grenzen" für Bürgerkriegsflüchtlinge aus Syrien und dem Irak, deren angeblich „illegale Masseneinwanderung" ebenso vorgeblich „Deutschland beschädigte" (Gemeinsame Erklärung 2018).

Auf der politischen Szene der USA langte 2009 das Tea Party Movement an – *tea* als Akronym für *taxed enough already*, Steuern genug entrichtet, was entsprechende Abneigung gegen staatliche Regulierung konsequent einschließt; *tea party* zugleich als Anspielung auf die jedem Amerikaner vertraute widerständige Boston Tea Party von 1773. Den Hintergrund bildete die Große Rezession (Weltfinanzkrise) von 2007/2008, ihrerseits ausgelöst durch den Zusammenbruch des spekulativ aufgeblähten, mit exzessiver privater Überschuldung einhergehenden Immobilienmarkts der USA. Als unmittelbare Auslöser der Bildung von Tea Party-Gruppen im ganzen Land fungierten „Grasswurzel"-Unzufriedenheit und Zorn über die Bankenrettungsgesetze und Konjunkturprogramme der Bush- und besonders der Obama-Administration. Systematisch angeheizt und finanziell gefördert (vergleiche dazu den Begriff *Astroturfing*) wurden sie von konservativen Medienmachern und marktliberalen Lobbygruppen wie den *Americans for Prosperity* der milliardenschweren Koch Brothers (Mayer 2016, S. 170, 180, 181).

Tiraden gegen den angeblichen Missbrauch öffentlicher Unterstützung durch illegale Einwanderer aus Mexiko und Mittelamerika fallen bei der Bewegung ebenso ins Auge wie die emphatische Berufung auf *constitution* (originalistisch, letztlich fundamentalistisch ausgelegt gemäß dem engen Verständnis ihrer Entstehungszeit*), guns, religion*. Verfassung, Waffen,

Frömmigkeit – oder auch, wie Fahnen und Transparente am 6. Januar 2021 beim Sturm aufs Kapitol in Washington noch vergröberter proklamierten: *God, Guns and Guts* [= Mut, Schneid] *Made America Free/ Let's Keep all Three*.

Letztendlich wollen Tea Party-Aktivisten „(ihr) Land zurück" – zurück von Veränderungen und Umgestaltungen, „Bollwerk gegen eine widersprüchliche Gegenwart, Trost angesichts einer ungewissen Zukunft" (Skocpol und Williamson 2012, S. 6–9, 71–72, 155; Lepore 2010, S. 97, 118–125). Ihr aggressiver Politikstil hat die Republikanische Partei stetig weiter nach rechts gedrängt und immer kompromissloser gemacht – das genaue Gegenteil der zivilisierenden Funktion, die Bernard Crick jener Art Politik zugeschrieben hat, die danach strebt, „gespaltene Gesellschaften" wieder zu „versöhnen" (Crick 1964, S. 140, 141). Die Tea Party hat den fruchtbaren Boden bereitet, auf dem Donald Trumps Lügen und rückwärtsgewandte Hetzparolen gedeihen konnten, die zuerst seine Kandidatur für die Republikaner und dann seine Präsidentschaft gefördert haben.

„Wir wollen unser Land zurück" erwies sich auch als der Slogan der UKIP (United Kingdom Independence Party), der während der „Brexit"-Abstimmung 2016 einen Nerv traf bei jener ausschlaggebenden Wählermehrheit, die proklamierte, „Tradition und Überlieferung" hochzuhalten. Wiederum entpuppte Ablehnung weiterer Einwanderung – „unsere Grenzen kontrollieren" – sich als Schlüsselthema, das hinter derartigen Beteuerungen steckte. „Wenn wir jetzt austreten, wird das wenigstens 500 Millionen anderen EU-Bürgern das Recht nehmen, sich bei uns niederzulassen", zitierte der *Guardian* einen UKIP-Stadtverordneten (Moss 2016; Sunday Express 2016).

Analysen des „Brexit"-Prozesses haben überzeugend argumentiert, dass vielen, die dafür stimmten, aus der Europäischen Union auszutreten, die Rückkehr zu Englands nationaler Zuständigkeit dreierlei bedeutete:

- „einen Fixpunkt – das Empfinden von Identität, Kontinuität, Gemeinschaft",
- „ein Selbstwertgefühl (hierher gehöre ich)", und endlich
- „den Eindruck von Macht (ich möchte bestimmen, was sich hier abspielt)"

– dies alles in einer Welt, die, weil sie immer undurchschaubarer und beklemmender erschien, als „unkontrollierbar" wahrgenommen wurde und

„Angst" einflößte (Skey 2016). Tiefe Verunsicherung wegen einer unkalkulierbar gewordenen Zukunft fand ihren Ausdruck in einer Entscheidung, die letztlich ein Aufschrei war: „Haltet die Welt an!"

Keine anderen Empfindungen nahm der französische Parlamentsabgeordnete Bruno Duvergé im ehemaligen Kohlerevier des Pas-de-Calais wahr, nach dem „Zechensterben" der 1980er/1990er-Jahre heute eine Hochburg des rechtsextremen Rassemblement National: Bergmann, Kumpel zu sein, habe ehedem das Leben geprägt, beruflichen Stolz vermittelt. Heute seien die Leute „verloren in einer Welt, die unübersichtlich geworden ist." Das mache sie „traurig und aggressiv". Darum wählten sie Marine Le Pen (Duvergé 2022, in: Kläsgen 2022, S. 21).

Das bedrückende Gefühl mangelnder Kompetenz, der Überforderung durch Entscheidungen, welche sich negativ auf die eigene private und berufliche Zukunft auwirken könnten, muss jedoch nicht zwingend in Angst oder Hass münden. Es kann auch zu politischer Apathie, zu Gleichgültigkeit aus empfundener Hilflosigkeit führen. Verunsichert durch ihre verschlechterte wirtschaftliche Lage und die erbitterten Debatten über den Health Care Act der Obama-Administration (dessen wichtigste Bestimmungen erst 2014 in Kraft traten), blieben den US-Zwischenwahlen 2010 zahlreiche Wähler fern, die bei den Präsidentschaftswahlen zwei Jahre zuvor für die Demokratische Partei gestimmt hatten. Gegenüber der Präsidentschaftswahl 2008 sank die Wahlbeteiligung um über 22 von 63 auf 40,3 Prozent (Skocpol und Williamson 2012, S. 161).

Regionale und weltweite Wanderung, mit Bezug auf Deutschland, die Vereinigten Staaten und Großbritannien bereits kurz erwähnt, gehören zu den umfassenden Veränderungen, die Nationalstaaten während der letzten Jahre allerorten betroffen haben. Diese Veränderungen, üblicherweise unter dem Begriff „Globalisierung" zusammengefasst, sind seit dem Ende des Kalten Krieges sehr viel spürbarer in Erscheinung getreten. Zuvor hatte der Ost-West-Konflikt eine weitgehend „eingefrorene" internationale (geo-strategische) Lage zur Folge, wobei die einzelnen Länder sich nach Einflusssphären gruppierten und die Grenzen zwischen beiden „Lagern" allenfalls begrenzt durchlässig waren. Seit 1961 symbolisierte „die Mauer" zwischen den beiden Deutschlands – die Donald Trump seine Ideen im Hinblick auf Mexiko eingegeben zu haben scheint – diesen Zustand.

Die Arbeitsmigration von Südeuropas Ländern nach Frankreich und (West-)Deutschland, ebenso die Einwanderung nach Großbritannien und Frankreich aus deren ehemaligen asiatischen und afrikanischen Kolonien lieferten die ersten Anzeichen für das, was folgen würde. Nach 1990 wandelten starre sich zu fließenden Einflußsphären. Finanzielle und wirtschaftliche Globalisierung entwickelten sich jedoch keineswegs frei von politischen Eingriffen. Nicht nur *ökonomische Akteure* trieben sie voran – nationale Großunternehmen, die ihre Tochtergesellschaften rund um den Erdball streuten und sich dabei in multinationale Konzerne verwandelten, um hohen Löhnen, Steuerlasten und geldpolitischen Restriktionen aus dem Weg zu gehen (Hymer und Rowthorn 1970, S. 64, 88). Ganz im Gegenteil waren es *politische Akteure* – nationale Regierungen –, die mit marktfreundlichen Vorstößen die Globalisierung vorantrieben (Cerny 1999, S. 19, 20). Festzuhalten bleibt gleichermaßen, dass Regierungen (und terroristische Milizen) jene Kämpfe und Bürgerkriege ausgelöst haben, die im Zusammenwirken mit wirtschaftlichem Elend und religiöser wie kultureller Unduldsamkeit steil anschwellende Migrationswellen hervorgebracht haben. Mit dem Russland-Ukrainekrieg ist das Geschehen hautnah an Europas übrige Länder herangerückt.

Die folgenden Kapitel werden sich zentralen Aspekten dieser Vorgänge im Einzelnen zuwenden. Das Gesamtergebnis soll jedoch an dieser Stelle vorweggenommen werden: *In einem Prozess zusehends schneller voranschreitenden Wandels werden die Gesellschaften Europas und Nordamerikas von innen und außen transformiert* – erstens infolge wirtschaftlicher und finanzieller Durchdringung, zweitens durch Migrationsbewegungen, die zu wachsender ethnischer wie kultureller Pluralisierung führen.

Die Beobachtung unterstreicht einmal mehr das wichtigste Argument dieses Kapitels: In ihrer Forschung, ihrer Lehre, ihren öffentlichen Botschaften muss Politikwissenschaft sich nicht lediglich einzelnen Veränderungen widmen, die sich hier oder dort in Gesellschaft und Staat zutragen. Stattdessen geht es um Veränderung überhaupt, *Wandel an sich*, als grundlegende analytische Kategorie wie als umfassender Vorgang, für dessen Konsequenzen die Disziplin das öffentliche Bewusstsein schärfen muss.

Ein anekdotisches Beispiel mag den „springenden Punkt" veranschaulichen. Es entstammt einem Science Fiction-Roman des Jahres 1954, *Shadows in the Sun*, verfasst von dem angehenden Anthropologen und Schriftsteller Symmes Chadwick „Chad" Oliver, der später auf eine Professur an der University of Texas-Austin berufen wurde. Als der Protagonist seines Romans – auch er Anthropologe – versucht, Methoden teilnehmender Kulturkreisforschung auf einen kleinen Ort in Texas anzuwenden, muss er sich mit unerklärlichen Ergebnissen auseinandersetzen. Seine Situation veranlasst ihn, darüber nachzusinnen, wie die meisten Menschen jene kleinen Probleme lösen, denen sie sich täglich gegenübersehen: indem sie routinemäßig zurückgreifen auf bisherige Erfahrungen (Oliver 1954, S. 22, 23):

> „Ob man bei der nächsten Grillparty Heuschrecken serviert? Das macht doch keiner. Sollte man aus dem Büro heimkehren, in eine leichte Toga schlüpfen und im Garten ein kleines Opfer darbringen? Was würden die Nachbarn sagen?"

Die Nachbarn könnten heute, verglichen mit 1954, durchaus anders denken – solche Eskapaden nicht bloß hinnehmen, sondern sich ganz ähnlich verhalten. Warum sollte das der Fall sein?

- Vielleicht, weil geröstete Heuschrecken laut FAO, der Welternährungsorganisation der Vereinten Nationen, zu den essbaren Insekten gehören, deren Verzehr wegen ihres Nährwerts empfohlen wird. FAO umfasst heute fast 200 Mitgliedsländer. 1954 waren es knapp 70. Angesichts stetigen Bevölkerungswachstums, steigender Anforderungen an die Lebensmittelerzeugung und wachsender Beanspruchung der Umwelt arbeitet die Organisation seit mehr als einem Jahrzehnt daran, Insekten als Nahrungsquelle ins allgemeine Bewusstsein zu rücken.
- Unter Umständen, weil die tägliche Darbringung kleiner Opfer – wenn auch nicht unbedingt im Garten – zu den Kernideen des Hinduismus gehört. 1954 war die Anzahl hinduistischer Amerikaner unerheblich. 2015 belief sie sich auf 2,2 Millionen – nicht zuletzt aufgrund des Einwanderungsgesetzes von 1965, das die seit 1921 gültigen Quotierungen nach „erwünschten" und „unerwünschten" Ländern einschneidend geändert hatte.

Fazit: Gelegentlich können von Menschen bewirkte Änderungen binnen ein oder zwei Generationen selbst *Fabeln in Fakten* verwandeln. Diesen Umstand sollte die Politikwissenschaft in ihre Überlegungen einbeziehen.

Aber was genau ist mit „Schärfung des öffentlichen Bewusstseins" für die Konsequenzen des Wandels gemeint? An dieser Stelle werden drei

Bausteine vorgeschlagen, auf die das Fach sein Plädoyer gegenüber Einzelnen wie ganzen Gruppen konzentrieren sollte:

- *Akzeptanz* von Veränderungsprozessen im Grundsatz ohne Groll, Furcht oder Apathie,
- *Bewertung* der Änderungen nach den Maßstäben von Gleichheit und sozialer Gerechtigkeit,
- *Gestaltung* der Umbrüche mittels demokratischer Beteiligung, die sich in der öffentlichen Politik spiegelt.

Offenkundig geht es um das genaue Gegenteil von „Akzeptanz" im Sinne einer lediglich passiven, im Endeffekt resignierten Hinnahme. Eine bereits früher unterbreitete Anregung wird hier untermauert: Die Politikwissenschaft sollte Bürger dabei unterstützen, sinnvolle, kluge Entscheidungen zu treffen.

Hinreichende Aufgeschlossenheit, um *Wandel im Grundsatz zu akzeptieren*, gehört zu den Fähigkeiten, die gelernt und durch Hinterfragen eigener Annahmen eingeübt werden müssen. Das Ziel sollte im Erwerb zumindest einiger jener Eigenschaften bestehen, die der Entwicklung einer „demokratischen Persönlichkeit" zugutekommen. Dazu zählen etwa die Fähigkeit ruhigen Überlegens und Prüfens, statt sich von den eigenen Gefühlen überwältigen zu lassen; die Bereitschaft, alternative Ziele und Handlungsweisen gegeneinander abzuwägen, „unter Berücksichtigung eigener wie fremder Rechte und Pflichten"; der Wille, sich auf „offene Diskussionen mit anderen einzulassen" und gemeinsam nach Lösungen zu suchen (Dahl 1989, S. 91, 92).

Die Herausbildung derartiger Eigenschaften erfordert unabdingbar, dass die Politikwissenschaft sich immer aufs Neue, so oft nötig, dem Politikerslogan vom Prinzip „Alternativlos" entgegenstellt, der mit Recht zum deutschen „Unwort des Jahres" 2010 gekürt wurde. (Das englische Gegenstück lautet TINA – *There is no alternative*.) Überall in Westeuropa haben politische Akteure wie Thatcher, Merkel, Cameron oder Ayrault sich dieses Kunstgriffs bedient, um ihre Entscheidungen als die einzig vernünftigen hinzustellen, Widerspruch im selben Atemzug als „irrational und ideologisch verblendet" diskreditierend. Politische Debatten sollen dadurch abgewürgt, Politik vorgeblich entideologisiert werden (Séville 2016, S. 4, 9, 18, 20). Bevormundend gemeint und angewendet, ersetzt das Prinzip „Alternativlos" eigene Abwägung und Infragestellung durch behaupteten fremden Sachverstand. Es begünstigt den Rückgang politischen Engagements und fördert eine politikverdrossene Bevölkerung (vgl. Hay 2015) – das genaue Gegenteil jener aufgeschlossenen Öffentlichkeit, der hier das Wort geredet wird.

Wandel der Sache nach zu akzeptieren, erfordert die Prüfung, ob wesentliche Grundrechte ebenso wie Maßstäbe von Recht und Billigkeit garantiert und geschützt bleiben. Geboten ist ferner sorgsame Abwägung, ob die vorhandene Ungleichverteilung sozialer Ressourcen – Erziehung, Einkommen, Vermögen –, die sich in schroff ungleichen politischen Ressourcen niederschlägt und Thema späterer Kapitel bildet, nicht noch gesteigert, der politische Prozess weiter zugunsten einflussreicher Minderheiten verzerrt wird; oder ob – wie im Falle indigener Völker – eine spezifische „Lebenswelt" nicht unverantwortlich und unwiderruflich beschädigt wird. Unter Anwendung dieser Maßstäbe sollten Bürger urteilen, ob das mit großer Geläufigkeit verwendete „Reform"-Etikett eventuell als bloße Fassade für Veränderungen dient, die soziale Ungerechtigkeiten verschärfen und neue Hürden gegen politische Mitwirkung errichten würden. Bei aller Bereitschaft zur Akzeptierung von Wandel im Prinzip wäre in solchen Fällen die Ablehnung oder Modifizierung *bestimmter* Veränderungen eindeutig angebracht.

Wandel von der Verfahrensseite her zu akzeptieren, ist mit dem Ziel identisch, Veränderungen durch politische Maßnahmen zu gestalten, in denen die Präferenzen der Bürger sich niederschlagen und bei deren Zustandekommen Transparenz und breite Beteiligung gewährleistet sind. Die Politikwissenschaft sollte Bürger darin unterstützen, solche Präferenzen zu formulieren, in denen erwartete Folgen „nicht nur für einen selbst" zum Ausdruck kommen, „sondern auch für alle anderen Betroffenen". Das längerfristige Ziel würde darin bestehen, im Hinblick auf zentrale Fragen die Schaffung einer „kritischen Masse" informierter Bürger in Angriff zu nehmen und deren Umfang im Lauf der Zeit zu vergrößern (Dahl 1989, S. 112, 339).

Allerdings lässt sich vorhersehen, dass solche politikwissenschaftlichen Bemühungen von den einen als „Bestätigung vorhandener Vorurteile" wahrgenommen, von den anderen als „Bedrohung ihrer Überzeugungen" aufgefasst werden (APSA 2016, S. 11). Auch Wissenschaftler selbst mögen um öffentliche Aufmerksamkeit konkurrieren und abweichende Fassungen dessen präsentieren, was sie für „wahr" halten.

Wie ließe Glaubwürdigkeit sich trotz solcher Fallgruben wahren?

Literatur

APSA [American Political Science Association] (2016): *Let's Be Heard! How to Better Communicate Political Science's Public Value*. Report of the Task Force on Public Engagement. Washington DC: APSA, http://journals.cambridge.org/download.php?file=%2FPSC%2FPSC48_S1%2FS1049096515000335a.pdf&code=175ec04c9eeea48f9f1f376d4cb1ef35, abgerufen 14. 9. 2016.

Beyme, Klaus von (2016): *Die Russland-Kontroverse*. Wiesbaden: Springer.

Cerny, Philip G. (1999): "Globalization and the Erosion of Democracy". *European Journal of Political Research*, Jg. 36, 1–26.

Crick, Bernard (1964): In *Defence of Politics*. Harmondsworth: Penguin Books.

Dahl, Robert A. (1989): *Democracy and its Critics*. New Haven/London: Yale University Press.

Duvergé, Bruno (2022): Interview, in: Kläsgen, Michael: „Sie weiß, wo sie willkommen ist", *Süddeutsche Zeitung* Nr. 93, 23./24. 4. 2022, 21.

Feyerabend, Paul (1976): Wider den Methodenzwang. Frankfurt: Suhrkamp

Geiger, Theodor (1930): „Panik im Mittelstand", *Die Arbeit* 7, 637–654.

Geiger, Theodor (1932): *Die soziale Schichtung des deutschen Volkes*. Stuttgart: Enke.

Gemeinsame Erklärung vom 15. 3. 2018, https://www.erklaerung2018.de/, abgerufen 25. 4. 2022.

Hay, Colin ([10]2015 [[1]2007]): *Why We Hate Politics*. Cambridge: Polity Press.

Hymer, Stephen und Rowthorn, Robert (1970): "Multinational Corporations and International Oligopoly", in: Charles P. Kindleberger (hg.): *The International Corporation*. Cambridge: M.I.T. Press, 57–91.

Kläsgen, Michael (2022): „Sie weiß, wo sie willkommen ist. Ein Besuch auf den Spuren von Marine Le Pen", *Süddeutsche Zeitung*, Nr. 93, 23./24. 4. 2022, 21

Krockow, Christian Graf von (1977): *Herrschaft und Freiheit*. Stuttgart: Metzler.

Krugman, Paul (2009): *The Conscience of a Liberal*. New York/London: W. W. Norton.

Laski, Harold J. (1939): "On the Study of Politics (1926")", in: ders.: *The Danger of Being a Gentleman and Other Essays*. London: George Allen & Unwin 1939, 32–56.

Lepore, Jill (2010): *The Whites of their Eyes. The Tea Party's Revolution and the Battle over American History*. Princeton/Oxford: Princeton University Press.

Mannheim, Karl (1935): *Mensch und Gesellschaft im Zeitalter des Umbaus*. Leiden: Sijthoff.

Mayer, Jane (2016): *Dark Money*. New York/London: Doubleday.

Moss, Stephen (2016): "'We Want Our Country Back': A Visit to the Most Eurosceptic and Europhile Places in the UK", *The Guardian*, March 14, 26. www.theguardian.com/politics/2016/mar/14/romford-aberystwyth-most-eurosceptic-europhiliac-places-uk, abgerufen 9. 1. 2017.

Münkler, Herfried (2022): "Die europäische Nachkriegsordnung – Ein Nachruf", in: Krieg in Europa, *Aus Politik und Zeitgeschichte* 72, Nr. 28–29, 11. Juli, 4–9.

OECD (1992): *Economic Survey: Germany.* Paris.

Oliver, Chad (1954): *Shadows in the Sun.* New York: Ballantine Books.

Rosenberg, Hans (1943): "Political and Social Consequences of the Great Depression of 1873–1896 in Central Europe", *Economic History Review* 13, 58–73.

Rosenberg, Hans (1967): *Große Depression und Bismarckzeit.* Berlin: de Gruyter.

Séville, Astrid (2016): "From 'One Best Way' to 'One Ruinous Way'? Discursive Shifts in 'There is no Alternative'", *European Political Science Review*, published online February 19, DOI: https://doi.org/10.1017/S1755773916000035, abgerufen 9. 1. 2017.

Skey, Michael (2016): "'We want Our Country Back' – Stop Sneering, Start Listening", July 7, 2016. http://www.referendumanalysis.eu/eu-referendum-analysis-2016/section-8-voters/we-want-our-country-back-stop-sneering-start-listening/, abgerufen 9. 1. 2017.

Skocpol, Theda/Williamson, Vanessa (2012): *The Tea Party and the Remaking of Republican Conservatism.* Oxford/New York: Oxford University Press.

Smith, Rogers M. (1997): "Still Blowing in the Wind: The American Quest for a Democratic, Scientific Political Science", *Daedalus*, 126 (1), 253–287.

Sunday Express (2016): "'We Want Our Country Back': Farage Rallies Troops Ahead of 'Independence Day' Brexit Vote", April 26, 2016. http://www.express.co.uk/news/politics/664333/We-want-our-country-back-Farage-rallies-troops-ahead-of-Independence-Day-Brexit, abgerufen 9. 1. 2017.

KAPITEL 4

Zum Nutzen der Bürger

Der Politologe des 21. Jahrhunderts als öffentlicher Intellektueller

Dem Soziologen Amitai Etzioni verdanken wir den Hinweis, dass ein Wissenschaftler, der in die Rolle des öffentlichen Intellektuellen schlüpft, gegen die Versuchung, gefühlsbetont zu argumentieren oder zu vereinfachen, nicht notwendigerweise besser gefeit ist als jemand anders. Auch sie oder er kann der Gefahr erliegen, entweder herrschenden Eliten oder der breiteren Öffentlichkeit „nach dem Munde zu reden" (Etzioni 2010, S. 654).

Nachdem Carl Sagan und seine Mitarbeiter (die TTAPS-Gruppe) die Befunde veröffentlicht hatten, die ihrer – oben referierten – Hypothese vom „nuklearen Winter" zugrunde lagen, entbrannte eine heftige wissenschaftliche, politische und öffentliche Diskussion. Als Hauptgegner Sagans in diesen Debatten profilierte sich ein anderer öffentlicher Intellektueller, dessen Rolle als brillanter theoretischer Physiker seit den ausgehenden 1950er-Jahren in den Hintergrund gedrängt worden war durch seine Auftritte als „Kernwaffen-Experte und -Lobbyist" (Jogalekar 2014): Edward Teller (1908–2003). 1951 hatte er zusammen mit dem Mathematiker Stanislaw Ulam das Teller-Ulam-Prinzip erfunden, das den Bau der Wasserstoffbombe technisch ermöglichte.

„Besessen" (Jogaleskar) von Kernwaffen, hatte Teller während der 1950er-Jahre die *biologischen* Gefahren radioaktiven Niederschlags als „überbewertet" heruntergespielt. Nicht anders trachtete er jetzt danach, die *klimatischen* Folgen eines nuklearen Schlagabtauschs kleinzureden

(Teller 1984; Sagan 1985). Als die Eisenhower-Regierung Teststopp-Verhandlungen mit der Sowjetunion einleitete, war er dagegen zu Felde gezogen, obwohl der Wissenschaftliche Beirat des Präsidenten (*President's Science Advisory Committee*) die Initiative unterstützte. Ihm gehörten zwei Kollegen Tellers an, die beiden Nobelpreisträger Hans Bethe und Isidor Rabi; geleitet wurde das Gremium von MIT-Präsident James Killian. Als der partielle Teststopp-Vertrag, den die Kennedy-Regierung ausgehandelt hatte, zur Ratifizierung durch den Senat anstand, hatte Teller sich im Fernsehen gegen das Abkommen ausgesprochen. Bei einer Senatsanhörung hatte er behauptet, durch die Ratifizierung würde „die künftige Sicherheit dieses Landes verspielt" (UPI 1963). Ein halbes Dutzend Wissenschaftler hatte abweichend ausgesagt, und der Beirat hatte eine Erklärung veröffentlicht, die von Teller aufgestellte Behauptungen „ohne Umschweife widerlegte" (Herken [2rev]2000, S. 144).

Mit geringeren oder größeren Abweichungen sollte diese Situation sich wiederholen: bei Kontroversen über den ABM-Vertrag, die Strategische Verteidigungsinitiative SDI, den nuklearen Winter, den globalen Klimawandel. Der Zusatz „größer" betrifft den SDI-Fall. Hier war es Teller selbst, der Präsident Reagan die ursprüngliche Kernidee angedient hatte – einen weltraumgestützten Röntgenlaser, der die von einer H-Bomben-Explosion außerhalb der Erdatmosphäre freigesetzten Energien bündeln, verstärken und gegen anfliegende feindliche Raketen richten sollte. In Zusammenarbeit mit weiteren Physikern kritisierte Hans Bethe dieses Konzept vernichtend als „grundlegend mängelbehaftet", den angepeilten Abwehrschirm als „leicht zu überwältigen oder zu umgehen". Stattdessen plädierte diese Wissenschaftlergruppe für ein Verbot weltraumgestützter Waffen (Herken 1987, S. 21, 22; Bethe u. a. 1984: passim).

Der Mathematiker Jeremy Stone, seit 1970 drei Jahrzehnte lang Präsident der American Federation of Scientists, geißelte 1994 Tellers „generelles Verhalten" während der gesamten Periode des Wettrüstens im Kalten Krieg als „verwerflich", wobei er ihm Zuflucht zu „Praktiken der Übertreibung, sogar der Verleumdung" vorwarf (Stone 1994, S. 2). Sagan, der einräumte, dass seine Erfahrungen mit Teller sein Bild von ihm möglicherweise „hoffnungslos getrübt" hätten, unternahm nichtsdestotrotz einen Versuch, zu verstehen, was den Mann umtreiben mochte: „Irgendwie, irgendwo möchte er glauben, dass thermonukleare Waffen, und er selbst, von der Menschheit künftig als Erretter, nicht als Zerstörer gewürdigt werden" (Sagan 1997, S. 274).

Die Beispiele Bethes, Stones und Sagans einer-, Tellers andererseits veranschaulichen zur Genüge die Schwierigkeit, die jede Beschäftigung mit der möglichen beziehungsweise erwünschten Rolle berücksichtigen muss, welche Wissenschaftler in der Öffentlichkeit spielen könnten. Ein öffentlicher Intellektueller ist definiert worden als jemand, der zugleich Wissen und menschliche Freiheit fördern will. Doch indem er vorherrschende Stereotype über die „Feinde der Freiheit" bedient, vermag ein einziger Gelehrter, der infolge seiner Arbeit in der Öffentlichkeit respektiert wird und von seinen eigenen Ansichten leidenschaftlich überzeugt ist, aller akademischen Opposition zum Trotz politische und mediale Unterstützung zu mobilisieren.

Das Problem reduziert sich deshalb nicht bloß darauf,

- Wissenschaftler zu rekrutieren, die „erkenntnisreiche, Aufmerksamkeit weckende" Untersuchungen erstellen, welche der Öffentlichkeit helfen, ihre eigene und andere Gesellschaften „auf neue Weise" zu verstehen (Gans 2009), sowie
- solche Wissenschaftler in der Fertigkeit zu trainieren, „politisch motivierten Attacken" zu widerstehen, ohne sich „in unvorhergesehene Debatten verwickeln zu lassen, verfälscht zitiert, benutzt und missbraucht" zu werden (Flinders und John 2013, S. 226).

Natürlich birgt eine Beteiligung an öffentlichen Diskussionen immer das Risiko, in „parteiische Politisierung" zu münden (Flinders und John 2013, S. 225). Zusätzlich besteht die Gefahr, sich aus Motiven wie den von Etzioni genannten bewusst in politische Dienste nehmen lassen. Zumindest kann eine Konstellation, in der Intellektuelle Daten und Situationen unterschiedlich interpretieren, hitzige Auseinandersetzungen auslösen, deren Art und Verlauf die Öffentlichkeit eher in die Irre zu führen als aufzuklären vermag.

Einige einschlägige Fälle werden im Folgenden dargestellt, ebenso die Schlussfolgerungen, die sich daraus ziehen lassen. Um die Positionen der Kontrahenten zu verdeutlichen, lassen ausführlichere Zitate sich hier und da nicht vermeiden.

Während der anderthalb Jahrzehnte von Mitte der 1950er- bis Ender der 1960er-Jahre bildete sich in der Politikwissenschaft ein Typus öffentlicher Intellektueller heraus, der dadurch beispiellos geblieben ist, dass seine Exponenten in der Lage waren, komplementäre „Meistererzählungen" über Pluralismus und Totalitarismus zu formulieren, die die verbreitete Stimmungslage auf dem Höhepunkt des Kalten Krieges trafen. Als herausragende Beispiele können Robert Dahl (1915–2014) im Hinblick auf das Stichwort „Pluralismus" sowie Hannah Arendt (1906–1975) und Carl Joachim Friedrich (1901–1984) mit Bezug auf den Begriff „Totalitarismus" gelten. Ihre Narrative dominierten nicht bloß die Fachdebatten, sondern sie wurden zu „politischen Philosophien", derer sich Politiker jeglicher Couleur routinemäßig bedienten, sei es als Richtschnur, sei es zur Rechtfertigung eigenen Handelns (Lowi 1967, 1979, S. 51 ff.).

Indem er „die kapitalistische Demokratie in ein günstiges Licht [rückte] und ihr ein kleines theoretisches Gerüst" verpasste, lieferte der pluralistische Ansatz, zu dem „wesensmäßig" vielfältige Machtzentren und graduelle Reformen gehörten, ein „Legitimationskonzept". Zudem differenzierte der Ansatz „sehr hübsch zwischen unserem eigenen System und anderen Systemen, mit denen wir als Nation rivalisierten" (Merelman 2003, S. 9–11, 18, 50, 51).

Was solche Systeme betraf, fungierte die Totalitarismustheorie, wie von Arendt und Friedrich formuliert, mit ihren – wiederum – „Wesenszügen" aufgezwungener Ideologie und gnadenlosen Terrors als alptraumhafter Widerpart des Pluralismus.

Nach längerer Unsicherheit über Reichweite und Dauer der „Entstalinisierung" war Arendt jedoch 1966 zu der Einschätzung gelangt, dass die Periode totaler Herrschaft in der Sowjetunion auf die Jahre 1928–1953 beschränkt werden sollte und mit Stalins Tod „ihr Ende gefunden hat(te)" – nicht anders „als in Deutschland mit dem Tod Hitlers". An ihre Stelle getreten war eine Einparteien-Diktatur, immer noch verwerflich genug in ihren Unterdrückungsmethoden (Arendt 1991, S. 487, 491).

Friedrich dagegen hielt an der – nur um den Preis der Verwässerung seiner eigenen Kriterien vertretbaren – Auffassung fest, der „totalitäre Charakter" der Herrschaftsbeziehungen in den Warschauer Pakt-Staaten bleibe unberührt vom „Auf und Ab" der tatsächlich ausgeübten Unterdrückung. 1969 stellte er, in Umkehrung aller früheren Argumente, gar die Behauptung auf, die Regime Stalins und Hitlers seien „längst nicht typisch" für totalitäre Diktaturen. Sie müssten im Gegenteil als „extreme Abweichungen" betrachtet werden (zit. nach Lietzmann 1999, S. 145, 146).

Während im Kalten Krieg Tauwetter einsetzte, die „Heere aus der Nacht" (Norman Mailer) in Washington zusammenströmten, um gegen immer massivere Bombardierungen in Vietnam zu protestieren, und Lyndon Johnsons projektierte *Great Society* den explodierenden Kosten des Vietnamkriegs zum Opfer fiel, erfuhr das Pluralismuskonzept gleichfalls einen tiefgreifenden Wandel durch seinen führenden Vertreter. Robert Dahl monierte nicht nur entschieden die egalitären Defizite des Ansatzes. Er regte auch eine „dritte demokratische Transformation" an: die Übertragung (*spillover*) demokratischer Normen auf Wirtschaft und Gesellschaft durch Zuerkennung des wirtschaftlichen Stimmrechts an Arbeiter und Angestellte mit dem Ziel industrieller Selbstverwaltung (Dahl 1982, S. 199, 204, 1989, S. 327 ff., 331, 332). Charles Lindblom, der 1953 mit Dahl an der Studie *Politics, Economics and Welfare* zusammengearbeitet hatte, verfuhr nicht minder kategorisch bei seiner Verabschiedung von dem pluralistischen Ansatz als Status quo-orientiertem Legitimationskonzept (Lindblom 1977).

Einer oberflächlich „harmonischen" Gesellschaft in „vermeintlich friedfertigen Zeiten" um die Mitte der 1950er-Jahre (Merelman 2003, S. 3, 4) hatte der Pluralismus eine „freundlich-milde" Sichtweise des politischen Prozesses geliefert (Lindblom 1982, S. 9, 16), mit dem Totalitarismus – wie schon vermerkt – als angemessen bösartigem Gegenstück. Politische Entwicklungen ließen den Konsens zerbrechen. Mehrere konkurrierende Ansätze bildeten sich heraus, von denen keiner noch „dieselbe breite Akzeptanz genießt" wie seinerzeit der Pluralismus (Merelman 2003, S. 277). Auch Bestrebungen, auf dem Pluralismus zwar aufzubauen, ihm aber eine kritische Wendung zu geben, war kein entsprechender Erfolg beschieden.

Chantal Mouffes „agonistischer" Pluralismus liefert ein Beispiel: Demokratische Politik wird als Bemühen angesehen, „die potentielle Feindseligkeit, die in zwischenmenschlichen Beziehungen existiert", dadurch zu entschärfen, dass Feindschaft (Antagonismus) in Konfliktträchtigkeit (Agonismus) überführt wird (Mouffe 2000, S. 15, 16). Ein weiteres Beispiel stellt Andrew McFarlands von ihm als „Neopluralismus" bezeichnete Theorie des politischen Prozesses dar, die außer Verbandsbürokratien auch soziale Bewegungen, Politiknetzwerke, populistische politische Akteure, schließlich Regierungsbehörden einschließt (McFarland 2004, S. 60, 61).

Die Existenz von Ansätzen, die unterschiedliche Herrschaftsmerkmale betonen und um Erklärungskraft konkurrieren, impliziert eine entsprechend große Zahl an Wissenschaftlern, die mit anderen wetteifern oder auch von ihnen in Frage gestellt werden, wenn sie versuchen, der Rolle öffentlicher Intellektueller gerecht zu werden. Die nachfolgend referierten Beispiele mögen geeignet sein, zusätzliches Licht auf diese Problematik zu werfen. Sie sollen außerdem helfen, einen weiteren wichtigen Punkt zu erhellen:

Fächer sind niemals „autonom" und sollten auch nicht als solche gelten, in dem Sinn, dass sie um ihre „Reviere" Schranken errichten dürften, innerhalb derer ausschließlich Wissenschaftlern derselben Fachzuschreibung gestattet sein sollte, vorherrschende Standards oder publizierte Ergebnisse zu bewerten. Debatten über ein bestimmtes Thema sollten deshalb ausdrücklich nicht auf Spezialisten in diesem Bereich einge-grenzt bleiben. Stattdessen sollten öffentliche Kontroversen fächerübergreifend ausgetragen werden.

Immer wieder haben Buchveröffentlichungen und Aufsätze Samuel Huntingtons (1927–2008), eines „vom Kalten Krieg geprägten Liberalen mit konservativer Geisteshaltung" (Hodgson 200), öffentliche Kontroversen hervorgerufen – von *The Soldier and the State* (1957) über *Political Order in Changing Societies* (1968) und *The Clash of Civilizations (Kampf der Kulturen*, 1996) bis zu *Who Are We? Die Krise der amerikanischen Identität* (2004). Sie trugen Huntington Positionen ein als Berater des US-Außenministeriums, der Carter-Regierung, der despotischen Militärdiktatur in Brasilien und des südafrikanischen Apartheid-Regimes. Für beide Länder befürwortete er „kontrollierte", „geordnete" Demokratisierung „von oben" (zu Südafrika vgl. Marks und Trapido 1989, S. 28, 29; zu Brasilien Skidmore 1988, S. 164–167; siehe ferner Huntingtons eigene Bemerkungen in seiner Ansprache als gewählter APSA-Präsident über das „Meisterstück" des brasilianischen Übergangs zur Demokratie, bei dem „die Politikwissenschaft eine bescheidene Rolle gespielt" habe: Huntington 1988, S. 7). Seine beiden ersten Bücher hatten den Grundstein für diese Rollen gelegt.

In *The Soldier and the State* argumentierte Huntington, die frühere Kernfrage: „Welches Muster militärisch-ziviler Beziehungen verträgt sich am besten mit Amerikas liberal-demokratischen Werten?" sei „überholt" worden durch das „wichtigere" Problem: Welches Modell würde „am besten die Sicherheit der amerikanischen Nation gewährleisten?" Die liberale Gesellschaft der USA müsse von einem „realistischen und konservativen" Militärapparat verteidigt werden, dessen Ethos „die Schwäche, die Unvernunft und das Böse in der menschlichen Natur" betone. „Gegenwärtig", folgerte Huntington, könne Amerika „mehr von West Point lernen als West Point von Amerika" (Huntington 1983, S. 3, 63, 79, 466).

Political Order in Changing Societies stufte politische Ordnung im wortwörtlichsten Sinn geordneter Verhältnisse, beziehungsweise deren Fehlens, als „wichtigste politische Unterscheidung beim Ländervergleich" ein – den Unterschied, laut Huntington, zwischen „effektiven" und „maroden" (*debile*) politischen Systemen. Für Huntington traten Gegensätze „zwischen Demokratie und Diktatur" in den Hintergrund gegenüber „Organisation, Effektivität, Stabilität" (Huntington 1968a, S. 1).

Seinen funktionalistischen Ansatz stellte er während desselben Jahres erneut unter Beweis, als er in einem *Foreign Affairs*-Aufsatz ausführte, „gewissermaßen nebenbei könnten die Vereinigten Staaten in Vietnam" über die Antwort auf ‚nationale Befreiungskriege' gestolpert sein. Huntington zufolge lieferte diese „wirksame Antwort" jener Prozess, den er „durch Druck erzwungene Urbanisierung und Modernisierung" nannte, welche die „bäuerliche Anhängerschaft" des Vietcong reduziere. Die Mittel zur Herbeiführung des gewünschten Resultats, eingestandenermaßen durch „drastische und brutale Beschleunigung" der Geschichte, bestanden – hier übernahm Huntington die Formulierung eines anderen Autors – in „der unmittelbaren Anwendung ‚mechanischer und konventioneller Macht'." Erfolgte diese Anwendung, so Huntington weiter, „derart massiv, dass sie eine drastische Abwanderung vom Land in die Stadt" auslöste, dann würde die maoistisch inspirierte ländliche Revolution „unterminiert werden durch die amerikanischerseits geförderte städtische Revolution." Natürlich brauchte es dafür Zeit. „Für die nächste Zukunft" musste Frieden deshalb „auf der Grundlage einer Übereinkunft erzielt werden." Das hielt Huntington „nicht für abwegig", sobald klar wurde, dass die Strategie des Vietcong „keinen Erfolg haben kann" (Huntington 1968b, S. 650, 652, 653, 655).

Huntington ging nicht näher darauf ein, dass die „massive" Anwendung von Macht, deren höheren historischen Sinn er herausstrich, seit 1965 Bombenteppiche auf vermutete ländliche Vietcong-Hochburgen einschloss (inklusive Einsatz konventionell bestückter B 52-Langstreckenbomber), Artilleriesperrfeuer zur Vorbereitung von „Sichten und Vernichten"-Operationen, Ausweisung von „Feuer frei"-Zonen sowie den großflächigen Einsatz von Herbiziden und Entlaubungsmitteln. Während der drei Jahre 1965/1966/1967 setzten diese Praktiken einen Strom von 2,1 Millionen registrierten Flüchtlingen in Bewegung (Subcommittee 1975, S. 4).

Huntington räumte ein, die „sozialen Kosten" seien „dramatisch und oft herzzerreißend" gewesen, die Bedingungen in den Flüchtlingslagern „zeitweise schrecklich" (Huntington 1968b, S. 649). Doch ihn faszinierte das Instrument der historisch bedeutsamen „Zwangsurbanisierung", mit dem er meinte, eine *generelle* Antwort auf „nationale Befreiungskriege" gefunden zu haben. Der nachhaltige Griff zu diesem Werkzeug würde, wie zumindest Huntington annahm, nicht nur die Unterstützung für den Vietcong reduzieren, sondern „rasch" jedes „in Frage kommende Land aus der Phase herausführen, in der eine bäuerliche Revolutionsbewegung hoffen kann, genügend Stärke zu gewinnen, um an die Macht zu gelangen" (Huntington 1968b, S. 652).

Es konnte nicht überraschen, dass Huntingtons Einlassungen im *New York Review of Books* von einem Wissenschaftler angegriffen wurden, den die Redaktion eben jener Zeitschrift, die Huntingtons Aufsatz veröffentlicht hatte – *Foreign Policy*-, 2005 zum weltweit bekanntesten öffentlichen Intellektuellen küren sollte: dem radikalen Vietnamkriegsgegner („eine Obszönität"), am MIT lehrenden Linguisten und Kognitionswissenschaftler Noam Chomsky (1928-). Als Huntington in seiner Erwiderung behauptete, Chomsky habe „die Wahrheit in verschiedener Hinsicht entstellt, was (seine) Ansichten und Aktivitäten bezüglich Vietnams ang(ehe)", konterte Chomsky, indem er ausführlich aus Huntingtons Aufsatz zitierte und schloss: „Er äußert keine Skrupel, keinerlei Werturteil über derartige Methoden (die eindeutig ‚Kriegsverbrechen' einschließen, wie beispielsweise im Nürnberger Prinzip VI benannt)" (*New York Review of Books* 1970).[1]

Zu diesem Zeitpunkt hatten Chomskys Arbeiten die Linguistik bereits grundlegend transformiert, und die Universitäten London und Chicago hatten ihm die Ehrendoktorwürde verliehen. Seine im *New York Review of Books* veröffentlichten Artikel, in denen er die Rolle der USA in Vietnam ebenso kritisierte wie die Unterwürfigkeit sogenannter „liberaler" Intellektueller gegenüber politischer Macht, trugen bei zum Anwachsen der Opposition gegen den Vietnamkrieg. Huntingtons akademische Karriere freilich litt durch die Kontroverse keinen Schaden.

Das sollte sich anderthalb Jahrzehnte später ändern, als Huntingtons bereits erwähnte Studie *Political Order in Changing Societies* nicht aus ethischen Gründen, sondern wegen wissenschaftlicher Mängel angegriffen wurde. Das Buch enthielt, teilweise auf anderen Veröffentlichungen basierend, mehrere mathematische Gleichungen. Sie bezogen sich auf mutmaßliche Beziehungen zwischen sozialer Mobilisierung, politischer Beteiligung und politischer Institutionalisierung, und sie wurden ergänzt

---

[1] Am 11. Dezember 1946, zweieinhalb Monate nach der Urteilsverkündung im Nürnberger Hauptkriegsverbrecherprozess, wurden dessen – laut Statut des Internationalen Militärgerichtshofs – wichtigste Grundsätze durch Beschluss der Vollversammlung der Vereinten Nationen zu Prinzipien des Völkerrechts erhoben. Die Strafbarkeit völkerrechtlicher Verbrechen umfasste lt. Prinzip VI außer Kriegsverbrechen und Verbrechen gegen die Menschlichkeit auch Verbrechen gegen den Frieden.

durch eine Klassifizierung des rassistischen (Apartheid-) Südafrika als „zufriedene Gesellschaft" (Huntington 1968a, S. 55). Eine 25jährige Doktorandin aus Boston, Ann Koblitz, dünkten diese Gleichungen algebraischer Unfug. Im Seminar stieß sie mit ihren Einwänden auf keine Resonanz. Darauf zog sie ihren Ehemann zu Rate, der als Postdoc-Lehrkraft für Mathematik (*instructor*) in Harvard lehrte. (Ann Koblitz war später – mittlerweile emeritierte – Professorin für Frauen- und Gender- Studien an der Arizona State University. Ihr Mann lehrt als Professor für Mathematik an der Washington University in Seattle.)

In einem Aufsatz mit dem Titel „Mathematik als Propaganda" beschuldigte Neal Koblitz 1981 Huntington „mathematischer Quacksalberei". Er warf ihm vor, sich unsinniger Gleichungen bedient zu haben, mit dem Ziel, „zu bluffen, einzuschüchtern", indem er „den Eindruck von Exaktheit und Tiefgründigkeit" erweckte. Fünf Jahre später wurde Huntington zur Mitgliedschaft in der National Academy of Sciences (NAS) vorgeschlagen. Gestellt hatte den Antrag die Akademiesektion für Sozial- und Politikwissenschaften, geleitet von dem Geographen Julian Wolpert (Princeton), der Koblitz nun seinerseits bezichtigte, gestützt auf „fadenscheinige Algebra" einen „unverantwortlichen" Artikel zusammengeschustert zu haben, der es „irgendwie" durch die *peer reviews* anderer „Wissenschaftler" geschafft habe. Dieses grobe Geschütz erboste wiederum einen in Yale lehrenden Mathematiker, Serge Lang (1927–2005), der im Jahr zuvor in die Akademie gewählt worden, mithin aufgefordert war, sich an der Abstimmung über Huntingtons Aufnahme zu beteiligen. Er hatte sich bereits eine jahrelange Kontroverse mit dem politischen Soziologen Seymour Martin Lipset darüber geliefert, ob eine Erhebung, die Lipset an die amerikanische Professorenschaft verschickt hatte, „voreingenommene" Fragen enthielt (Sykes 1988, S. 208–211; Lang 1998, S. 131–134, 223–228).

Die Regularien der NAS sehen vor, dass Nominierungen angefochten werden können. Langverbreitete Koblitz' Einschätzung unter den Akademiemitgliedern, begleitet von seiner eigenen Schlussfolgerung, wonach Huntington „Pseudo-Wissenschaft" fabriziert habe. Als der Disput öffentlich wurde, wehrte sich Huntington mit der Behauptung, zum Erscheinungszeitpunkt seiner Studie „in den frühen 1960er-Jahren" habe es in Südafrika „keine Aufstände, Streiks oder Ausschreitungen" gegeben. Lang erinnerte ihn – und die Öffentlichkeit – daran, dass ein volles Jahrzehnt schwarzer Proteste, in den Formen sowohl gewaltlosen zivilen Ungehorsams als auch gewalttätiger Unruhen, am 21. März 1960 im Sharpeville Massacre gegipfelt hatte, als südafrikanische Polizei das Feuer auf schwarze Demonstranten eröffnet, über sechzig erschossen und eine mehrfache Zahl verwundet hatte.

Seine Verwendung mathematischer Symbole spielte Huntington herunter als „schlichte Kürzel zum Zweck der Zusammenfassung eines komplizierten Arguments", nicht gedacht „als quantitatives Werkzeug im strengen Sinn". Lang hielt dagegen, indem er von etlichen zwanzig Seiten des Buchs mathematische Symbole zitierte, die allerdings den Eindruck quantitativer Werkzeuge im strengen Sinn erweckten. Im Übrigen wies er darauf hin, dass die Begründung seines Aufnahmeantrags den Hinweis auf seine „vergleichenden quantitativen Analysen" einschloss (Sykes 1988, S. 213, 217; Lang 1998, S. 34, 35, 60–68).

Huntingtons Nominierung verfehlte die erforderliche Zwei-Drittel-Mehrheit. Als er ein Jahr später, 1987, erneut vorgeschlagen wurde, „war der einzige unter 62 Kandidaten, der abgelehnt wurde" (Sykes 1988, S. 213).

Lang sah sich heftigen Angriffen ausgesetzt. Jeremy Stone, im Zusammenhang mit Edward Teller erwähnter Präsident der American Federation of Scientists, sprach von einer „Kampagne" gegen Huntington, die ihn an „die politische Wirkung der Kampagnen McCarthys" erinnere. Nobelpreisträger Kenneth Arrow behauptete noch unverblümter, in Langs Fall seien „die mccarthyistischen Tendenzen offensichtlich". Stone vertrat dabei die Auffassung, „nur Politikwissenschaftler können, und sollten, über die ‚Wissenschaftlichkeit' anderer Politologen befinden." Karl W. Deutsch, ehemaliger APSA- und IPSA-Präsident, verrannte sich völlig. Wie er Lang schrieb, fände er dessen „Versuch verwerflich", sich „als Mathematiker zu etablieren, der sich zum Herrn über das Fach Politikwissenschaft" aufschwinge (Lang 1998, S. 114, 117, 119, 136).

Lang konterte nicht weniger entschieden. „McCarthy hat seine Kampagnen ohne beweiskräftige Unterlagen geführt", schrieb er, „indem er in einer aufgeheizten Atmosphäre mit dem verallgemeinernden Etikett ‚Kommunist' um sich warf." Er verwahrte sich gegen jede Ähnlichkeit mit seinen in sorgfältigem Detail belegten Bemühungen, andere über Huntingtons „Mängel" als Wissenschaftler zu informieren. Lang argumentierte auch, die „Balkanisierung" der Wissenschaft werde gefördert durch eben jene unbeschränkte Fachautonomie, „die anderen verwehre, genauer hinzuschauen, wie eine spezifische Disziplin von einigen ihrer Vertreter praktiziert wird." Um die Verantwortung zu belegen, die man dafür trage, sachkundige Entscheidungen zu treffen, verwies er auf die NAS-Regel, die vorsah, dass jedes Akademiemitglied über alle Kandidaten abstimmte, die von sämtlichen Sektionen vorgeschlagen wurden (Lang 1998, S. 80, 81, 120).

Langs Gesichtspunkte können als stichhaltig gelten. Zum generellen Verständnis mccarthyistischer Vorgehensweisen gehört, dass es sich um demagogische Schmähungen handelt, ohne Rücksicht auf die Beweisbarkeit erhobener Vorwürfe. Die Beschuldigung, „McCarthyismus zu praktizieren", hat nicht nur in den USA als Waffe gedient, um Wissenschaftler daran zu hindern, aktuelles oder früheres Fehlverhalten bestimmter Personen öffentlich zu thematisieren.² Und wie bereits erwähnt, steht durchaus zu erwarten, dass öffentliche Kontroversen Fachgrenzen überschreiten – entweder weil Wissenschaftler in einem Fach tätig sind (sei es Linguistik, sei es Mathematik), dessen Methoden oder konzeptionelle Ansätze die eines anderen Fachs (Politikwissenschaft) im Hinblick auf Anwendbarkeit oder Exaktheit berühren; oder weil sie sich moralisch verpflichtet fühlen, Einspruch zu erheben, wenn sie zu der Auffassung gelangen, dass fundamentale ethische Prinzipien verletzt worden sind.

Lang hatte Huntington vorgeworfen, „politische Meinungen zu streuen, die er als Wissenschaft ausgab" (Lang 1998, S. 31 ff.). Als zwei Jahrzehnte später Huntingtons Thesen über den „Kampf der Kulturen" (*Clash of Civilizations*) und über die „Krise der amerikanischen Identität" (*Who Are We?*) erst in Aufsatz-, dann in Buchform erschienen waren, beurteilten zwei prominente öffentliche Intellektuelle diese Arbeiten im Kern nicht anders: Der Soziologe Amitai Etzioni (1929-) sowie der Literatur- und Kulturtheoretiker Edward Said (1935–2003).

In einem Besprechungsaufsatz warf Etzioni dem Buch *Who Are We?* vor, sich lediglich „den Anschein von Wissenschaftlichkeit" zu geben, tatsächlich aber zu der Sorte „ideologischer Traktate" zu gehören, die an „Vorurteile appellieren, sie verstärken und sie legitimieren helfen." Etzioni benannte Szenarien von Angst und Bedrohung als durchgängige „ideologische Schieflage" zahlreicher Publikationen Huntingtons, mit der Folge eines Eintretens für „Nationalismus, militaristische Regime, und ein einstiges Amerika", bei denen es „nur ein homogenes Credo und wenig Toleranz für Pluralismus gab" (Etzioni 2005, S. 477, 483, 485). Edward Said, der sich mit *The Clash of Civilizations* auseinandersetzte, bezeichnete Huntington gleichfalls als Ideologen, der „gewaltige Verallgemeinerungen" über „den"

---

² 2011 publizierte ich Dokumente, die belegten, dass Theodor Eschenburg (1904–1999), einer der „Gründungsväter" der westdeutschen Politikwissenschaft, unter dem NS-Regime als Kartellmanager an der erzwungenen „Arisierung" jüdischer Firmen beteiligt gewesen war. Eine Journalistin, die bei Eschenburg studiert hatte, bezeichnete mich darauf als „Friedhofs-McCarthy" – zweifellos das erfinderischste Schimpfwort, mit dem ich je bedacht worden bin. Zu dem Vorgang insgesamt vgl. Rainer Eisfeld (hg.): *Mitgemacht. Theodor Eschenburgs Beteiligung an ‚Arisierungen' im Nationalsozialismus*. Wiesbaden: Springer 2016.

Westen und „den" Islam verbreite, aber über „wenig eigenes Wissen" verfüge und „wenig sachkundige Urteile" biete (Said 2001, S. 11, 14).

In der Tat verbindet jene Panikmache, auf die Etzionis Rezension den Finger legt, *Clash* mit *Who Are We?* Hat „der Westen", respektive die Vereinigten Staaten, es im ersten Fall mit dem „Wiedererstarken" der islamischen Zivilisation als Hauptproblem zu tun, so sind dies im zweiten mexikanische Einwanderung und „Hispanisierung". Beide Bücher argumentierten dabei parallel. Bereits in *Kampf der Kulturen* fanden sich Warnungen vor „der demographischen Expansion Mexikos": Durch sie „könnten" die Resultate des mexikanisch-amerikanischen Krieges von 1846–1848 „im 21. Jahrhundert bedroht und möglicherweise rückgängig gemacht werden" (Huntington 1998, S. 328).

Nicht anders im Fall des „Amerikanischen Credos", jener Verbindung von individueller Freiheit, politischer Gleichheit und wirtschaftlichen Entfaltungschancen, die für Huntington den ausschlaggebenden Stützpfeiler des westlichen Kulturkreises bildet: Sein Ende würde „praktisch auch das Ende der westlichen Kultur bedeuten" (Huntington 1998, S. 502, 504). In *Who Are We?* wurde das Credo, hervorgegangen aus Amerikas „durch und durch anglo-protestantischer Siedlerkultur" (und angereichert um die Elemente Religiosität plus Arbeitsmoral), durchweg als „positive Kraft in der Welt" beschworen (Huntington 2004, S. 12, 14, 85–103). Und auch diese Kraft wird bedroht: Beide Bücher Huntingtons porträtierten die Multikulturalisten als die Schurken des Stücks. *Kampf der Kulturen* brandmarkte die „konfliktstiftenden Sirenengesänge des Multikulturalismus" als „unmittelbare und gefährliche Herausforderung ... der westlichen Kultur und des amerikanischen Credos" (Huntington 1998, S. 502, 505). *Who Are We?* sah im Multikulturalismus „im Grunde eine antiwestliche Ideologie", die im Zusammenwirken mit Globalisierung und Einwanderung „das amerikanische Bewusstsein" bereits „schwer angeschlagen" habe (Huntington 2004, S. 18, 219).

Kurz: Die durchgängigen Ängste des Kalten Krieges – Aggression von außen, Subversion von innen – tauchten in neuen Kleidern wieder auf.

Der von Etzioni zum Ideologen zurückgestutzte „Patriot und Wissenschaftler" (so Huntington über sich selbst; vgl. Huntington 2004, S. 13) hatte seinen ursprünglichen Aufsatz: „Clash of Civilizations?" noch (mit Fragezeichen versehen) in *Foreign Affairs* 1993 als Antwort auf eine deutlich anders akzentuierte Diagnose der Weltpolitik nach 1989 veröffentlicht, die von seinem ehemaligen Studenten Francis Fukuyama stammte. Auch diese „Vision" war zuerst 1989 in Aufsatzform unter dem Titel

„Das Ende der Geschichte?" (*The End of History?*) erschienen, wiederum vorsichtshalber mit einem Fragezeichen. Drei Jahre später folgte das entsprechende Buch, das Huntingtons Buchform seiner These insofern ähnelte, als dank gestiegenen Selbstbewusstseins auch hier das Fragezeichen fehlte. In Siegerattitüde, ausgelöst durch die „berauschenden Tage von 1989" (seine Wortwahl), hatte Fukuyama nichts Geringeres behauptet, als dass „mit dem Triumph der westlichen Idee" – wirtschaftlichem und politischem Liberalismus – die menschliche Regierung ihre „endgültige Form" gefunden habe; die ideologische Entwicklung der Menschheit habe ihren „Schlusspunkt" erreicht (Fukuyama 1989, S. 3, 4).

Der frühere Analytiker des „think tanks" RAND und stellvertretende Direktor des Planungsstabs beim State Department beeilte sich hinzuzufügen, dass in der „materiellen Welt" der Sieg des Liberalismus noch unvollständig sei. Terroristische Anschläge und nationale Befreiungskriege würden zweifelsohne weiter „die Seiten von *Foreign Affairs* füllen". Dasselbe gelte für Konflikte zwischen Staaten, die Fukuyama etwas gestelzt „immer noch geschichtsbefangen" nannte, sowie zwischen diesen und den glücklicheren „am Ende der Geschichte". Doch was ideologische Behauptungen anging, „unterschiedliche und höhere Formen der menschlichen Gesellschaft zu repräsentieren", schienen die Würfel zu Gunsten des Liberalismus gefallen (Fukuyama 1989, S. 12, 17).

Seine Buchfassung überarbeitete Fukuyama mehrfach, ohne freilich die Kernthese zu modifizieren. Nur drei Jahre nach dem Erscheinen des *Endes der Geschichte* (ohne Fragezeichen) bemerkte Benjamin Barber lakonisch, Fukuyama habe das Ausmaß nicht vorausgesehen, in dem der *Infotainment-Telesektor* (Barbers Wortschöpfung) wirtschaftliche und politische Realitäten umgewälzt habe. An Stelle eines siegreichen Liberalismus diagnostizierte Barber einen „weltweiten Vergnügungspark", die „McWorld" eines „raubgierigen" „kommerziellen Totalitarismus" aus Kommerz und „Spaß", deren infantilisierendes Leitmotiv sich zunehmend reduziere auf „will haben, will haben, will haben" und „gib her, gib her, gib her" (Barber 1996, S. 8, 22, 103, 149 ff., 162).

Diese kommerziell bestimmte McWorld, so Barber, sieht sich herausgefordert durch den fundamentalistischen Kreuzzug, den er Dschihad nennt, losgetreten – einmal mehr – von Angst und Unsicherheit angesichts fundamentalen Wandels. Ihre Befürworter, geprägt von „bis zur Selbstopferung reichendem Fanatismus", scharten sich um eine Vielzahl „säuberlich voneinander getrennter ..., umso klarer imaginierter ethnischer und religiöser Identitäten". Was McWorld und Dschihad gemein hätten, sei ihr „Zangenangriff" auf „die demokratischen Bürgerrechte und deren Institutionen" (Barber 1996, S. 10, 176, 235).

Um an dieser Stelle zu resümieren: Eine eindrucksvolle Ansammlung in der Öffentlichkeit bekannter Namen – Huntington, Chomsky, Etzioni, Said, Fukuyama, Barber – und eine nicht minder eindrucksvolle Abfolge erbitterter Auseinandersetzungen untermauern die Folgerung:

Das Problem, das es zu lösen gilt, besteht nicht lediglich in der Gewinnung möglichst zahlreicher Politikwissenschaftler/innen dafür,

- öffentlich als „glaubwürdige Quelle verlässlicher Auskünfte" zu dienen, dabei „mehr Menschen" zusätzliche Einsichten vermitteln auf eine Weise, die diesen „sinnvoller, einprägsamer, umsetzbarer" erscheint als das, was sie gegenwärtig zu hören bekommen (APSA 2016, S. 1, 2, 4),
- „neue Fragen" zu stellen, „unvertraute Sichtweisen" zu entwickeln, die Aufmerksamkeit auf „ignorierte Werte" zu lenken, Annahmen in Frage zu stellen, die bislang „als selbstverständlich galten" (Putnam 2003, S. 251),
- „wahrnehmbarer und kontinuierlicher in öffentliche politische Debatten einzugreifen" (Flinders und John 2013, S. 222).

Diese Aufgaben müssen in der Tat in Angriff genommen werden. Aber nur zu oft scheint man von der Annahme auszugehen, ein derartiges Engagement – wenn es denn gelänge – würde sich als weitgehend konfliktfreier Prozess herausbilden, unter wechselseitigem Applaudieren und Schulterklopfen der beteiligten Politologen. Die entsprechende Hoffnung tritt am deutlichsten zu Tage, zitiert man vollständig die letzte der drei vorstehenden Äußerungen (sie stammt von Matthew Flinders und Peter John):

„Die Politikwissenschaft muss sichtbarer und anhaltender in öffentliche politische Debatten eingreifen."

Eine auch nur annähernd homogene Politikwissenschaft ist jedoch nirgends in Sicht. Stattdessen stößt man – nicht anders als bei „gewöhnlichen" Zeitgenossen – auf eine Vielfalt akademisch ausgebildeter Individuen mit sehr unterschiedlichen Urteilen über die gegenwärtigen politischen, gesellschaftlichen und wirtschaftlichen Zustände, oder auch – wie schon deutlich wurde – über die Wünschbarkeit von Richtung, Ausmaß und Mitteln diskutierter Veränderungen.

Einen öffentlichen Intellektuellen (wie zuvor in diesem Kapitel) als jemanden zu definieren, der zugleich Wissen und menschliche Freiheit fördern will, hilft ebenso wenig weiter. Wiederum können Einzelne höchst kontroverse Vorstellungen davon besitzen, auf welchen Wegen menschliche Freiheit am besten durch Wissensfortschritt gefördert werden sollte. Sich systematisch und verantwortungsvoll auf unterschiedliche Zielgruppen in einer Weise einzulassen, aus der sowohl das Fach wie diese Gruppen Nutzen ziehen, wird nur möglich sein, wenn bestimmte Spielregeln beachtet werden. Mit anderen Worten, *es bedarf der Erarbeitung einer politischen Debattenkultur, nicht unähnlich den gegenwärtigen Regeln zur Sicherung guter wissenschaftlicher Praxis*. Kontroversen – das muss wiederholt werden – werden unvermeidlich sein, Diskussionen mit Sicherheit im Überfluss entbrennen. Um eine Öffentlichkeit bei ihrer Meinungsbildung zu unterstützen, für die „der Zuwachs an spezialisiertem Wissen es außerordentlich erschwert hat ..., Behauptungen einzuschätzen, die von öffentlichen Intellektuellen aufgestellt werden" (Posner ²2003, S. 388), müssen die Regeln, auf die man sich verständigt, erstens gering an Zahl und zweitens bündig formuliert sein – als da wären:

Öffentliche Intellektuelle sollten ausschließlich klar begründete Auffassungen vertreten. Auf unzulässige Vereinfachungen sollte verzichtet werden. Mögliche Alternativen sollten benannt werden.

Um diese Maximen zu konkretisieren:

Öffentliche Intellektuelle sollten ausschließlich klar begründete Auffassungen vertreten
Eine Studie der Smithsonian Institution über den UFO-Mythos hat bei Teilen der Gesellschaft „verbreitete Ablehnung" analytischen Denkens festgestellt (Peebles 1994, S. 287). Längst hat diese Einstellung einen fruchtbaren Boden geliefert für politisches Misstrauen, Argwohn und Verschwörungstheorien. Jüngst, im Gefolge der Großen Rezession 2007–2009, der „9/11"-Terroranschläge, der Kriege im Irak und in Syrien, der militärischen Offensiven gegen den Islamischen Staat, der Fluchtbewegungen aus Lateinamerika, Nordafrika und dem Nahen Osten, der Covid-19-Pandemie, zuletzt des russischen Angriffskriegs gegen die Ukraine hat wieder an Fahrt aufgenommen, was der amerikanische Historiker Robert Griffith (1940–2011) eine Generation zuvor in einer preisgekrönten Studie (Griffith 1988) als „Politik der Angst" während der McCarthy-Jahre charakterisiert hatte:

Um „die öffentliche Kontrolle über ihre Bürger" zu stärken, und in Abstimmung mit vielen der verbreitetsten Massenmedien, haben politische Entscheidungsträger in zunehmendem Maß eine „Politik der Angst" betrieben, die sich „auf das Alltagsverhalten der Menschen" ausgewirkt hat. Durch Appelle an Emotionen und Stereotypen werden die Meinungen von Bürgerinnen und Bürgern „geformt und manipuliert" (Altheide 2006, S. 15, 16, 18). Eine öffentliche Debatte, die von diffusen Ängsten beherrscht wird, kann dazu führen, dass breite Kreise meinen, „Bescheid zu wissen" über eine Welt, deren Wahrnehmung als „beständig im Wandel und außer Kontrolle" sie davon abhält, bestimmte politische Maßnahmen oder Planungen konkret zu hinterfragen (Altheide ²2015 [¹2002], S. 4, 23, 26).

Wie Carl Sagan betont hat, sind es oft gerade jene „Nischen", welche „spärliche und schlechte populärwissenschaftliche Darstellungen" in den Natur- und Sozialwissenschaften freilassen, die angefüllt werden mit „magischen" Sichtweisen auf die Welt, die Bürgerinnen und Bürger reduzieren auf „bequeme und gewohnheitsmäßige Praktiker ebenso wie Opfer von Leichtgläubigkeit" (Sagan 1997, S. 21, 31). Vorrangig in solche Nischen muss vernunftbetontes, inhaltlich relevantes, stilistisch zugängliches (Isaac 2015b) politikwissenschaftliches Publizieren vordringen. Nicht zuletzt die verbreitete Existenz derartiger Nischen erfordert die Schaffung von Anreizen und beruflichen Ausbildungskapazitäten für Wissenschaftler gleich zu Beginn ihrer Laufbahn, um Fortschritte zu erzielen bei der Vermittlung von Forschungsergebnissen an eine breitere, nicht unbedingt akademisch gebildete Zuhörer- und Leserschaft (Savage 2013, S. 198).

Sollte es zu Kontroversen kommen, muss jede Form persönlicher Verunglimpfung – wie etwa die Beschuldigung angeblich „mccarthyistischer Taktiken" im Zuge der Lang/Huntington-Affäre – sich von selbst verbieten. Das schließt diffamierende Attacken interessierter Kreise selbstverständlich ein. Entsprechende Beispiele, in denen „nicht nur die Botschaft" aus ideologischen Gründen verfälscht dargestellt, sondern auch die „Boten" selbst „Opfer bösartiger persönlicher Angriffe" wurden (Oreskes und Conway 2014, S. XVIII, XIX, 27, 335), werden weiter unten knapp erörtert.

Spielt Derartiges sich ab, dann sind Politikwissenschaftler – ob als öffentliche Intellektuelle oder schlicht als Kolleginnen und Kollegen – aufgefordert, sich zu Wort zu melden, um geduldig, aber nachdrücklich falsche Behauptungen zu entkräften und verleumderische Schmähungen zurückzuweisen. „Müll", den man ignoriert, „verschwindet leider nicht so einfach" (Oreskes und Conway 2014, S. 335).

In seinem Plädoyer für eine sorgfältig argumentierende, sich stärker öffentlich engagierende Politikwissenschaft hat Jeffrey Isaac, langjähriger Redakteur der APSA-Zeitschrift *Perspectives on Politics*, als Beispiel deren Septemberausgabe 2015 angeführt, die dem grob vernachlässigten Thema: „Amerikas Polizei- und Inhaftierungspolitik" galt.[3] In seinem Leitartikel unterstrich er, dass „Polizeibrutalität, Einkerkerung und Repression nicht auf autoritäre Regime beschränkt sind. Sie spielen ebenso eine wesentliche Rolle für das Funktionieren polyarchischer, sogenannter demokratischer Regime." Isaac bewertete diese Massnahmen dahingehend, dass sie „das Funktionieren der ‚Demokratie' in den Vereinigten Staaten ... gravierend einschränken ... (und) verfälschen". Seine Schlussfolgerung lautete, dass eine landesweite Debatte über den „Gefängnisstaat" erforderlich wäre:

- Mittels *exakter Analyse* der zahlreichen ineinandergreifenden Elemente des Systems (fortbestehende Rassenungleichheit, finanzielle Gewinne für Konzerne *und* für ländliche Gemeinden, Erzielung von Einkünften als durchgehendes Prinzip, Militarisierung der Polizei, gesetzliche Schranken polizeilicher Rechenschaftspflicht), aber auch
- mittels *„neuer Formen wissenschaftlicher Praxis*, die darauf abzielen, Missbräuche publik zu machen und dagegen anzukämpfen",

könnte die Politikwissenschaft auf exemplarische Weise dazu beitragen, dass das Thema „in den Vordergrund öffentlicher Aufmerksamkeit" rückt (Isaac 2015a: 610–611, 615–616).

Auf unzulässige Vereinfachungen sollte verzichtet werden
Diese Regel ist in erster Linie dazu bestimmt, Hoffnungen entgegenzutreten, die sich auf „starke Männer" richten – auf jene Demagogen „mit sich überschlagender Stimme", deren Verschwinden von der politischen Bühne H. G. Wells vergeblich erhoffte: Starke Männer, die „die Dinge wieder ins Lot bringen", die „einfache" autoritäre Antworten auf beunruhigende Probleme dort liefern, wo demokratische Politik sich schwertut, durch Kom-

---

[3] Ein Ausdruck, der den von Isaac im Originaltitel verwendeten Begriff „policing" adäquat wiedergibt, existiert in der deutschen Sprache nicht. „Mit Polizeipolitik sind die von der Politik ausgehenden und von der Polizeiführung umgesetzten Grundsatzentscheidungen oder Grundsatzvorgaben gemeint, an denen sich die Mitarbeiterinnen und Mitarbeiter der Polizei zu orientieren haben" (Feltes 1998, S. 3 Anm.).

promisse zufriedenstellende Lösungen zu erreichen. Öffentliche Intellektuelle sollten sich verpflichtet fühlen, solche Hoffnungen als *magisches* Denken zu entlarven, das weder in unser Jahrhundert passt noch zur Lösung von Konflikten führt, sondern auf deren Unterdrückung setzt. Sie sollten Bürgern, die auf solche Gestalten ihre Hoffnungen richten, das Risiko verdeutlichen, dass in aller Regel der zu entrichtende Preis in der Einschränkung ihrer eigenen Rechte besteht (besonders für Minderheiten), in der Aushöhlung öffentlicher Kontrolle, in Willkür und Korruption.

Politikwissenschaftler, die sich bemühen, Probleme für ein breiteres Publikum zu entwirren, kommen nicht um das Eingeständnis herum, dass ein hoher Komplexitätsgrad immer auch die Gefahr birgt, „politische Eliten effektiver Kontrolle zu entziehen" (Dahl 1989, S. 335). Die gerade erwähnte Strafvollzugspolitik der USA bietet ein Beispiel. Ihre verschiedenen kommunalen, einzel- und bundesstaatlichen Elemente, ihre gesellschaftlichen, politischen und finanziellen Aspekte summieren sich zu einem „ineinander verschränkten System, wurzelnd in historischen Pfadabhängigkeiten und ausgestattet mit einer selbstverstärkenden Eigen- ‚Logik'" (Isaac 2015a, S. 611). Eben dies ist mit Komplexität gemeint, wobei deren Grad mit der „bloßen Zahl von Bereichspolitiken" weiter zunimmt (Dahl 1989, S. 336). Jedwede öffentliche Äußerung, die sich mit einem System wie dem „Gefängnisstaat" kritisch auseinandersetzt, muss solche Facetten berücksichtigen. Andernfalls würde zentralen Themen und einflussreichen Akteuren nicht die Berücksichtigung zuteil, derer es bedarf, wenn irgendein Fortschritt in Richtung auf die Modifizierung des Systems erzielt werden soll.

Berücksichtigung von Komplexität darf nicht missverstanden werden als Beschwörung von Ungewissheit. Darauf hinzuweisen, dass ein bestimmtes Problem „zu komplex" sein kann, um sich auf wenige simple Aspekte reduzieren zu lassen, und ihm infolgedessen umso gründlicher nachzugehen, stellt das genaue Gegenteil der Methode dar, Zweifel an gewonnenen Einsichten zu erzeugen oder, noch grundsätzlicher, Unwissen zu fabrizieren.

Für die Erforschung zielbewusster Schaffung von Zweifeln, Unsicherheit oder Unwissen, nicht zuletzt mit dem Ziel, sie als politisches Werkzeug zu missbrauchen – „wir können nach Belieben schalten/wenn wir euch zum Narren halten" (*we rule you/if we can fool you*) –, hat der irische Sozialhistoriker Ian Boal den Begriff „Agnotologie" geprägt. Robert Proctor, sein Kollege an der Stanford University, hatte ihn, wie Proctor selbst schreibt, dazu gedrängt, ein passendes Wort zu finden (Proctor 2008, S. 11, 27). (Dass ein enger Zusammenhang existiert mit dem drohenden Aufkommen einer Herrschaft notorischer Lügner, wie es später erörtert wird, liegt auf der Hand.) Proctor sah sich einem Problem gegenüber, das öffentliche Intellektuelle aus den Reihen der Politikwissenschaft künftig zunehmend beschäftigen könnte, betrifft es doch eine Auseinandersetzung ebenso über Inhalte wie über wissenschaftliches Ethos:

2005 war er einer von drei Historikern, die in Prozessen *wie U. S. v. Philip Morris, Inc. et al.* gegen den Versuch der Tabakindustrie aufgetreten waren, Darstellungen der Geschichte des Drogenkonsums, Rauchen eingeschlossen, zu beeinflussen – im Gegensatz zu „mindestens sechsunddreißig" anderen Historikern, die zugunsten der Branche ausgesagt hatten. Wissenschaftler geachteter Universitäten wie Yale oder Oxford, deren Namen durchgesickert sind, erhielten im Lauf der Jahre annähernd oder über eine halbe Million Dollar *pro Person* für „wohlwollende" Aussagen und/oder Veröffentlichungen, ohne dass sie die kassierten Unternehmenszuschüsse offengelegt hätten (Proctor 2008, S. 16).

Wo es um „wohlwollende" Publikationen geht, kommt erneut Komplexität ins Spiel. Wie Proctor dargelegt hat, gingen von der Tabakindustrie angeworbene Wissenschaftler nicht so weit, historische Tatsachen bewusst zu entstellen, zu verfälschen oder zu erfinden. Stattdessen gelangten sie dadurch zum gewünschten Ziel, dass sie den Rahmen ihrer Forschungen beschränkten: Themen *nicht* zu untersuchen, „die die Branche in unerwünschtem Licht gezeigt hätten", führte dazu, dass Fakten und Zusammenhänge ausgespart blieben (Proctor 2004, S. 1174, 1175).

Die „Tabakstrategie" (Oreskes und Conway 2014: XXI) einer Handvoll Wissenschaftler, die sich – unterstützt „von Branchenrechtsanwälten und Experten für Öffentlichkeitsarbeit" – mit „Denkfabriken und Privatfirmen" zusammentaten, um systematisch Zweifel zu säen, lieferte das Modell, nach dem anschließend in weiteren Fällen – Ozonloch, saurer Regen, Klimawandel – verfahren wurde. Wie von der Wissenschaftshistorikern Naomi Oreskes und ihrem Kollegen Erik M. Conway herausgearbeitet – 2008 in dem Aufsatz: „Challenging Knowledge", zwei Jahre darauf in beider Buch *Merchandising Doubt* (deutsche Ausgabe: *Die Machiavellis der Wissenschaft. Das Netzwerk des Leugnens*), 2014 unter demselben Titel von dem preisgekrönten Regisseur und Produzenten Robert Kenner verfilmt –, ging es bei diesen Kampagnen „nicht um Wissenschaft. Es ging immer um die Rolle der Regierung", sprich um regulierende Eingriffe in „freie" Marktabläufe (Oreskes und Conway 2008, S. 76, 2014,

S. 332). Den tonangebenden Akteuren, nicht unähnlich Edward Teller geprägt durch ihre Karrieren im Kalten Krieg, galt „Regulierung als glitschiger Hang zum Sozialismus". Marktliberale Fundamentalisten aus Überzeugung, widersetzten sie sich hartnäckig „jedweder Einschränkung des laissez faire-Kapitalismus, ganz gleich, womit sie gerechtfertigt wurde" (Oreskes und Conway 2008, S. 77, 80).

Als einer von mehreren akademischen Brückenköpfen zur Propagierung „marktgerechter Lösungen für interventionistische Ziele" hat sich nach eigener Darstellung seit seiner Mitte der 80er-Jahre erfolgten Gründung das Mercatus (Markt-) Center an der George Mason University in Virginia betätigt. Großenteils finanziert durch den Konglomeratkonzern Koch Industries, und eng verknüpft mit dem Cato Institute – einem laissez faire-Think Tank, den gleichfalls die Brüder Koch, Charles und David, errichtet hatten-,[4] lehnte das Center Umweltschutzgesetze ab. Kurz ehe sie 1998 eine Stelle als Wirtschaftswissenschaftlerin am Mercatus Center antrat, behauptete Susan Dudley, gegenwärtig Professorin an der George Washington University, „Smog" wirke „dadurch, dass er die Sonneneinstrahlung blockiert, Hautkrebserkrankungen entgegen." Bemühungen der Environmental Protection Agency (EPA), die Umweltverschmutzung zu reduzieren (zu der die Raffineriebetriebe der Koch Industries nicht wenig beitrugen, wie die beim *New Yorker* beschäftigte Investigativjournalistin Jane Mayer feststellte), würden laut Dudley „bis zu elftausend zusätzliche Hautkrebsfälle pro Jahr auslösen." Das Bezirksgericht für den District of Columbia machte sich Dudleys Aussagen zu eigen, als es 1999 über EPA-Maßnahmen zu befinden hatte, und es bedurfte eines Supreme Court-Urteils, um die Entscheidung aufzuheben (Mayer 2016, S. 153, 154).

Propagiert von einem, wie Jane Mayer ihn charakterisiert hat, „karitativ-industriellen Komplex" aus Konzernen, Lobbygruppen, Stiftungen, Think Tanks und Instituten hat marktliberaler Fundamentalismus sich in den Vereinigten Staaten zu einer unerhört erfolgreichen „Bewegung mit dem Ziel der Verteidigung extremer Kapitalanhäufung" entwickelt (Mayer 2016, S. 377). Als dogmatischer „Glaubenssatz" (Oreskes und Conway 2014, S. 320, 321) lässt er Komplexitätserwägungen wie beispielsweise die Berücksichtigung externer (Umwelt- und sozialer Produktionskosten) nicht zu. Schon aus diesem Grund bedarf es in solchen, wie in ähnlich ge-

---

[4] David Koch starb 2019. Die Unternehmensleitung liegt seither bei Charles Koch. 2022 lehnten Koch Industries es nach dem Überfall Russlands auf die Ukraine ab, sich aus Russland zurückzuziehen. Zur Unterstützung der Tea Party durch Koch Industries vgl. oben, 3. Kapitel.

lagerten, Fällen der Klarstellung durch öffentliche Intellektuelle, dass laissez faire-kapitalistische Strategien die verborgene Triebkraft darstellen hinter Attacken auf fundierte wissenschaftliche Erkenntnisse. Etwa, wenn Trumps späterer Vizepräsident Mike Pence mit der Behauptung, „Rauchen tötet nicht" als Mitglied des Repräsentantenhauses 2009 gegen einen Gesetzentwurf stimmte, der die Regulierung der Tabakindustrie vorsah. Oder wenn er als Gouverneur des Staates Indiana 2015 ein Gesetz unterzeichnete, das den Clean Indoor Act Indianas – das Rauchverbot in öffentlichen Räumen – aufweichte (Schumaker 2016).

Mögliche Alternativen sollten benannt werden
Diese Maxime bezieht sich unmittelbar auf das dritte Kapitel. Wenn der Schwerpunkt des Fachs auf politischem, wirtschaftlichem, kulturellem Wandel sowie dessen partizipatorischer Bewältigung liegt, stellt sich automatisch die Frage nach der Erörterung alternativer Ziele und Mittel. Und wenn Politik im Sinn von Politikgeschichte studiert wird, wie am Anfang jenes Kapitels zitiert, dann muss Platz bleiben für Kontinuität ebenso wie für Veränderung – mit anderen Worten, für Pfadabhängigkeit und Kontingenz.

Pfadabhängigkeit bezieht sich auf frühere Geschehnisse oder Entscheidungen, die politische Strukturen beziehungsweise Einstellungs- und Verhaltensmuster langfristig prägen. Kontingenz dagegen heißt: Politische Entscheidungen „hätten auch anders oder überhaupt nicht getroffen werden können" (Greven 2000, S. 27).

Natürlich sind Pfadabhängigkeiten alles andere als unwandelbar. Der deutsche Fall liefert ein Beispiel. Vom 17. bis zur Mitte des 20. Jahrhunderts wurde die deutsche Gesellschaft (besonders, aber nicht nur in Preußen) „von oben" durch Befehl, Kontrolle und Unterordnung geprägt. Diese langfristige Erfahrung, die immer neuen Generationen ihren Stempel aufdrückte, sorgte dafür, dass selbst nach dem 2. Weltkrieg der Einzelne sich zum politischen System noch fast zwei Jahrzehnte lang als „Untertan" verhielt (Almond und Verba ^{4}1972 [^{1}1963], S. 7, 19, 38, 429). Erst Mitte der 1960er-Jahre begann das Muster sich in Richtung auf eine „Teilhabe-" oder „Bürger"-Kultur zu wandeln. Eine Rolle spielten dabei „liberalere" Sozialisationsweisen in Elternhaus und Schule, verstärkte Aktivität in Vereinen und Verbänden (beides einhergehend mit einem Generationswechsel), wirtschaftliche und gesellschaftliche Modernisierung, die weibliche „Emanzipation" einschloss, nicht zuletzt das erfolgreiche Funktionieren der parlamentarischen Demokratie (Conradt 1980, S. 251–265).

Derartiger Wandel benötigt Zeit. Mag er auch am Ende Pfadabhängigkeit beträchtlich verringern oder sogar beseitigen – Kontingenz wiederum bedeutet, dass Entscheidungen kurzfristig geändert, auch revidiert werden können. Um politische Apathie, Gleichgültigkeit und Resignation, selbst Frustration, Ärger, Wut zu bekämpfen – die, wie im 3. Kapitel angedeutet, allzu oft subjektiv empfundener Hilflosigkeit entspringen –, sollten öffentliche Intellektuelle versuchen, die Bürger an Kontingenz zu gewöhnen. Sie sollten Alternativen erläutern, gegebenenfalls auch zur Regierungspolitik, und darauf beharren, dass Wandel sich gestalten lässt. Mittels detaillierterer Informationen und abgewogener Einschätzungen sollten sie vermitteln, dass Kontingenz sich zwar nicht „abschaffen", wohl aber „zähmen" lässt (Palonen 1999, S. 6, 7), vor allem zur Unterstützung solcher Bürger, die sich – weil auf der „Schattenseite" im Hinblick auf Ausbildung, Status und Einkommen – überwältigt fühlen mögen, wenn sie bei der Wahl zwischen Alternativen unterschiedliche Konsequenzen einschätzen sollen.

Resignation, Gleichgültigkeit gegenüber Alternativen, Regierungsverdrossenheit finden sich bei Personen, die man als „politikabgewandt" oder „politikfern" bezeichnet hat. Diesen potentiellen Adressaten einen Teil ihres Selbstwertgefühls zurückzugeben, ihr Empfinden abzuschwächen, dass sie von ihren Regierungen im Stich gelassen wurden, sollte zu den Hauptaufgaben öffentlicher Intellektueller unseres Fachs gehören. Andernfalls – und sofern Maßnahmen nicht ergriffen werden wie die unten in Kap. 8 und 9 erörterten – werden Gruppen nicht bloß fortbestehen, sondern an Stärke zunehmen, denen einen Brexit zu befürworten, einen Donald Trump zu wählen oder sich im Deutschland von heute als „Recihsbürger" aufzuführen eine sinnvolle Wahl erscheint.

Literatur

Almond, Gabriel A. und Verba, Sidney ([4]1972 [[1]1963]): *The Civic Culture*. Princeton: Princeton University Press.
Altheide, David L. ([2]2015; [1]2002): *Creating Fear*. New Brunswick: Transaction Publishers.
Altheide, David L. (2006): *Terrorism and the Politics of Fear*. Landam/Oxford: AltaMira Press.
APSA [American Political Science Association] (2016): *Let's Be Heard! How to Better Communicate Political Science's Public Value*. Report of the Task Force on Public Engagement. Washington DC: APSA, http://journals.cambridge.org/download.php?file=%2FPSC%2FPSC48_S1%2FS1049096515000335a.pdf&code=175ec04c9eeea48f9f1f376d4cb1ef35, abgerufen 2. 11. 2016.

Arendt, Hannah (1991): *Elemente und Ursprünge totaler Herrschaft*, München/Zürich: Piper.
Barber, Benjamin R. (²ᵉʳʷ2001; ¹1996): *Coca-Cola und Heiliger Krieg. Wie Kapitalismus und Fundamentalismus Demokratie und Freiheit abschaffen*. (Originaltitel: *Jihad vs. McWorld*. New York/Toronto: Random House.) Bern/München/Wien: Scherz.
Bethe, Hans A., Garwin, Richard L., Gottfried, Kurt und Kendall, Henry W. (1984): "Space-based Ballistic-Missile Defense". *Scientific American*, Vol. 251, No. 4, 39–49.
Conradt, David P. (1980): "Changing German Political Culture". In: Almond, Gabriel A./Verba, Sidney (hg.): *The Civic Culture Revisited*. Boston/Toronto: Little, Brown & Company, 212–272.
Dahl, Robert A. (1982): *Dilemmas of Pluralist Democracy*. New Haven: Yale University Press.
Dahl, Robert A. (1989): *Democracy and its Critics*. New Haven: Yale University Press.
Etzioni, Amitai (2005): "The Real Threat: An Essay on Samuel Huntington". *Contemporary Sociology*, Vol. 34, 477–485.
Etzioni, Amitai (2010): "Reflections of a Sometime-Public Intellectual". *PS*, Vol. 43, 651–655.
Feltes, Thomas (1998): "Zur Einführung: New York als Modell für eine moderne und effektive Polizeipolitik?", in: Gunther Dreher/Thomas Feltes (hg.): *Das Modell New York: Kriminalprävention durch „Zero Tolerance"?*, Holzkirchen: Felix-Verlag, 3–15.
Flinders, Matthew und John, Peter (2013): "The Future of Political Science". *Political Studies Review*, Vol. 11, 222–227.
Fukuyama, Francis (1989): "The End of History?" *The National Interest*, No. 16, 3–18.
Gans, Herbert J. (2009): "A Sociology for Public Sociology". *Transformations of the Public Sphere* (Essay Forum), September 3. Social Science Research Council, http://publicsphere.ssrc.org/gans-sociology-for-public-sociology, accessed Sept. 29, 2016.
Greven, Michael Th. (2000): *Kontingenz und Dezision*. Opladen: Leske & Budrich.
Griffith, Robert (²1988; ¹1970): *The Politics of Fear. Joseph R. McCarthy and the Senate*. Lexington: University Press of Kentucky.
Herken, Gregg (1987): "The Earthly Origins of Star Wars". *Bulletin of the Atomic Scientists*, Vol. 43 No. 8, 20–29.
Herken, Gregg (²ʳᵉᵛ2000): *Cardinal Choices. Presidential Science Advising from the Atomic Bomb to SDI*. Stanford: Stanford University Press.
Huntington, Samuel P. (²1983; ¹1957): *The Soldier and the State*. Cambridge/London: Belknap Press of Harvard University Press.
Huntington, Samuel P. (1968a): *Political Order in Changing Societies*. New Haven/London: Yale University Press.

Huntington, Samuel P. (1968b): "The Bases of Accommodation", *Foreign Affairs*, Vol. 46, 642–656.
Huntington, Samuel P. (1988): "One Soul at a Time", *APSR*, Vol. 82, 3–10.
Huntington, Samuel P. (1993): "The Clash of Civilizations?" *Foreign Affairs*, Vol. 72 No. 3, 22–49.
Huntington, Samuel P. (1998): *Kampf der Kulturen. Die Neugestaltung der Weltpolitik im 21. Jahrhundert.* (Originaltitel: *The Clash of Civilizations and the Remaking of World Order.* London: The Free Press 1996). München/ Wien: Siedler.
Huntington, Samuel P. (2004): *Who Are We? Die Krise der amerikanischen Identität.* (Originaltitel: *Who Are We?* New York: Simon & Schuster 2004). Hamburg: Europa Verlag.
Isaac, Jeffrey C. (2015a): "The American Politics of Policing and Incarceration", Editorial, *Perspectives on Politics* Vol. 13, 609–616.
Isaac, Jeffrey C. (2015b): "A Political Science Public Sphere", *The Plot (Politics Decoded) Newsletter,* October 1. http://www.the-plot.org/2015/10/01/a-political-science-public-sphere/, abgerufen 5. 11. 2016.
Jogalekar, Ashutosh (2014): "The Many Tragedies of Edward Teller", *Scientific American,* January 15. https://blogs.scientific.american.com/the-curious-wavefunction/the-many-tragedies- of-edward-teller, abgerufen 25. 9. 2016.
Lang, Serge (1998): *Challenges.* New York: Springer.
Lietzmann, Hans J. (1999): *Politikwissenschaft im "Zeitalter der Diktaturen".* Opladen: Leske + Budrich.
Lindblom, Charles E. (1977): *Politics and Markets.* New York: Basic Books.
Lindblom, Charles E. (1982): "Another State of Mind. Presidential Address, APSA, 1981". *APSR* Vol. 76, 9–21.
Lowi, Theodore J. (1967): "The Public Philosophy: Interest-Group Liberalism". *APSR*, vol. 61, 5–24.
Lowi, Theodore J. (1979): *The End of Liberalism.* New York: W. W. Norton.
Marks, Shula und Trapido, Stanley (1989): "South Africa Since 1976: An Historical Perspective", in: Johnson, Shaun (hg.): *South Africa: No Turning Back.* Bloomington/Indianapolis: Indiana University Press, 1–51.
Mayer, Jane (2016): *Dark Money.* New York/London: Doubleday.
McFarland, Andrew S. (2004): *Neopluralism.* Lawrence: University of Kansas Press.
Merelman, Richard M. (2003): *Pluralism at Yale.* Madison/London: University of Wisconsin Press.
Mouffe, Chantal (2000): *Deliberative Democracy or Agonistic Pluralism.* Reihe Politikwissenschaft, Nr. 72. Wien: Institut für Höhere Studien. http://nbn-resolving.de/urn:nbn:de:0168-ssoar-246548, abgerufen 2. 10. 2016.
New York Review of Books (1970): *A Frustrating Task.* Letter by Samuel P. Huntington; reply by Noam Chomsky, February 26. www.nybooks.com/articles/1970/02/26/a-frustrating-task, abgerufen 10. 10. 2016.

Oreskes, Naomi und Conway, Eric M. (2008): "Challenging Knowledge. How Climate Science Became a Victim of the Cold War". In: Robert N. Proctor/ Londa Schiebinger (hg.): *Agnotology. The Making and Unmaking of Ignorance.* Stanford: Stanford University Press, 55–89.

Oreskes, Naomi und Conway, Erik M. (2014): *Die Machiavellis der Wissenschaft. Das Netzwerk des Leugnens.* (Originaltitel: *Merchants of Doubt.* New York: Bloomsbury Press 2010). Weinheim: Wiley-VCH.

Palonen, Kari (1999): "Contingency in Political Theory". In: *Finnish Yearbook of Political Thought,* Vol. 3, 5–10.

Peebles, Curtis (1994): *Watch the Skies! A Chronicle of the Flying Saucer Myth.* Washington/London: Smithsonian Institution Press.

Posner, Richard A. (^{2}2003; ^{1}2001): *Public Intellectuals. A Study of Decline.* Cambridge: Harvard University Press.

Proctor, Richard N. (2004): "Should Medical Historians Be Working for the Tobacco Industry?" *The Lancet,* Jg. 363, 1174–1175.

Proctor, Richard N. (2008): "Agnotology. A Missing Term to Describe the Cultural Production of Ignorance (and its Study)". In: Robert N. Proctor/Londa Schiebinger (hg.): *Agnotology. The Making and Unmaking of Ignorance.* Stanford: Stanford University Press, 1–33.

Putnam, Robert D. (2003): "APSA Presidential Address: The Public Role of Political Science". *Perspectives on Politics,* Jg. 1, 249–255.

Sagan, Carl (1985): "On Minimizing the Consequences of Nuclear War". *Nature,* Jg. 317, October 10, 485–488.

Sagan, Carl (1997): *Der Drache in meiner Garage oder die Kunst der Wissenschaft, Unsinn zu entlarven.* (Originaltitel: *The Demon-Haunted World. Science as a Candle in the Dark.* London: Headline Book Publishing 1997). München: Droemer Knaur.

Said, Edward W. (2001): "The Clash of Ignorance". *The Nation,* Jg. 273, No. 12, 11–14.

Savage, Lee (2013): "A View from the Foothills: Public Engagement among Early Career Researchers". *Political Studies Review,* Jg. 11, 190–199.

Schumaker, Erin (2016): "Remember When Mike Pence Said Smoking Doesn't Kill?" *Huffington Post,* October 28. http://www.huffingtonpost.com/entry/mike-pence-said-smoking-doesnt-kill_us_58121434e4b064e1b4b0bf93, abgerufen 26. 4. 2017.

Skidmore, Thomas E. (1988): *The Politics of Military Rule in Brazil, 1964–1985.* New York: Oxford University Press.

Stone, Jeremy (1994): "Conscience, Arrogation and the Atomic Scientists". *F.A.S. Public Interest Report,* Jg. 47, Nr. 4, 1–18. www.fas.org/faspir/pir0894.html, abgerufen 28. 9. 2016.

Subcommittee to Investigate Problems Connected with Refugees and Escapees of the United States Senate Committee of the Judiciary (1975): *Humanitarian Problems in South Vietnam and Cambodia: Two Years after the Cease-Fire.* Washington: U. S. Government Printing Office.

Sykes, Charles J. (1988): *ProfScam: Professors and the Demise of Higher Education*. Washington: Regnery Gateway.
Teller, Edward (1984): "Wide-Spread After-Effects of Nuclear War". *Nature*, Jg. 310, August 23, 621–624.
UPI (1963): *1963 Year in Review. Nuclear Test Ban Treaty.* http://www.upi.com/Archives/Audio/Events-of-1963/Nuclear-Test-Ban-Treaty/, abgerufen 25. 9. 2016.

KAPITEL 5

Demokratieerziehung durch zugewandte Einwirkung

Künftige Bürger vertraut machen mit Politikwissenschaft und deren öffentlichem Engagement

Ihre Lebensweise einschneidend, ja existenziell zu verändern oder an ihr festzuhalten: Das ist die Herausforderung, vor der während des amerikanischen Sezessionskriegs eine Familie von „Freunden" (*friends*), üblicherweise Quäker genannt, in dem 1956 unter der Regie William Wylers gedrehten Film *Friendly Persuasion* steht.[1] Mit Dorothy McGuire und Gary Cooper in den Hauptrollen, sticht der Film in mehreren Hinsichten hervor, die sämtlich bemerkenswert, wenn auch nicht durchweg positiv sind:

---

[1] Der Film lief in Deutschland und Frankreich unter den Titeln: *Lockende Versuchung* bzw. *La Loi du Seigneur*. Beides hilft im vorliegenden Zusammenhang nicht weiter: „Friendly" als Teil des Originaltitels war ein Wortspiel, das zum einen „freundlich" i. S. von „anderen Menschen zugewandt" meinte, zum anderen sich auf die oben erwähnte „Gesellschaft der Freunde" – so die Selbstbezeichnung der Quäker – bezog. „Persuasion" ergibt in diesem Zusammenhang Sinn, wenn es mit „Überzeugung" sowohl auf den eigenen Standpunkt bezogen als auch im Sinn der Einwirkung auf andere wiedergegeben wird. Wie im Verlauf des Kapitels noch deutlich wird, spielten bei dem weiteren Schicksal des Films beide Wortbedeutungen eine Rolle.

© Der/die Autor(en), exklusiv lizenziert an Springer Nature Singapore Pte Ltd. 2023
R. Eisfeld, *Streiten gegen die Erosion der Demokratie*,
https://doi.org/10.1007/978-981-19-8788-5_5

- Geschildert wird der Einbruch feindlicher Soldaten in das bislang friedliche Leben einer pazifischen Quäkerfamilie, wodurch jedes einzelne Familienmitglied gezwungen wird, abzuwägen, ob der Griff zur Gewalt unter irgendwelchen Umständen „gerechtfertigt" sein könnte.
- Ursprünglich gleich nach dem 2. Weltkrieg geplant, wurde der Film mit seinen erklärten Sympathien für pazifistische Einstellungen jahrelang hinausgeschoben, als die Schatten der 1. und 2. „Hollywood Hearings" (1947; 1951), dann des Koreakriegs darauf fielen: Vom Ausschuss für Un-Amerikanische Umtriebe des Repräsentantenhauses (HUAC, *House Un-American Activities Committee*) durchgeführt, sollten die Anhörungen Künstler mit vermuteten kommunistischen Sympathien oder Kontakten aufspüren.
- Als Gary Cooper angeblich verlangte, seine Rolle in die eines „kämpferischen" Patriarchen umzuwandeln, weil sein Publikum erwartete, „dass er handle", soll die Autorin der Romanvorlage, Jessamyn West, mit dem Satz reagiert haben, Cooper werde durchaus handeln – er werde „sich zurücknehmen". Die Zuschauer würden „einen starken Mann" erleben, „der sich zurückhielt". In dem schließlich ausgehandelten Kompromiss entwaffnet Cooper zwar einen konföderierten Soldaten bei einem Kampf, lässt ihn aber unverletzt frei. Ein weiterer Kompromiss bestand darin, dass der älteste Sohn – gespielt von Anthony Perkins – sich zwar entscheidet, zu kämpfen, und sein Gewehr auch einmal abfeuert, dann aber verwundet wird.
- Für die 1957 verliehenen Oscars wurde *Friendly Persuasion* in sechs Kategorien nominiert: Bester Film, beste Regie (William Wyler), beste Nebenrolle (Anthony Perkins), bestes Drehbuch (Michael Wilson), bester Song (Dimitri Tiomkin) und bester O-Ton. Drehbuchautor Michael Wilson (1914–1978) wurde disqualifiziert, weil sein Name im Vorspann fehlte. Er hatte bereits 1952 einen Oscar gewonnen, doch HUAC stufte ihn als „unkooperativen Zeugen" (*unfriendly witness*) ein, und Hollywoods Filmstudios setzten ihn auf die schwarze Liste.
- Wilson emigrierte für die Dauer eines Jahrzehnts nach Frankreich und wirkte ungenannt weiter an Drehbüchern für Hollywoodfilme mit. Für *Brücke am Kwai* gewann er 1958 einen weiteren Oscar, den seine Witwe 1985 entgegennahm.
- Bei einem Staatsbankett in Moskau überreichte Ronald Reagan 1988 Michail Gorbatschow eine Kopie des Films und brachte dabei einen

Toast aus auf „die Kunst zugewandter Überzeugung ... die Hoffnung, auszuharren, bis die Dinge besser werden" (Kraemer 2015, S. 205).

- 1996 wurde Michael Wilsons Name schließlich in den Vorspann zu *Friendly Persuasion* aufgenommen (Dmohowski 2002, S. 507).

Weshalb sollten die Schicksale eines Films und seines Drehbuchautors Platz finden in einer Erörterung künftiger Bürgerkundeausbildung, wie sie im Folgenden befürwortet wird?

Die Antwort auf diese Frage muss drei Probleme ins Auge fassen, mit denen schulische politische Bildung für das 21. Jahrhundert es noch mehr zu tun bekommen dürfte als eine diesem Jahrhundert angemessene Politikwissenschaft.

Politische Opportunität
In ihrem Abschlussbericht „Schulerziehung zu Bürgersinn und Demokratie" (oft nach dem Vorsitzenden Bernard Crick als *Crick Report* bezeichnet) stufte die vom britischen Erziehungsministerium 1997 eingesetzte *Advisory Group on Citizenship* einhellig und unmissverständlich den Unterricht über *kontroverse* Themen als „Wesen" dessen ein, „was eine Erziehung ausmacht, die ihren Namen verdient". Denn im Unterschied zum bloßen Training, so die Gruppe, erfordert Erziehung „außer einem guten Gedächtnis die Entwicklung weiterer geistiger Fähigkeiten": Argumentationsvermögen, Respekt, Fairness, Empathie (Crick Report 1998, S. 57).

Der Bericht warnte freilich auch davor, dass kontroverse Themen Befürchtungen auslösen könnten, wonach voreingenommen verfahren oder gar Indoktrination betrieben werde (ebd., S. 58). Anderen Orts ist vermerkt worden, dass Anstrengungen, politischer Bildung als Schulfach mehr Gewicht zu verschaffen, möglicherweise an eben dieser Hürde gescheitert sind: Der Unterrichtsstoff dürfte auch die Art „politisch heikler" Themen einschließen, denen Politiker „gerne aus dem Weg gehen" (Wong 2015, S. 5). Je nach politischem Standort könnte dieser Umstand sich besonders problematisch auswirken, wenn der Ausbildungsschwerpunkt, wie hier befürwortet, auf „Wandel" liegt:

Eben wegen dieses Schwerpunkts gehören kontroverse Themen „zu den Fragen, die Schüler vorrangig erörtern sollten" (Gerson et al. 2011, S. 14). Dennoch haben Curricula, die an traditionellen Werten und Ansätzen festhalten, bessere Aussichten, günstig aufgenommen zu werden als Vorstöße in neues – noch dazu umstrittenes – sozio-kulturelles Terrain. Das trifft besonders für die Vereinigten Staaten zu angesichts des Ausmaßes, in dem „Kulturkampf"-Debatten über Ideale, Symbole und Werte seit den 1980er/1990er-Jahren dort „die Schul- und Hochschulpolitik dominiert" haben (Wolbrecht und Hartney 2014, S. 611, 613).

Konkurrenz durch MINT
In dem Maß, in dem die politische Unterstützung für den frühzeitigen Erwerb von Kenntnissen und Fertigkeiten in **Ma**thematik, **I**nformatik, **N**aturwissenschaften und **T**echnik[2] gestiegen ist, hat die Debatte an Fahrt aufgenommen, ob MINT-bezogene Curricula dabei sind, die geistes- und sozialwissenschaftlichen Fächer zu verdrängen. Vor diesem Weg gewarnt haben unter anderem in einer gemeinsamen Initiative die von Ronald Reagan ernannte ehemalige Supreme Court-Richterin Sandra O'Connor und der mittlerweile verstorbene einstige Astronaut John Glenn, zeitweise Senatsmitglied für die Demokratische Partei: „Wir unterstützen vorbehaltlos die umfänglichen Mittel, die zur Förderung naturwissenschaftlicher Fächer bewilligt worden sind. Aber wir widersprechen nachdrücklich allen Vorschlägen, dies auf Kosten der Geisteswissenschaften zu tun." Schulische politische Bildung müsse mit derselben „Hingabe" vermittelt werden wie der Erwerb naturwissenschaftlicher Kenntnisse. Es gelte deshalb, die Ausbildung in beiden Sparten „integriert" zu betreiben (O'Connor und Glenn 2015).

Der *Crick Report*, ließe sich hinzufügen, hatte bereits Bereiche aufgelistet, die sich für die Zusammenführung geistes- und sozialwissenschaftlicher mit mathematischen, natur- und informationswissenschaftlichen Fragestellungen eignen. Genannt wurden ethische Aspekte naturwissenschaftlichen Fortschritts, der Umgang mit personenbezogenen Daten oder die Beurteilung von Wahlsystemen (Crick Report 1998, S. 53, 54).

Verkürzung auf Regierungslehre
Beileibe nicht nur in den Vereinigten Staaten ist Sozialkundeunterricht „schrittweise abgelöst" worden durch Regierungslehre, „meistens auf An-

---

[2] Im angelsächsischen Sprachraum STEM: Science, technology, engineering, and mathematics.

regung" – so kein Geringerer als Robert Putnam – „der Politikwissenschaft" (Putnam 2003, S. 253), genauer jenes politologischen *mainstreams*, der sich großenteils reduziert auf Betriebswirtschaftslehre des Parlaments-, Präsidial- und Parteienstaats. Die eingetretene Verschiebung „von aktiver Mitwirkung zu passiver Betrachtung" stufte Putnam im selben Atemzug als „heftig" ein – „nicht" darum gehe es noch, „wie *wir* das öffentliche Leben prägen können, sondern wer sonst Einfluss ausübt" (Putnam 2003: ebd.; Hervorhebung nicht im Original). Das entspricht der Feststellung jener Vorgängerin Putnams im APSA-Vorsitz, die gleich zu Anfang des Buchs zitiert wurde.

Natürlich muss die Funktionsweise einer Demokratie vermittelt und verstanden werden. Aber es ist eine Binsenweisheit, dass dies auf ganz unterschiedliche Weise geschehen kann. Lehrpläne, die sich auf formale Strukturen konzentrieren, vernachlässigen Prozesse, durch die Menschen lernen können, „über sich selbst um ihrer selbst zu verfügen" (Ostrom 1997, S. 34). Vincent Ostrom, dessen Buch *The Meaning of Democracy and the Vulnerability of Democracies* dieses Zitat entstammt, argumentiert zu Gunsten einer Erziehung, die aktive bürgerliche Mitwirkung an Stelle passiven Mitläufertums lehrt. „Auf dem Weg, erwachsen zu werden, könnten wir andernfalls moralischen Kompass und Wissen verlieren", die wir *beide* brauchen, um als Demokraten miteinander zu leben (Ostrom 1997, S. 26).

In Jahres-, mittlerweile Zweijahrestagungen zum Rahmenthema „Lehren und Lernen" (*Teaching and Learning*) versucht die APSA seit 2004, die Nutzung aktiver Lernmittel – problemorientiertes Lernen, Simulationen, Rollenspiele – zu kombinieren mit Schwerpunkten wie Stadtteilarbeit, Einbeziehung benachteiligter oder marginalisierter Gruppen, Orientierung – wie und warum – an übergeordneten Werten (Gleichheit, Demokratie, Gemeinsinn). „Wie konstruiert man Curricula unter Bedingungen raschen, manchmal dramatischen politischen Wandels?" lautet die Leitfrage. 2019 organisierten APSA, PSA, das europäische Netzwerk ECPR und die British International Studies Association gemeinsam die erste internationale Tagung dieser Art unter dem Titel: „Politik lehren in Zeiten des Populismus". Damit war eine Entwicklung angesprochen, die im vorliegenden Buch immer wieder auftaucht: die sich gegenwärtig vollziehende Herausbildung einer politischen „Kultur", in der „Sachverstand und evidenzbasierte Beweisstandards entwertet werden" (APSA 2018).

Rascher, manchmal dramatischer politischer Wandel: Auf beispielhafte Weise demonstriert *Friendly Persuasion*, der Film samt dem Weg, den er genommen hat, wie ein Bürgerkunde-Curriculum Hürden der erwähnten Art berücksichtigen und dennoch zivilgesellschaftliche Defizite mit Aussicht auf Erfolg angehen könnte. Bei dieser vielschichtigen Aufgabe dürfte *Friendly Persuasion* eher punkten als sein ebenfalls gepriesenes Pendant jüngeren Datums, der 2016 gedrehte Mel Gibson-Film *Hacksaw Ridge – Die Entscheidung*. Das Kriegsdrama schildert weitgehend wahrheitsgetreu, wie ein junger Mann, der als pazifistischer Siebenten-Tags-Adventist aufgewachsen ist, zwar den Dienst mit der Waffe verweigert, sich aber bei Ausbruch des 2. Weltkriegs freiwillig als Sanitäter meldet. Während der Ausbildung wird er gemobbt und gedemütigt. In der Schlacht um Okinawa rettet er unter feindlichem Beschuss mehrere Dutzend verwundete Kameraden und wird selbst schwer verwundet. Nach dem Krieg wird ihm als erstem Verweigerer aus Gewissensgründen die *Medal of Honor* verliehen.

Wegen seiner realistisch-blutigen Bilder der erbitterten Kämpfe um Okinawa wurde der Film als „quälend" bezeichnet, zugleich nicht unähnlich *Friendly Persuasion* als „inspirierender" Tribut „an den Mut" eingestuft, „eigenen Überzeugungen treu zu bleiben." In *Friendly Persuasion* lebt die Handlung einerseits von ihren Traditionsbezügen – Familie, Glaube, ländliches Leben. Andererseits erzählt der Film eine moderne Geschichte über die Infragestellung bislang sakrosankter Werte in einem sich wandelnden politischen und sozialen Umfeld. Dem politischen Klima der frühen 1950er-Jahre entsprechend lässt das Drehbuch sich dabei, wie geschildert, auf Kompromisse ein, die zu diskutieren wären.

Doch der Akzent der Handlung liegt auf Offenheit, Vertrauen und Mitgefühl – und dies ermöglichte die „Mittlerfunktion" des Films zwischen Innen- und Außenpolitik, nachdem Ronald Reagan sich während seiner zweiten Amtszeit entschlossen hatte, die Sowjetunion nicht länger als „Reich des Bösen" (*evil empire*) anzuprangern, sondern Abrüstungsverhandlungen zuzustimmen. Reagans Toast beim Gipfeltreffen 1988, samt der Geste, mit der er Gorbatschow eine Videokassette des Films überreichte, symbolisierten die Vertrauensbeziehung, die aufzubauen beiden Männern gelungen war. Diese Beziehung wiederum dürfte ihren Teil zum Zustandekommen des INF-Vertrags über die Vernichtung bodengestützter atomarer Mittelstreckenraketen zwischen 500 und 5000 km Reichweite beigetragen haben, der ersten echten Abrüstungsvereinbarung zwischen beiden Staaten.

Der Drehbuchautor des Films, Michael Wilson, erlangte dagegen „seine berufliche Stellung nie wieder." Er blieb ein Opfer der inkriminierenden Listenpraxis, auch wenn er „schwarz" – gegen geringere

Bezahlung – weiter für Hollywoodstudios tätig war (Buhle und Wagner 2003, S. X; Dmohowski 2002, S. 498, 505). Dass die Gewerkschaft der Drehbuchautoren vierzig Jahre später seine Mitarbeit an *Friendly Persuasion* würdigte, erlebte er nicht mehr. 1947 hatte der Verband der Filmgesellschaften Amerikas beschlossen, „subversive Elemente auszuschalten", wobei „unkooperative" HUAC-Zeugen einbezogen wurden (Schrecker 1994, S. 216). Sechs Jahre später traf der Verband ein Abkommen mit der Autorengewerkschaft, das die Studios in derartigen Fällen (HUAC wurde erneut ausdrücklich genannt) von der Verpflichtung befreite, die Namen Mitwirkender im Vor- oder Abspann aufzuführen (Dmohowski 2002, S. 500, 501).

Ein schulisches Curriculum politischer Bildung, welches *Friendly Persuasion* behandelt als Fallstudie erstens eines „in die Schwarze-Listen-Politik Hollywoods tief verstrickten" Films (Dmohowski 2002, S. 491), zweitens der menschlichen Folgen solcher Manöver, schlussendlich der Wirkungen, die von der Filmhandlung ausstrahlten (Reagan: „kraftvoll inszeniert und gespielt") – ein solches Curriculum kann, wiederum in exemplarischer Form, Nutzen ziehen aus den Analysen einer historisch geprägten Politikwissenschaft.

Derartige Untersuchungen belegen zunächst, dass McCarthyismus – wie er im vorigen Kapitel definiert wurde – sich längst entfaltete, bevor der Senator aus Wisconsin überhaupt den Schauplatz betrat. Das hatte seinen Grund in dem tief verwurzelten, bis zur russischen Revolution 1917 zurückreichenden Unbehagen, „etwas Fremdes und Bösartiges" könnte die amerikanische Nation „vergiften". Sie zeigen weiter, dass durch HUAC (1938 eingerichtet, 1945 in einen Ständigen Ausschuss des Repräsentantenhauses umgewandelt) mit Hilfe von John Edgar Hoovers FBI eine Praxis antikommunistischer Überprüfungen etabliert wurde, von der McCarthy unmittelbar profitieren konnte. Die Studien zeichnen auch nach, wie und weshalb das politische Klima sich allmählich wandelte, nicht zuletzt, seit der *Warren Court* 1956/1957 mehrere vorangehende Urteile des Obersten Bundesgerichts aufhob[3] (Morgan 2003, S. 61, 525, 541 ff.). Ausgenommen von dem Wandel blieb das fatale Erbe jener Demagogie, die den „Verlust Chinas an den Kommunismus" behauptete und die Politik der USA gegenüber Ostasien zwei Jahrzehnte lang prägte (Halberstam

---

[3] Der *Warren Court* erhielt seinen Namen nach dem 1953–1969 als *Chief Justice* amtierenden Earl Warren, in dessen Amtszeit entscheidende *Supreme Court*-Urteile zur Aufhebung schulischer Rassendiskriminierung und zur Stärkung der Bürgerrechte fielen.

1992 [¹1972], S. 105, 106, 115 ff.). Der Ausschuss, in dem Richard Nixon seine politische Karriere begonnen hatte, wurde schließlich 1975 vom Repräsentantenhaus abgeschafft.

Die Darstellungen lassen ferner erkennen, dass Regierungen und Parlamente zwar die politische Agenda vorgaben, private Arbeitgeber – Gewerkschaften, Universitäten, Zeitungen, Rundfunk- und Fernsehstationen, Filmindustrie – jedoch wesentlich dazu beitrugen, die „Obsession" in der Gesellschaft zu verbreiten (Schrecker 1994, S. 20, 40). Dies hieß zugleich, und darin steckt eine weitere wichtige Lehre, dass die Zivilcourage Einzelner dazu beitragen konnte und in der Tat half, den Praktiken des McCarthyismus ein Ende zu bereiten. Im Fall der Filmindustrie teilten Otto Preminger und Kirk Douglas 1960 mit, dass sie den auf Hollywoods schwarzer Liste stehenden Drehbuchautor Dalton Trumbo (1905–1976) für ihre Filme *Exodus* und *Spartacus* engagiert hatten und sein Name im Vorspann genannt werden würde.

Vielleicht am wichtigsten jedoch: Während der letzten 40 Jahre ist eine Unmenge teils vertiefter, teils kontroverser Deutungen der McCarthy-Periode erschienen. Sie belegen ebenso, dass „neue Quellen entdeckt und alte neu gelesen wurden" (Schrecker 1994, S. 255), wie auch einmal mehr den Umstand, dass sorgfältig begründete Argumente voneinander abweichende Urteile nicht ausschließen. Zunehmende Übereinstimmung herrscht jedoch in zweifacher Hinsicht:

- McCarthyismus war, wie schon angedeutet, eine „Bewegung der Angst" in dem doppelten Sinn, dass er auf sich weit verbreitete Befürchtungen stützte und zusätzliche Ängste schürte, indem er den vermeintlichen Feind dämonisierte (Morgan 2003, S. XIV; Schrecker 1998, Kap. 4: „Sie sind überall").
- Die Bewegung besaß eine vertraute politische Zusatzkomponente: „Zum Äußersten entschlossen, um die politische Macht zurückzuerobern", nutzte die Republikanische Partei „Unsicherheit und Panik", aus denen der McCarthyismus sich speiste (Morgan 2003, S. 525, Zitat Hubert Humphrey).

Der reichhaltige Fundus an wissenschaftlicher Literatur, der über diese wie über viele andere kontroverse Themen zur Verfügung steht, eignet sich, und das ist der entscheidende Punkt, zur Erstellung von Unterrichtsmaterialien, die substanzielle, gelassene Diskussionen ermöglichen – Erörterungen, die Komplexität zulassen, unterschiedliche Perspektiven tolerieren und respektieren. Weil immer mehr Zeitgenossen dazu tendieren, „lediglich auf Medien zuzugreifen, die ihre vorgefassten Meinungen verstärken", und nur noch mit anderen zu sprechen, die ebenso verfahren, ist das Erfordernis, in der schulischen politischen Bildung dem Erlernen kontroverser Debatten hohen Stellenwert einzuräumen, zu Recht als „dramatisch" bewertet worden (Gould 2011, S. 27, 28). Öffentliche politische Debatten haben im Kontrast dazu die Urteile „nichtssagend, manchmal gehässig" bis hin zu „glatten Lügen" auf sich gezogen; besonders in den sozialen Medien „mangelt es ihnen verbreitetet an zivilen Umgangsformen" (Gerson et al. 2011, S. 9, 12). Im Zusammenhang mit den Trump- und Brexit-Kampagnen wird das Problem unten wieder aufgegriffen.

Kontroverse Themen aus unterschiedlicher wissenschaftlicher Perspektive zu debattieren könnte Schülerinnen und Schüler zusätzlich darauf vorbereiten, dass sie bei dem Bemühen, unter Bedingungen raschen sozialen und kulturellen Wandels wesentliche Aspekte ihres weiteren Lebens zu bewältigen, auf Unterstützung öffentlich engagierter Politologen zählen könnten, sofern sie das wünschen. Der ehemalige APSA-Direktor Michael Brintnall hat die Entschlossenheit seines Verbands bekräftigt, die „Verpflichtung" zur Mitwirkung an schulischer politischer Bildung „voranzutreiben und *neu zu gestalten*" (Brintnall 2013, S. XII; Hervorhebung nicht im Original).

In derselben APSA-Veröffentlichung mit dem hoffnungsvollen Titel „Von Schülern zu aktiven Bürgern" warnte Alison Rios Millett McCartney (Towson University, Maryland) nicht nur davor, die Disziplin werde „genauso an Schwung verlieren, wie ihr das in den 1920er- und 1930er-Jahren widerfuhr", wenn sie nicht entschlossen ihre bekundete Absicht einlöse, Schüler außer der erforderlichen Wissensvermittlung „in der Motivation zu bestärken, eine lebendige, dynamische Demokratie zu erhalten" (McCartney 2013, S. 14). McCartney fügte unverblümt eine zweite Warnung hinzu, die auf diesen Seiten bereits ausgesprochen wurde: Sollte die Politikwissenschaft versäumen, eine akademische Kultur – einschließlich einer entsprechenden Förderstruktur – zu entwickeln, welche die zivilgesellschaftliche Aktivität ihrer Fachvertreter honoriert, dann wird sie auch nicht fähig sein, entsprechendes Engagement bei ihren Studierenden „wirklich zu fördern" (McCartney 2013, S. 17).

Als sicher kann gelten, dass im Bemühen, Wissenschaftler, Hochschulverwaltungen, Stiftungsgremien, Lehrer, Studierende und Schüler entsprechend zu erziehen (denn um nichts Geringeres handelt es sich), die von Ronald Reagan in Moskau apostrophierte „Kunst zugewandter Überzeugung" dringend vonnöten sein wird.

Deutlich anders gelagerte Reaktionen werden dagegen dem Fach – seinen Vereinigungen, seinen Forschergruppen, einer hoffentlich wachsenden Zahl einzelner Wissenschaftlerinnen und Wissenschaftler – dort abverlangt werden, wo Sprache dazu missbraucht wird, Verwirrung zu stiften, zu untergraben und zu zerstören –

- Verwirrung zu stiften durch Feilbieten „alternativer Tatsachen" (Trump-Beraterin Kellyanne Conway),
- Vertrauen zu zerstören durch Verbreitung manipulierter *fake news*,
- demokratische Institutionen zu untergraben durch systematisches Lügen prominenter Politiker, Partei- und Regierungsvertreter.

Literatur

APSA (2018): „Teaching Politics in an Era of Populism". Joint International Teaching and Learning Conference 2019. https://www.apsanet.org/TEACHING/Teaching-in-Political-Science/Joint-International-Teaching-Conference, abgerufen 27. 10. 2018.

Brintnall, Michael (2013): "Foreword". In: Alison Rios Millett McCartney/Elizabeth A. Bannion/Dick Simpson (hg.): *Teaching Civic Engagement: From Student to Active Citizen*. Washington: American Political Science Association, XI-XII.

Buhle, Paul/Wagner, Dave (2003): *Hide in Plain Sight. The Hollywood Blacklistees in Film and Television, 1950–2002*. New York: Palgrave Macmillan.

Crick Report (Final Report of the Advisory Group on Citizenship,1998): *Education for Citizenship and the Teaching of Democracy in Schools*. London: Qualifications and Curriculum Authority.

Dmohowski, Joseph (2002): "The Friendly Persuasion (1956) Screenplay Controversy: Michael Wilson, Jessamyn West, and the Hollywood Blacklist." *Historical Journal of Film, Radio and Television*, Jg. 22, 491–514.

Gerson, Michael u. a. (2011): "Civic Common Sense", in: Jonathan Gould (hg.): *Guardian of Democracy. The Civic Mission of Schools*. Annenberg Institute for Civics at the University of Pennsylvania/Campaign for the Civic Mission of Schools, 9–15.

Gould, Jonathan (hg., 2011): *Guardian of Democracy. The Civic Mission of Schools*. Annenberg Institute for Civics at the University of Pennsylvania/Campaign for the Civic Mission of Schools.

Halberstam, David (1992 [^{1}1972]): *The Best and the Brightest*. New York: Ballantine Books.

Kraemer, Sven F. (2015): *Inside the Cold War from Marx to Reagan*. Lanham/London: University Press of America.

McCartney, Alison Rios Millett (2013): "Teaching Civic Engagement: Debates, Definitions, Benefits, and Challenges." In: Alison Rios Millett McCartney/Elizabeth A. Bannion/Dick Simpson (hg.): *Teaching Civic Engagement: From Student to Active Citizen*. Washington: American Political Science Association, 9–20.

Morgan, Ted (2003): *Reds. McCarthyism in Twentieth-Century America*. New York: Random House.

O'Connor, Sandra Day und Glenn, John (2015): "Teaching Better Civics for Better Citizens". *Wall Street Journal*, May 12. http://quest.icivics.org/news/wall-street-journal-op-ed-teraching-better-civics-better-citizens-abstract, abgerufen 28. 1. 2017.

Ostrom, Vincent (1997): *The Meaning of Democracy and the Vulnerability of Democracies*. Ann Arbor: University of Michigan Press.

Putnam, Robert D. (2003): "APSA Presidential Address: The Public Role of Political Science". *Perspectives on Politics*, Jg. 1, 249–255.

Schrecker, Ellen (1994): *The Age of McCarthyism*. Bopston/New York: Bedford/St. Martin's.

Schrecker, Ellen (1998): *Many Are the Crimes. McCarthyism in America*. Princeton: Princeton University Press.

Wolbrecht, Christina/Hartney, Michael T. (2014): "'Ideas About Interests': Explaining the Changing Partzisan Politics of education." *Perspectives on Politics*, Jg. 12, 603–630.

Wong, Alia (2015): "Why Civics Is About More Than Citizenship". *The Atlantic*, September 17. www.theatlantic.com/education/archive/2015/09/civic-education-citizenship-test/405889, abgerufen 28. 1. 2017.

KAPITEL 6

Entschlossen, Alarm zu schlagen

Politikwissenschaft als Hürde gegen Desinformation und ein Regime notorischer Lügner

In ihrer Ausgabe vom 4. November 2016 enthielt die kanadische Tageszeitung *Toronto Star* eine faktengeprüfte Liste von 560 unwahren Behauptungen, die Donald J. Trump in den 6 Wochen seiner Präsidentschaftskampagne zwischen dem 15. September und dem 30. Oktober mündlich geäußert oder getwittert hatte. Zusammengestellt hatte sie der Washingtoner Büroleiter des Blatts, Daniel Dale. Im Nachspann fand sich ein Versuch der *Star*-Reporterin Tanya Talaga, die Lügen auf wiederkehrende Muster zu untersuchen (Dale und Talaga 2016). Der Aufstellung zufolge hatte Trump beispielsweise wiederholt und fälschlicherweise behauptet,

- die Mordrate in den USA sei die höchste seit 45 Jahren, wobei er – wiederum wahrheitswidrig – die Städte Baltimore, Chicago, New York und Washington DC als Beispiele nannte;
- in den USA lebten zwei Millionen kriminelle illegale Einwanderer;
- in den „Innenstädten" der USA gäbe es weder Ausbildung noch Arbeitsplätze;
- mehr als die Hälfte afroamerikanischer Jugendlicher sei arbeitslos;
- unter Hispano-Amerikanern habe die Armut während der Obama-Regierung dramatisch zugenommen.

Nicht anders als mit seinen Einlassungen, wonach Mexiko angeblich Drogenhändler und Vergewaltiger in die USA exportiere, oder Hillary Clinton vermeintlich offene Grenzen „mit dem Nahen Osten" befürworte, bediente Trump fremdenfeindliche Einstellungen generell und weiße Befürchtungen im Besonderen – alle guten, sprich weißen, Bürger waren demzufolge potenzielle Opfer. Das ermöglichte Trump, aus jenen (in diesem Buch früher erörterten) angstbesetzten Narrativen Kapital zu schlagen, die sich nach dem 11. September („9/11") ausgebreitet hatten. Gegenüber Hillary Clinton setzte er sich in Wahlkreisen mit 85 und mehr Prozent weißen Stimmberechtigten mit 62: 33 durch, in Wahlkreisen mit 97 und mehr Prozent in den USA geborenen Einwohnern mit 65: 30, in Wahlkreisen, in denen 20 % oder mehr der Bewohner ihre Herkunft als „amerikanisch" beschrieben, mit 70: 27. In ländlichen Wahlkreisen mit unter 20.000 Einwohnern errang er über 70 % der Stimmen, in solchen, in denen weniger als 20 % der Bevölkerung über einen Hochschulabschluss verfügten, wiederum sieben von zehn Stimmen (Bloomberg 2016).[1]

Fremdenfeindliche Ängste wurden ebenso in Großbritannien während der Brexit-Kampagne 2016 mit Lügen geschürt, welche die „Stimmt für den Austritt" (*Vote Leave*)-Organisation unter dem Vorsitz der Labour-Abgeordneten Gisela Stuart und des konservativen Justizministers Michael Gove verbreitete. Vier Wochen vor dem Referendum im Juni warb *Vote Leave* mit Plakaten, die einen britischen Pass zeigten, aufgeklappt wie eine einladende Tür, in die Fußspuren führten. Der Text lautete: „Türkei (Bevölkerung 76 Millionen) tritt der EU bei. Stimmt für den Austritt, holt euch die Kontrolle zurück."

Tatsächlich war und ist ein türkischer Beitritt zur Europäischen Union nicht in Sicht: Seit 2005 wurde noch nicht einmal die Hälfte der 35 Kapitel des gemeinschaftlichen Besitzstandes (*acquis communautaire*) geöffnet, die verhandelt werden müssen. Mehrere sind durch Zypern blockiert, ein einziges (Wissenschaft und Forschung) wurde provisorisch abgeschlossen. Dennoch behaupteten Gove und Penny Mordaunt, Staats-

---

[1] Am 21. Februar 2017 veröffentlichte die *Washington Post* die Analyse eines Faktencheck-Teams, wonach Trump als Präsident während seiner ersten 35 Tage im Amt 133 „falsche oder irreführende" Behauptungen erhoben hatte. Die *Post* zog den Schluss, Trump habe „sich seit seiner Wahl zum Präsidenten in seinem Umgang mit der Wahrheit nicht geändert". Die häufigsten Aussagen – 24 an der Zahl – betrafen Einwanderungsfragen (Cillizza 2017; Kessler 2017). Nach der Präsidentschaftswahl 2020 setzte Trump diese Praxis bekanntlich mit der unbelegten, aber unermüdlich wiederholten Behauptung fort, der Wahlsieg sei ihm „gestohlen" worden.

ministerin für die Streitkräfte im britischen Verteidigungsministerium, am Wochenende vor dem Aushang der Plakate, in „abgestimmten Erklärungen" (Boffey und Helm 2016), türkische Bürger könnten „frei hierherziehen, wenn sie bald der EU beitreten" (Mordaunt) – „schon 2020" (Gove).

Mordaunt hatte noch eine weitere Botschaft. Sie warnte vor „hohen Kriminalitätsraten, Problemen mit Banden und Terrorzellen" in der Türkei und anderen potenziellen EU-Beitrittskandidaten (Baron 2016). „Stimmt für den Austritt" schloss sich diesem Chor unverzüglich an, betonte die angeblichen Auswirkungen hoher türkischer Geburtsraten – „wir können erwarten, dass die Bevölkerung des Vereinigten Königreichs um eine Million Menschen zunimmt" – und wusste die behauptete Gefahr für die öffentliche Sicherheit durch „wesentlich höhere" Kriminalitätsraten und „weit verbreiteten" Waffenbesitz noch zu steigern: Die Regierung würde „nicht imstande sein, türkischen Kriminellen den Zutritt zum Vereinigten Königreich zu verwehren" (Boffey und Helm 2016). Eine Zusammenstellung von Schlagzeilen aus *Daily Mail, Daily Express, Daily Telegraph* und *Sun* demonstrierte, dass die „fremdenfeindliche Botschaft" von den vier Boulevardblättern aufgegriffen und „systematisch" ausgeschmückt wurde (Barnett 2016, S. 47).

Die zusätzliche Warnung, „die Belastung der öffentlichen Dienstleistungen" würde weiter steigen, war darauf berechnet, eine Assoziation zu wecken zum berüchtigtsten *Vote Leave*-Plakat: „Wir schicken der EU jede Woche 350 Millionen Pfund. Besser, wir investieren in unseren Gesundheitsdienst. Holt euch am 23. Juni die Kontrolle zurück." Einen Monat vor dem Referendum wies Sir Andrew Dilnot, Vorsitzender der Statistikbehörde des Vereinigten Königreichs – kein Teil der Regierung, sondern dem Parlament verantwortlich – die Behauptung öffentlich als „irreführend" zurück: Hier werde „ein Bruttobetrag" in Zusammenhängen verwendet, „die den Eindruck erwecken, es handle sich um eine Nettosumme." Dilnot verwies auf den britischen Rabatt, den Margret Thatcher 1984 durchgesetzt hatte, und andere Zahlungen der EU an Großbritannien (UK Statistics Authority 2016). Eine Woche vor der Abstimmung ergab jedoch eine Umfrage von Ipsos MORI, dem zweitgrößten britischen Marktforschungsinstitut, dass 47 % nach wie vor der Zahl glaubten, während 14 % „weiß nicht" antworteten (Stone 2016a).

Fast die halbe Bevölkerung traute entweder dem leitenden britischen Statistiker nicht, als er den Unterschied zwischen einem Brutto- und einem Nettobetrag verständlich zu machen suchte, oder stellte sich taub.

Versuche, diese Einstellungen zu erklären, haben zu dem Resultat geführt,

- dass es der „Stimmt für den Austritt"-Kampagne auf einer grundlegenden emotionalen Ebene gelang, „ein Gefühl der Zukunftsangst" zu wecken (Crines 2016, S. 61) und zu kontrastieren mit dem Versprechen einer alternativen Zukunft, die wieder „kontrollierbar" sei (Berry 2016);
- dass dort, wo Faktenchecks besonders hanebüchene Behauptungen widerlegten, die Korrekturen auf Widerstand stießen, gespeist aus bestehenden Überzeugungen und jenen zusätzlichen Hoffnungen, die *Vote Leave* mit ihrem „rhetorisch wirksamen Gemisch aus Nostalgie, Klagen über Missstände und vorgegaukelter Selbstbestimmung über das eigene Schicksal" entzündet hatte (Banducci und Stevens 2016, S. 22; Parry 2016, S. 63).

Am Tag nach dem Referendum verleugnete der UKIP (United Kingdom Independence Party)-Vorsitzende Nigel Farage die „Stimmt für den Austritt"-Parole von den 350 Millionen Pfund, die er zwei Wochen zuvor noch gebilligt hatte, als „Fehler" – „das war keine meiner Anzeigen, kann ich Ihnen versichern" (Stone 2016b). Zu dem Zeitpunkt hatte die Mixtur aus „Verzerrungen, Halbwahrheiten und regelrechten Lügen" (Barnett 2016, S. 47) freilich die beabsichtigte Wirkung ausgeübt. Zur Veranschaulichung dienen kann die Aussage eines Bürgervereinsvorsitzenden aus Stoke-on-Trent – „Brexit-Hauptstadt Großbritanniens" getauft, nachdem 69,4 % für „Austritt" gestimmt hatten: Einwanderung hatte als „großes Thema" gedient, übte sie doch angeblich „zu viel Druck" aus auf öffentliche Dienstleistungen (Corrigan 2017). Einmal mehr hatte die negative Akzentuierung von Wandel, die Botschaft, im Vereinigten Königreich sei alles „nur schlimmer" geworden, Einstellungen und Wählerverhalten entscheidend geprägt (Goodwin und Milazzo 2017, S. 452).

In einer gemeinsam erstellten Untersuchung von „Fabeln und Feigenblättern" der Referendumskampagne wählte ein Team von Politikwissenschaftlern aus London, Southampton und Sheffield die Kennzeichnung „Verlogenheit" – genauer, ein „Maß an Verlogenheit", das, wenn es alltäglich würde, eine der „entscheidenden Grundlagen unseres demokratischen Systems … schwer beschädigen" würde (Renwick et al. 2016, S. 31). Fünf Jahre zuvor hatte der amerikanische Historiker und Journalist Rick Perlstein, als er lange vor Donald Trumps Ankunft auf der politischen

Szene über die Machenschaften der Republikanischen Partei schrieb, das Etikett „Herrschaft der Lügner" (*mendocracy*)[2] verwendet. Perlstein hatte mit Arbeiten über den amerikanischen Konservatismus bereits verbreitete Anerkennung gefunden. In einem Aufsatz mit dem Untertitel: „Wie politisches Lügen normal wurde", veröffentlicht in der linksliberalen Zeitschrift *Mother Jones*, argumentierte Perlstein, seriöse Massenmedien ließen sich nicht bloß narren von den „absurd zurechtgeschusterten Geschichten und Videos" rechter Ideologen. Vielmehr gediehen diese unter dem „Schutzschirm" eines Verständnisses von „Korrektheit", das Medien sich während der 1980er-Jahre zu eigen gemacht hätten und das „‚Ausgewogenheit' den Vorzug gebe vor wahrheitsgemäßer Berichterstattung – auch wenn eine Seite lügt."

Dieses Regime, schloss Perlstein, „von Rosstäuschern und denen, die ihnen Vorschub in den Medien leisten, nenne ich Herrschaft der Lügner" (Perlstein 2011).

Die im Kap. 4 erörterte Bildung von Kartellen zur Produktion von Unwissen hat ohne Zweifel eine Rolle dabei gespielt, den Boden zu bereiten für systematische politische Verlogenheit. Ihre Strategie, beharrlich Zweifel zu säen, Tatsachen aus ideologischen Gründen schlicht zu leugnen, fand Anklang bei der auf freies Unternehmertum eingeschworenen Republikanischen Partei und steuerte sie „auf Kollisionskurs mit der Wissenschaft" (Oreskes und Conway 2012, S. 67).[3]

Das Gesamtszenario ist freilich vielschichtiger. Um ihm gerecht zu werden, genügt es nicht, sich auf die Republikanische Partei zu beschränken.

Die Veröffentlichung der *Pentagon Papiere* (mehr dazu weiter unten) enthüllte die Täuschungsmanöver einer Administration, welche die Demokratische Partei stellte. Die *Papiere* dokumentierten die Existenz einer „Regierung inerhalb der Regierung" um Präsident Johnson, die Justiz und Medien des eigenen Landes, selbst den Kongress, als „Gegner" wahrnahm. Von Johnson gelenkt, „bugsier(te)" dieser Apparat das Land in den Vietnamkrieg, Parlament, Presse und Öffentlichkeit dabei in die Irre führend (Halberstam 1993 [¹1972], S. 409, 619, 655, teilweise unter Zitierung des *New York Times*-Reporters Neil Sheehan).

---

[2] Von *lat.* mendacium = Lüge. Der Begriff „Mendokratie" ist im Deutschen ungebräuchlich.
[3] Der Halbsatz fehlt in der deutschen Ausgabe. Vgl. die entsprechende Stelle bei Oreskes und Conway 2014, S. 78.

- Während der 1960er-Jahre log also Präsident Lyndon B. Johnson, um die stufenweise Eskalation des Vietnamkriegs zu vertuschen oder herunterzuspielen.
- In den frühen 1970er-Jahren log Präsident Richard M. Nixon, um sich selbst, seine Berater, schließlich jene „Klempner" des Weißen Hauses zu schützen, die den Watergate-Einbruch verpatzt hatten. Als ihm wegen vielfachen Machtmissbrauchs die Amtsenthebung drohte, trat Nixon zurück. Etliche „Männer des Präsidenten"[4] wurden zu Gefängnisstrafen verurteilt.
- Im Verlauf der späten 1980er-Jahre „begünstigte oder duldete zumindest" Präsident Ronald Reagan, nach den Feststellungen zweier Ausschüsse des Senats und des Repräsentantenhauses, „ein Umfeld", in dem der als Iran-Contra-Affäre bezeichnete Waffen-gegen-Geiseln-Handel sich „unter Hintergehung und Missachtung der Gesetze" abspielen konnte. Reagan gab in diesem Zusammenhang wiederholt öffentliche Erklärungen ab, die „falsch waren". Hinsichtlich des Ausmaßes seiner eigenen Verstrickung blieb die Beweislage wegen vernichteter Unterlagen „unvollständig" (Congressional Committees 1987). Aus innen- und außenpolitischen Gründen verfuhren beide Ausschüsse bei ihren Versuchen, Reagans genaue Rolle zu bestimmen, eher zögerlich, während sie sie in im Falle Nixons entschlossen vorgegangen waren (Hersh 1990, S. 46). Reagans Verteidigungsminister, zwei Nationale Sicherheitsberater (eine Verurteilung im Berufungsverfahren aufgehoben), ein stellvertretender Außenminister und weitere Beamte wurden angeklagt oder verurteilt, aber von Reagans Nachfolger George H. W. Bush begnadigt, der zum Zeitpunkt der Iran-Contra-Affäre als Vizepräsident amtiert hatte.
- Ende der 1990er-Jahre log Präsident Bill Clinton zwar nicht in politischen Fragen, aber – sowohl öffentlich wie bei Gericht – über eine außereheliche Beziehung. Dabei machte er sich des Meineids schuldig. Das Repräsentantenhaus leitete ein Amtsenthebungsverfahren ein, doch der Senat sprach Clinton frei.
- Kurz nach der Jahrtausendwende nahm Präsident George W. Bush, um eine Invasion des Irak zu rechtfertigen, mit den Worten des ehemaligen CIA-Abteilungsleiters Tyler Drumheller Zuflucht zu einer „beispiellosen" Manipulation von Geheimdienstinformationen – be-

---

[4] Vgl. den Titel des Alan J. Pakula-Films (1976): *All the President's Men* mit Dustin Hoffman und Robert Redford (dt. *Die Unbestechlichen*).

zogen auf Massenvernichtungswaffen (MVW), die Saddam Husseins Regime angeblich besaß, und auf ebenso vorgebliche Verbindungen des Regimes zur Terrorgruppe Al Qaida. „Die Öffentlichkeit wurde in die Irre geführt" (Drumheller 2006, S. 4, 87).

In einer 2008 gemeinsam mit dem Fund for Independence in Journalism vorgelegten Studie berichtete das Center for Public Integrity – eine zivilgesellschaftliche Investigativ- und Beobachtergruppe in Washington, die von der Ford Foundation und anderen Stiftungen unterstützt wird, dabei weder von Wirtschafts- noch von Gewerkschaftsseite Spenden annimmt –, Bush habe im Vorfeld der Invasion binnen zwei Jahren 260 unwahre Erklärungen bezüglich derartiger Waffen beziehungsweise Terrorismuskontakte abgegeben. Vermehrt um Hunderte ähnlicher Äußerungen der Außen- und Verteidigungsminister, des Vizepräsidenten, des Nationalen Sicherheitsberaters und anderer Spitzenbeamter bildeten diese Behauptungen – so das Center, kaum anders als der pensionierte Geheimdienstler Drumheller – „Teil einer orchestrierten Kampagne", die die öffentliche Meinung anheizte. Die Regierung Bush führte das Land „unter Vorspiegelung eindeutig falscher Tatsachen" in den Krieg (Center for Public Integrity 2008).

Was das Verhalten des britischen Premierministers Tony Blair angeht, enthüllte Sir John Chilcots 2016 erstellter *Iraq Inquiry Report* ein grundsätzlich ähnliches Muster, auch wenn Blair ursprünglich zögerlicher verfuhr und Bush drängte, die Vereinten Nationen einzuschalten. Als er jedoch im September 2002 dem Unterhaus ein Joint Intelligence Committe (JIC)-Dossier über den Irak zuleitete, stellte der Premier diesem Schriftstück ein unterzeichnetes Vorwort voran, in dem er schrieb (Blair 2002):

- „Was, *wie ich glaube* [Hervorhebung hinzugefügt], der beigefügte Geheimdienstbericht *zweifelsfrei belegt* [Hervorhebung hinzugefügt], ist, dass Saddam fortfährt, chemische und biologische Waffen zu produzieren, dass er seine Anstrengungen zur Entwicklung von Atomwaffen fortsetzt und dass er imstande war, die Reichweite seines ballistischen Raketenprogramms zu vergrößern."
- „*Ich hege keine Zweifel* [Hervorhebung hinzugefügt], dass die Situation ernst und akut ist, dass er bei MVW Fortschritte erzielt hat .... Das Dokument enthüllt, dass seine militärische Planung für einige MVW deren Einsatzbereitschaft binnen 45 Minuten nach Befehlserteilung vorsieht .... *Ich bin mir ganz sicher* [Hervorhebung hinzugefügt], dass Saddam zu extremen Mitteln greifen wird ...."

Im Gegensatz dazu betonte Sir John Chilcot, wenig später zum Mitglied des britischen Kronrats (*Privy Council*) ernannt, bei der Vorstellung des Untersuchungsberichts: „Die ausgewerteten nachrichtendienstlichen Informationen haben **nicht** ‚ohne Zweifel' belegt, dass der Irak fortfuhr, chemische und biologische Waffen zu produzieren, oder dass Anstrengungen, Atomwaffen zu entwickeln, fortgesetzt wurden." Hinsichtlich der Wertungen, die im Vorwort des Premierministers und in dem Dossier selbst erfolgt waren, erklärte Sir Chilcot, sie seien „mit einer Gewißheit präsentiert worden, die *nicht* gerechtfertigt" gewesen sei (Chilcot 2016; Hervorhebungen hinzugefügt).

In der (dem Untersuchungsbericht vorangestellten) Zusammenfassung seiner Kernaussagen wurde es für „unwahrscheinlich" gehalten, dass Unterhaus und Öffentlichkeit „zwischen der Sachkunde der Wertungen im Vorwort und im Dossier zu unterscheiden gewusst hätten." Prosaisch formuliert, wie es britischer Zurückhaltung entsprach, fügte der Text hinzu, der Umstand, dass der Premierminister „bewusst" eine Formulierung gewählt habe, „wonach seine Aussage darauf fußte, was Mr. Blair glaubte", deute auf eine „Unterscheidung" hin zwischen diesen Auffassungen und den „tatsächlichen Einschätzungen" des JIC (zit. in Edwards 2016).

Doch es war Blairs Vorwort – und besonders natürlich der „einsatzbereit binnen 45 Minuten"-Passus –, welches das Medienecho prägte, das vergleichbar ausfiel wie beim Brexit: „45 Minuten vom Angriff" [*Evening Standard*] – „Briten 45 Minuten vom Verhängnis" [*Sun*] – „Er hat sie – Los, packt ihn" [*Sun*] (Culloty 2016).

Noch vor dem Chilcot-Bericht hatte die Regierung sich auf die Position zurückgezogen, ihre Behauptung habe nicht Langstreckenraketen gegolten, sondern Gefechtsfeldwaffen – was angesichts der von Blair hergestellten MVW-Bezüge reichlich weit hergeholt wirkt.

Es dauerte nicht lange, und Analytiker wie Satiriker waren sich einig, das Kürzel MVW stünde in Wirklichkeit für „Massen*verdummungs*waffen".[5] 2003 veröffentlichten Sheldon Rampton und John Stauber, damals Redakteure von *PR Watch* – Zeitschrift des Center for Media and Democracy, einer weiteren liberalen Investigativgruppe – ein Buch mit eben diesem Titel über die Taktiken der Bush-Regierung zur Rechtfertigung ihres Einmarschs in den Irak.

---

[5] *Engl.* WMD = weapons of mass *destruction* bzw. weapons of mass *deception*.

Ganz ähnlich attestierte ein Jahr später John Dean in einer *Worse than Watergate* betitelten Darstellung Bush „hochgradige Täuschung", um beim Irakkrieg „den Kongress und das amerikanische Volk in die Irre zu führen". Dean hatte zuvor Nixon drei Jahre lang im Weißen Haus als Rechtsberater gedient und war tief in den Versuch des Präsidenten verstrickt, den Watergate-Einbruch zu vertuschen. Als er zum Sündenbock gemacht werden sollte, stellte er sich der Staatsanwaltschaft als Zeuge zur Verfügung und kam mit vier Monaten Gefängnis davon. 1971 hatte einer von Nixons Handlangern ihm die sogenannte Feindliste des Präsidenten mit 20 Namen übergeben, unter denen Journalisten eine Minderheit darstellten. Der Zweck der Liste bestand vielmehr darin, wie Dean damals in einem schriftlichen Memorandum erläuterte, „die Bundesbehörden einzusetzen, um unsere politischen Gegner zu linken."[6]

Während Donald Trump weiter unbelegte Behauptungen aufstellte (wie die, er sei angeblich von der Obama-Regierung abgehört worden), drehte er im Februar 2017 den Spieß um: Er beschuldigte mehrere Medien, systematisch Falschmeldungen zu verbreiten, und denunzierte sie auf Twitter als *public enemies*: „Die FAKE NEWS-Medien (die angeschlagene @nytimes, @NBCNews, @ABC, @CBS, @CNN) sind nicht meine Feinde, sie sind die Feinde des amerikanischen Volks" (Grynbaum 2017).

Obwohl scharfer Kritiker George W. Bushs, äußerte Dean noch massivere Vorbehalte gegenüber Donald Trumps „obsessiver Rachsucht" und „reflexartiger Unaufrichtigkeit". Er glaube nicht, erklärte Dean, „dass Nixon dem Maß an Korruption, das wir von Trump schon jetzt kennen, auch nur nahekommt" (Coppins 2017).

Der Wandel von sporadischer Verdrehung der Wahrheit zu anhaltendem Massenbetrug auf Seiten tonangebender Politiker läuft auf nichts weniger hinaus als einen fortwährenden Angriff auf informierte Bürgerbeteiligung, das Herzstück jeder Demokratie. Die bewusste und fortgesetzte Verbreitung falscher Angaben vergiftet die Wurzeln politischer Partizipation und reduziert demokratische Verfahren auf leere Hülsen. Die gegenwärtige Politikwissenschaft konzentriert sich großteils auf das „Management" des Parlaments- und Parteienstaats im Sinne von good governance *– ein eher „Bismarcksches" Verständnis, das mehr mit Rechtsstaatlichkeit und Verwaltungseffizienz zu tun hat als mit Demokratie. Das Fach ist zur Zeit nicht genug darauf vorbereitet, vielleicht auch nicht zureichend ausgerüstet*

---

[6] Das im Original benutzte Wort „to screw" ist ungleich derber. Wie durch die beschlagnahmten Tonbänder bekannt wurde, entsprach es Nixons eigener Redeweise.

(dazu bedürfte es beispielsweise erheblich ausgebauter Beschäftigung mit Massenmedien und öffentlicher Kommunikation), um mit dem fortdauernden Übergang von der Demokratie zum Regime der Lügner adäquat umzugehen. Die nötigen Kapazitäten sollten entwickelt werden.

Das tritt deutlich zu Tage, vergegenwärtigt man sich zwei Versuche von Wissenschaftlern, öffentlich auf die Verlogenheit der Brexit-Kampagne sowie auf Trumps Lügen zu reagieren.

Ein Offener Brief zum Thema „Verbreitung von Unwahrheiten auf öffentliche Kosten", unterzeichnet von 250 Juristen, Politik- und Wirtschaftswissenschaftlern, erschien neun Tage vor dem Referendum im *Daily Telegraph*. Initiiert von dem Verfassungsexperten Alan Renwick (University College of London), hätte er kaum nachdrücklicher beginnen können: „Das Ergebnis eines Referendums ist demokratisch legitim nur dann, wenn die Wähler eine informierte Entscheidung treffen können. Doch in der gegenwärtigen Kampagne ist das Maß an Desinformation so groß, dass die demokratische Legitimität in Frage steht." Dann aber flaute die Botschaft ab. Der Text tadelte beide Seiten wegen „Aufstellung irreführender Behauptungen", ermahnte die Medien, „couragierter gegen bewusste Desinformation vorzugehen", und rief dazu auf, *nach* dem Referendum „Wege zu prüfen, wie Kampagnen wahrheitsgemäßer verlaufen können, ohne die legitime Redefreiheit einzuschränken" (Open EU Referendum Letter 2016).

Wie zu befürchten, änderte sich der Ton der öffentlichen Debatte um keinen Deut. Der Brief verfehlte seinen Zweck aus mindestens drei Gründen: er kam zu spät, er war zu ausgewogen, und er fügte sich nicht in umfassendere Aktivitäten ein.

- Konnte man ernsthaft erwarten, dass anderthalb Wochen vor dem Referendum die Initiative noch große Wirkung entfalten würde? Der Standard der Debatte – falls man diesen Ausdruck bemühen will – war festgeklopft. Mit der Veröffentlichung dezidierter Erklärungen hätte begonnen werden müssen, sobald der doppelzüngige Charakter der *Vote Leave*-Kampagne erkennbar wurde. Das hätte ein Fach Politikwissenschaft vorausgesetzt, in dem der Gedanke entschiedenen Eingreifens in öffentliche Debatten bereits weitgehende Akzeptanz gefunden hätte.
- Der Offene Brief geißelte die „Stimmt für den Austritt"-Behauptung, jede Woche würden 350 Millionen Pfund an die EU gezahlt, als „eklatante Unwahrheit". Das Vorbringen der Gegenseite, drei Millionen

britische Arbeitsplätze hingen an Ausfuhren in die Europäische Union, fiel unter das Verdikt „in Übereinstimmung mit unabhängigen Untersuchungen, aber nicht alle würden bei einem Brexit verloren gehen." Dass beide Aussagen unterschiedliche Grade an Verlogenheit repräsentierten, liegt auf der Hand. Dennoch warf der Brief beiden Seiten gleichermaßen vor, „irreführende Behauptungen" in die Welt zu setzen.

Zu den Unterzeichnern des Briefs gehörte Matthew Flinders, damals Vorsitzender der britischen Political Studies Association (PSA). In einer Stellungnahme nach dem Referendum, veröffentlicht vom Sir Bernard Crick Centre for Understanding Politics, redete Flinders weit weniger um den heißen Brei herum. Er schrieb, „gefühlsbetonte Reizworte" wie „Kontrolle" oder „Macht" hätten „dem Anderen" gegolten, etikettiert als „Einwanderer" oder „Fremder". Mit vollem Recht bezeichnete der Wissenschaftler die politische Kalkulation der Brexit-Kampagne als „erschreckend einfach: emotionale Behauptung + identifizierbarer ‚Volksteufel'[7] = Austrittserfolg" (Flinders 2016).

Eine Vorstellung von „wissenschaftlicher Unparteilichkeit" mag den Verfassern des Briefs die Feder geführt haben, als sie sich für eine „ausgewogene" Version entschieden, oder der Wunsch, möglichst viele Unterschriften zu gewinnen. Stattdessen wäre es geboten gewesen, den fremdenfeindlichen Inhalt der „Stimmt für den Austritt"-Kampagne ins Rampenlicht zu rücken, wie Flinders das anschließend tat.

So vorzugehen, hätte nicht bedeutet, die Defizite der Befürworter eines Verbleibs in der EU (*Britain Stronger in Europe*) mit Stillschweigen zu übergehen. Als der *Toronto Star* bei den drei Fernsehdebatten während der vorletzten amerikanischen Präsidentschaftswahlen 104 unwahre Behauptungen Trumps zählte, erwähnte die Zeitung zugleich 13 Falschaussagen Hillary Clintons (Dale und Talaga 2016). Die Diskrepanz war jedoch so groß, dass der unmissverständliche Schwerpunkt des Berichts auf den Lügen der einen Seite lag. Die Lektion des Brexit-Beispiels lautet, dass die Verfasser des Offenen Briefs ebenso hätten verfahren sollen.

- Im Einklang mit dem Konzept, das weiter oben umrissen wurde, hätten Wissenschaftler(inn)en unseres Fachs sich auf individueller wie auf organisatorischer Ebene nachhaltig engagieren müssen,

---

[7] Vgl. dazu Stanley Cohen (³2002): *Folk Devils and Moral Panics*. London: Routledge.

um realistischerweise Einfluss auf Stil und Inhalt der Referendumskampagnen zu nehmen. Ein solches Engagement hätte Auftritte in sozialen Medien, Rundfunk und Fernsehen ebenso zwingend einschließen müssen wie öffentliche Vorträge. Alle diese Varianten hätten etwa dazu dienen können, die dreiste Verkündung des Experten Michael Gove – der in Oxford studiert hatte und als Justizminister amtierte –, die „Leute in diesem Land hätten genug von Experten", gebührend ins Lächerliche zu ziehen.

Auch Intoleranz und rassistische Vorurteile hätten derartige Auftritte verhöhnen können – durch kreative Adaption von Geschichten wie denen, derer Harold Laski sich Jahrzehnte früher bedient hatte, wenn er für die Labour Party auf öffentlichen Versammlungen redete. Laski pflegte beispielsweise zu schildern (Martin 1953, S. 60), wie ein amerikanischer Gentleman aus dem tiefen Süden, den politische Kontakte nach Washington geführt hatten, von Präsident Roosevelt dem seinerzeit berühmtesten Schwarzen, Booker T. Washington, vorgestellt wurde. Nach seiner Rückkehr berichtete der Gentleman, immer nach Laski: „Also, was sollte ich machen? Natürlich konnte ich einen Nigger nicht mit Mister anreden. Nigger konnte ich ihn auch nicht nennen, damit hätte ich den Präsidenten der Vereinigten Staaten beleidigt. Also entschied ich mich für einen Kompromiss. Ich sagte Professor zu ihm."

Immerhin gab es in England einen Offenen Brief von Wissenschaftlern, der zur Suche nach Wegen aufrief, um der Wahrheit bei Wahlfeldzügen eine Chance zu geben. In den Vereinigten Staaten schlug ein bekannter politischer Soziologe die Gründung eines Komitees zur Verteidigung der Demokratie vor (*American Committee for the Defense of Democracy*, ACDD). Die amerikanische Demokratie „vor den Angriffen der Trump-Regierung zu schützen", sich gegen die „Trump-Katastrophe" zu wehren, lauteten die erklärten Ziele des Vorschlags, den Amitai Etzioni unterbreitete. Etzioni zufolge sollte das ACDD eine klar abgegrenzte Aufgabe haben: Schutz des Wahlrechts, der Pressefreiheit und der Unabhängigkeit der Gerichte, Verhinderung „des Missbrauchs öffentlicher Ämter für privaten Profit". Das ACDD, dass er sich als Vereinigung mit Beitragspflicht vorstellte, sollte als organisatorischer Kern für eine erhoffte soziale Bewegung dienen. Andere Aufgaben – Frauenrechte, Inklusionspolitik, Umweltfragen – sollten Sache anderer Organisationen bleiben (Etzioni 2017).

Das Problem des Plans besteht darin, dass das ACDD nicht als „übergreifender" Zusammenschluss (Etzioni) wahrgenommen werden könnte, sondern als weitere Interessenvertretung neben, beispielsweise, der National Urban League (Schwarze) oder der Human Rights Organization (Schwule). Weil Etzioni anregte, das Komitee solle jährlich eine Evaluierung demokratischen Handelns von Amtsinhabern und Bewerbern veröffentlichen, bestünde die zusätzliche Gefahr, dass es mit ADA verwechselt würde, den seit über 70 Jahren etablierten *Americans for Democratic Action*, die ebenfalls Jahr für Jahr Listen über das Abstimmungsverhalten von Kongressmitgliedern publizieren. Ein neu errichtetes Komitee müsste sich zudem erst einen organisatorischen Unterbau schaffen, die Kapazität entwickeln, schriftlich wie mündlich wirksam aufzutreten, und sich das nötige Prestige erarbeiten – Potenziale, über welche die Politikwissenschaft, ihre Institute und Verbände bereits in beträchtlichem Ausmaß verfügen.

Auf der Ebene individuellen Engagements illustriert das Beispiel der 2015 von John Trent im Selbstverlag veröffentlichten Broschüre *Harper's Canada – Read This Before You Vote* die Möglichkeiten des Fachs. Wie aus dem ersten Kapitel des vorliegenden Buchs erinnerlich, war Trent Generalsekretär der IPSA und beansprucht in der Debatte über den Zustand der Politikwissenschaft einen prominenten Platz. In seinem Beitrag stellte er sich der Leserschaft als „politischer und sozialer Aktivist" vor (er hätte hinzufügen sollen, dass er seit langem Kanadas Liberale Partei unterstützt). Ausführlich, wenn auch zugegebenermaßen „selektiv" (gestützt auf Quellen, die er auf seine Webseite platzierte), argumentierte er, Stephen Harpers konservative Regierung habe „mit einer Mischung aus Zentralisierung, Geheimhaltung und Autoritarismus" die „demokratische Grundlage" der politischen Institutionen Kanadas „attackiert". Trent unterbreitete eigene Vorschläge für die „nötige Erneuerung" des Landes, mit den Schwerpunkten: Zivilgesellschaft, Verringerung wirtschaftlicher Ungleichheit, Umweltschutz sowie Berücksichtigung der Belange der Ureinwohner Kanadas (Trent 2015, S. 6, 11, 51, 58–62).

Auf Verbandsebene lässt sich gleichfalls der eine oder andere erste Schritt in Richtung auf das erwünschte Ziel konstatieren – in diesem Fall als Folge der Anordnung Präsident Trumps vom Januar 2017, mit der er Bürger aus sieben Staaten für drei Monate vom Zutritt in die Vereinigten Staaten ausschloss. Die American Political Science Association „verurteilte" die Anordnung und forderte Trump auf, sie „unverzüglich" zu widerrufen. Nachdem sie einen „Mangel an Rücksichtnahme auf liberaldemokratische Regeln und Verfahren" konstatiert hatte, nahm man bei APSA auch dort kein Blatt vor den Mund, wo man sich auf die Leistungen des eigenen Fachs berief: Der Präsident und seine Verwaltung wurden aufgefordert, „wissenschaftliche Darstellungen der Grundlagen und Stärken des amerikanischen politischen Systems und seiner politischen Kultur" zu berücksichtigen, bevor sie Entscheidungen trafen, die sich auf beide auswirken könnten (APSA 2017).

Wenn die Kapitelüberschrift folglich der Hoffnung Ausdruck gibt, im Fach möge die Bereitschaft sich herausbilden, im Bedarfsfall öffentlich Alarm zu schlagen, dann in dem erweiterten Sinn, dass externe Experten, zum Beispiel Politikwissenschaftler, als „Whistleblower" fungieren und die Öffentlichkeit aufrütteln – weniger in dem engeren Sinn, dass Insider (Beschäftigte) es sind, die Fehlverhalten aufdecken. Die ethischen Beweggründe sind jedoch identisch, und in beiden Fällen liegt der Schwerpunkt auf der Abstellung grober Missbräuche beziehungsweise offenkundig unwahrer Behauptungen von Politikern, Parteien, Regierungsressorts (oder auch Unternehmen). Die Politikwissenschaft sollte deshalb energisch Initiativen wie die Ende 2021 in Kraft getretene EU-Hinweisgeberrichtlinie (Europäische Union 2019) unterstützen, die auf effektiven Schutz von Whistleblowern abzielen.

Inspirieren lassen könnte das Fach sich durch einen frühen Whistleblower in des Wortes engerer Bedeutung, Daniel Ellsberg, und durch das Urteil des U. S. Supreme Court im Fall der *Pentagon Papers*. Ellsberg, in Ökonomie (Entscheidungstheorie) promoviert, arbeitete 1959–1964 für den Think Tank RAND Corporation als strategischer Analytiker, anschließend drei Jahre als Special Assistant im Verteidigungsministerium, ehe er 1967 zu RAND zurückkehrte. Weil er das militärische Vorgehen der USA in Vietnam immer mehr für ein Verbrechen hielt, beschloss er, „es aufzudecken und sich ihm zu widersetzen", in der Absicht, „moralischen und politischen Wandel" zu bewirken. Ellsberg enthüllte der *New York Times* und weiteren Zeitungen jene Dokumente und Analysen zur amerikanischen Vietnampolitik, die dann als Pentagon-Papiere bekannt wurden.

Die Hoffnung, die er damals zum Ausdruck brachte, gilt auch für unsere Zeit und unseren Beruf: „Dass Wahrheiten, die mich verändert haben, helfen könnten, auch (andere) zu befreien" (Ellsberg 1972, S. 1, 40). Angemerkt sollte werden, dass Edward Snowden, auf dessen Enthüllungen das 11. Kapitel näher eingehen wird, als „post-9/11 Ellsberg" bezeichnet worden ist.

Einer umstandslosen Idealisierung von Whistleblowern wird damit nicht das Wort geredet. Wie das Beispiel Julian Assanges nahelegt, können Hinweisgeber „eine eigene politische Agenda" verfolgen: Durch Veröffentlichung Tausender – laut Sonderermittler Robert Mueller vom russischen Militärgeheimdienst GRU – gehackter Mails auf seiner Enthüllungsplattform Wikileaks griff Assange 2016 offenbar gezielt zu Lasten Hillary Clintons in den US-Präsidentschaftswahlkampf ein (Welchering 2018; Mueller 2019, S. 44–49; Polantz 2020). Noch offenkundiger sind politische „Agenden" zu Tage getreten bei der höchst problematischen Rolle, die derartige „Raben" (*corbeaux*) über viele Jahre in der französischen Innenpolitik gespielt haben (Wickert 1999, S. 125–134).

Zurück zu den *Pentagon Papers*: Nachdem die *New York Times*, gefolgt von der *Washington Post*, 1971 mit der Veröffentlichung der Dokumente begonnen hatte, trachtete die Nixon-Regierung unter Berufung auf die „nationale Sicherheit" danach, eine gerichtliche Unterlassungsverfügung zu erwirken. In dem Supreme Court-Urteil, das dem Versuch der Regierung eine Absage erteilte, hoben die zustimmenden Richter die Gefahr hervor, durch behördliche Geheimhaltung „bürokratische Irrtümer zu verewigen." Zum Schutz der Werte einer demokratischen Regierungsweise sei die „informierte und kritische öffentliche Meinung" einer „aufgeklärten Bürgerschaft" vonnöten (*Pentagon Papers* 1971, S. 655, 657). In einem redaktionellen Kommentar fasste die *New York Times* das Urteil dahingehend zusammen, „wenn die Regierung das Volk hintergehe", werde sie „keine verfassungsrechtliche Billigung für ihre Versuche finden, Verschleierung durch Zensur zu erzwingen."

Daniel Ellsbergs oben zitierte Hoffnung – von ihm in fast biblischen Worten ausgedrückt (Johannes 8: 32) – und der Urteilsspruch der US-Bundesrichter bringen das Argument auf den Punkt, wonach die Politikwissenschaft sich öffentlich dafür einsetzen sollte, Bestrebungen zur Errichtung einer Republik der Lügner abzuwenden.

Das Kapitel über die Disziplin als Hürde gegen Desinformation und ein Regime notorischer Hochstapler schließt jenen Teil des Buchs ab, welcher einer problemorientierten Politikwissenschaft das Wort redet, die Bürgerinnen und Bürgern bei der Bewältigung politischer, gesellschaftlicher und kultureller Veränderungen hilft. In diesem Rahmen wendet die Studie sich nun jenen Fragen zu, die im Kap. 1 als Kernthemen identifiziert wurden, denen ein wesentlicher Teil von Forschung, Lehre und öffentlichem Engagement der Disziplin künftig gelten sollte.

Literatur

APSA [American Political Science Association] 2017: *Statement.* January 30. http://www.apsanet.org/portals/54/goverance/APSA-statement-eo-immigration.pdf, abgerufen 23. 3. 2017.

Banducci, Susan/Stevens, Dan (2016): "Myth versus Fact: Are We Living in a Post-Factual Democracy?" In: Daniel Jackson/Einar Thorsen/Dominic Wring (eds.): *EU Referendum Analysis 2016: Media, Voters and the Campaign*, Poole: CSJCC Bournemouth University, S. 22.

Barnett, Steven (2016): "How Our Mainstream Media Failed Democracy". In: Jackson/Thorsen/Wring (eds.): *EU Referendum Analysis...*, op. cit., S. 47.

Baron, Thomas (2016): "Vote Leave: Stop Offending Turkish People to Further Your Own Agenda". *Independent*, May 26. http://www.independent.co.uk/voices/vote-leave-stop-offending-turkish-people-to-further-your-own agenda-a7047836.html, abgerufen 23. 2. 2017.

Blair, Tony (2002): "Foreword to the Dossier on Iraq", Sept. 24. https://www.theguardian.com/world/2002/sep/24/Iraq.speeches, abgerufen 13. 3. 2017.

Bloomberg (2016): "The Voters Who Gave Trump the White House". November 9. https://www.bloom-berg.com/politics/graphics/2016-how-trump-won, abgerufen. 23. 2. 2017.

Berry, Mike (2016): "Understanding the Role of the Mass Media in the EU Referendum". In: Jackson/Thorsen/Wring (eds.): *EU Referendum Analysis...*, op. cit., S. 14.

Boffey, Daniel/Helm, Toby (2016): "Vote Leave Embroiled in Race Row over Turkey Security Threat Claims". *Guardian*, May 21. https://www.theguardian.com/politics/2016/may/21/vote-leave-prejudice-turkey-eu-security-threat, abgerufen 23. 2. 2017.

Center for Public Integrity (2008): *Iraq: The War Card – False Pretenses*. https://www.publicintegrity.org/2008/01/23/5641/false-pretenses, abgerufen 11. 3. 2017.

Chilcot, Sir John (2016): *Statement*. July 6. http://www.iraqinquiry.org/uk/media/247010/2016-09-06-sir-john-chilcots-public-statement.pdf, abgerufen 13. 3. 2017.

Cillizza, Chris (2017): "Donald Trump's Streak of Falsehoods Now Stands at 33 Days". *Washington Post*, February 21. https://www.washingtonpost.com/news/the-fix/wp/2017/02/21/donald-trumps-unbroken-streak-of-falsehoods-now-stands-at-33-days/?utm_term=.688213b2fea2, abgerufen 23. 2. 2017.

Congressional Committees Investigating the Iran-Contra Affair (1987): *Majority Report (Findings and Conclusions)*, November 18. https://www.brown.edu/Research/Understanding _the_Iran_Contra_Affair/h-themajorityreport.php, abgerufen 11. 3. 2017.

Coppins, McKay (2017): "'He Is Going to Test Our Democracy as It Has Never Been Tested'". *The Atlantic*, January 17, 2017. https://www.theatlantic.com/politics/archive/2017/01/john-dean-interview/513215, abgerufen 15. 3. 2017.

Corrigan, Phil (2017): "Wll Brexit Be a Key Issue for Voters in the Stoke-on-Trent Central By-Election?". *Stoke Sentinel*, February 17. http://www.stokesentinel.co.uk/people/PhilCorrigan/profile.html, abgerufen 19. 2. 2017.

Crines, Andrew S. (2016): "The Rhetoric of the EU Referendum Campaign." In: Jackson/Thorsen/Wring (eds.): *EU Referendum Analysis...*, op. cit., S. 61.

Culloty, Eileen (2016): "After Chilcot, Remember the Media's Propaganda War". *FuJo Institute for Future Media & Journalism*, July 8. www.fujomedia.en/chilcot-news-media, abgerufen 15. 3. 2017.

Dale, Daniel/Talaga, Tanya (2016): "Donald Trump: The Unauthorized Database of False Things". Toronto Star, November 4. https://www.thestar.com/news/world/uselection/2016/11/04/donald-trump-the-unauthorized-database-of-false-things.html, abgerufen 16. 2. 2017.

Drumheller, Tyler (with Elaine Monaghan, 2006): *On the Brink: An Insiders Account of How the White House Compromised American Intelligence*. New York: Carroll & Graf.

Edwards, Jim (2016): "'Not an Accurate Description of the Intelligence': What the Chilcot Report Says About Whether Blair Lied About WMD". *Business Insider Deutschland*, July 6. http://www.businessinsider.de/iraq-qar-chilcot-report-did-tony-blair-lie-about-wmd-2016-7?r=UK&IR=T, abgerufen 13. 3. 2017.

Ellsberg, Daniel (1972): *Papers on the War*. New York: Simon & Schuster Pocket Books.

Etzioni, Amitai (2017): "What We Need Is A Committee For The Defense Of Democracy". *Huffington Post*, February 23. http://www.huffingtonpost.com/entry/needed-the-committee-for-the-defense-of-democracy_us_58ac5ef1e4b029c1d1f88f0d, abgerufen 23. 3. 2017.

Europäische Union (2019): Richtlinie (EU) 2019/1937 des Europäischen Parlaments und des Rates vom 23. Oktober 2019 zum Schutz von Personen, die Verstöße gegen das Unionsrecht melden, https://eur-lex.europa.eu/legal-content/DE/TXT/HTML/?uri=CELEX:32019L1937&from=de, abgerufen 12. 6. 2022.

Flinders, Matthew (2016): "Post-Truth, Post-Political, Post-Democracy...". Sir Bernard Crick Centre, July 3. www.crickcentre.org/blog/post-truth-post-political-post-democracy, abgerufen 23. 3. 2017.

Goodwin, Matthew/Milazzo, Caitlin (2017): "Taking Back Control? Investigating the Role of Immigration in the 2016 Vote for Brexit". *British Journal of Politics and International Relations*, Jg. 19, 450–464.

Grynbaum, Michael (2017): "Trump Calls the News Media the 'Enemy of the American People'". *New York Times*, February 17. https://www.nytimes.com/2017/02/17/business/trump-calls-the-news-media-the-enemy-of-the-people.html, abgerufen 17. 3. 2017.

Halberstam, David (1993 [¹1972]): *The Best and the Brightest*. New York: Ballantine Books

Hersh, Seymour M. (1990): "The Iran-Contra Committees: Did They Protect Reagan?", *NewYork Times Magazine*, April 29, 46–47, 61–67. http://www.nytimes.com/1990/04/29/magazine/the-iran-contra-committees-did-they-protect-reagan.html?pagewanted=all, abgerufen 11. 3. 2017.

Kessler, Glenn (2017): "100 Days of Trump Claims". *Washington Post*, February 21. https://www.washingtonpost.com/news/fact-checker/wp/2017/02/21/100-days-of-trump-claims/?utm_term=.bea791697a98, abgerufen 23. 2. 2017.

Martin, Kingsley (1953): *Harold Laski (1893-1950). A Biographical Memoir*. London: Victor Gollancz.

Mueller, Robert S. (2019): *Report on the Investigation into Russian Interference in the 2016 Presidential Election*. Washinton DC: U.S. Department of Justice, https://epic.org/wp-content/uploads/foia/doj/Mueller-Report-Reprocessed-110220.pdf, abgerufen 10. 7. 2022.

Open EU Referendum Letter (2016): "Both Remain and Leave Are Propagating Falsehoods at Public Expense". *Telegraph*, June 14. http://www.telegraph.co.uk/opinion/2016/06/13/letters-both-remain-and-leave-are-propagating-falsehoods-at-publ/, abgerufen 18. 3. 2017.

Oreskes, Naomi/Conway, Eric M. (2012): *Merchants of Doubt*. London. Bloomsbury.

Oreskes, Naomi/Conway, Erik M. (2014): Die Machiavellis der Wissenschaft. Das Netzwerk des Leugnens. (Originaltitel: Merchants of Doubt. New York: Bloomsbury Press 2010). Weinheim: Wiley-VCH.

Parry, Katy (2016): "The Toxicity of Discourse: Reflections on UK Political Culture Following the EU Referendum". In: Jackson/Thorsen/Wring (eds.): *EU Referendum Analysis...*, op. cit., S. 63.

Pentagon Papers (1971): Documents as Published by the *New York Times*. New York: Bantam Books.

Perlstein, Rick (2011): "Inside the GOP's Fact-Free Nation". *Mother Jones*, May/June issue. http://ww.motherjones.com/politics/2011/04/history-political-lying, abgerufen 6. 3. 2017.

Polantz, Kathelyn (2020): "Mueller Investigated – but Did'nt Charge – Stone, Wikileaks and Assange for Russian Hack of Democrats in 2016, Less-Redacted Report Shows." *CNN*, Nov. 3, https://edition.cnn.com/2020/11/02/politics/new-mueller-report-released/index.html, abgerufen 10. 7. 2022.

Renwick, Alan/Flinders, Matthew/Jennings, Will (2016): "Calming the Storm: Fighting Falsehoods, Fig Leaves and Fairy Tales". In: Jackson/Thorsen/Wring (eds.): *EU Referendum Analysis...*, op. cit., S. 31.

Stone, Jon (2016a): "Nearly Half of Britons Believe Vote Leave's False '£350 Million a Week to the EU' Claim". *Independent*, June 16. http://www.independent.co.uk/news/uk/politics/nearly-half-of-britons-believe-vote-leaves-false-350-million-a-week-to-the-eu-claim-a70850 16.html, abgerufen 23. 2. 2017.

Stone, John (2016b): "Video Evidence Emerges of Nigel Farage Plediging EU Millions for NHS Weeks Before Brexit Vote". *Independent*, June 25. http://www.independent.co.uk/news/uk/politics/brexit-eu-referendum-nigelfarage-nhs-350-million-pounds-live-health-service-u-turn-a7102831.html, abgerufen 23. 2. 2017.

Trent, John E. (2015): *Harper's Canada*. Eigendruck.

UK Statistics Authority (2016): *Statement on the Use of Official Statistics on Contributions to the European Union*. May 27. https://www.statisticsauthority.gov.uk/news/uk-statistics-authority-statement-on-the-use-of-official-statistics-on-contributions-to-the-european-union/, abgerufen 23. 2. 2017.

Welchering, Peter (2018): „Wikileaks verliert unter Hackern Sympathien". *Deutschlandfunk*, 6. Januar, https://www.deutschlandfunk.de/publikationspraxis-wikileaks-verliert-unter-hackern-100.html, abgerufen 10. 7. 2022.

Wickert, Ulrich (1999): *Vom Glück, Franzose zu sein*. Hamburg: Hoffmann und Campe.

TEIL II

Themenfelder

KAPITEL 7

Bestärkung ethnisch-kultureller Vielfalt, Vermeidung gruppenbezogener Aufspaltung

Politikwissenschaft im 21. Jahrhundert und die Politik der Anerkennung

Als der amerikanische Ökonom und Soziologe Jeremy Rifkin vor zwei Jahrzehnten die These verfocht, der Amerikanische Traum werde vom Europäischen Traum „in den Schatten gestellt", fügte er eine Warnung an: Übereinstimmend mit zahlreichen anderen Analytikern benannte er ein europäisches „Immigrationsdilemma", das den Traum beschädigen, den Europäisierungsprozess sogar „rückgängig machen" könnte (Rifkin 2004, S. 247, 250).

Rifkin, der zu den weithin sichtbaren öffentlichen Intellektuellen gehört, denen Kap. 4 sich widmete, hat umfänglich über Wandel geschrieben – meist über Veränderungen, welche Wirtschaft und Erwerbsbevölkerung betreffen. Den Amerikanischen Traum definierte er als klassische Aufstiegsgeschichte („vom Tellerwäscher zum Millionär"), geprägt von Eigeninteresse, Arbeitsethos, Markterfolg und nationaler Machtausübung. Im Gegensatz dazu beschrieb Rifkin den Europäischen Traum als ausgerichtet auf Lebensqualität, Sozialkapital, nachhaltige Entwicklung und weltweite Zusammenarbeit (Rifkin 2004, S. XII, 3, 266, 383).

Europas „Immigrationsdilemma" erläuterte er als Aufeinanderprall von Demographie und Politik:

- Einerseits gehören Europas Geburtsraten zu den niedrigsten der Welt, und die Bevölkerung des Kontinents altert schnell. Projektionen zufolge wird die demographische Entwicklung sich im Lauf der nächsten dreißig Jahre auf Europas globale Wettbewerbsfähigkeit ebenso drastisch auswirken wie auf Steuereinkünfte und Sozial-, hauptsächlich Pensions-, Kassen. Ohne umfangreiche Einwanderung, so Rifkin, würde das europäische Projekt „untergehen" (Rifkin 2004, S. 254, 255).

- Andererseits hat die Feindseligkeit gegenüber Migranten in ganz Europa zugenommen, wie Beispiele aus den vorangehenden Kapiteln (Deutschland, England) zur Genüge illustrieren. „Ob gerechtfertigt oder nicht, viele – nicht alle – Europäer fühlen sich durch die Zuwanderung bedrängt, und ihre Angst dürfte sich kaum so bald legen" (Rifkin 2004, S. 252, 255).

Die wirtschaftliche – und gesellschaftlich-politische – Zukunft der Vereinigten Staaten ist nicht minder „mit Nicht-Weißen verknüpft" (Maharidge ^{2}1999, S. 48), wenn auch in anderer Weise:

- Aufgrund der Geburts-, Einwanderungs- und Erwerbsquoten von Hispano-Amerikanern (Latinos) wird sich die Zusammensetzung der erwerbstätigen Bevölkerung während der nächsten Jahrzehnte voraussichtlich „dramatisch" verändern: Man erwartet, dass der Anteil nicht-hispanischer Weißer bis 2050 auf rund 50 % sinkt, während der Latino-Anteil auf ein Viertel steigen wird (Lee und Mather 2008, S. 6).
- In der Arbeiterklasse der USA, zu statistischen Zwecken definiert als Erwerbstätige mit weniger als einem Bachelor-Abschluss, die derzeit rund zwei Drittel der zivilen Erwerbsbevölkerung ausmacht, wird die Verschiebung noch früher eintreten: Die „Braunfärbung der Arbeiterklasse", bei der *People of Color*, wiederum angeführt von Hispano-Amerikanern, die Mehrheit stellen, wird für 2032 prognostiziert. In der Kohorte 25- bis 34jähriger Arbeiter/innen dürfte der Übergang sich noch drei Jahre eher vollziehen (Wilson 2016, S. 3, 7).

Auch in den USA hat es einen einwanderungsfeindlichen Backlash gegeben, vor allem gerichtet gegen Latinos (Abrajano und Hajnal 2015, S. 17/18, 152/153). Er hat nicht erst kürzlich eingesetzt, und er hat sich nicht nur in Donald Trumps Wahlkampfrhetorik niedergeschlagen oder in teilweisem Wahlverhalten, das 2016 zu seinem Erfolg beitrug. Vorreiter zwischen den späten 1970er- bis zur Mitte der 1990er-Jahre war mit mehreren Voten der multiethnische Bundesstaat Kaliforniens. Diese Feststellung bezieht sich auf die Abstimmungsvorlagen (*Propositions*) 13 (Steuerbegrenzung), 184 („drei Verurteilungen bedeuten lebenslang"), 187 (illegale Einwanderer haben keinen Anspruch auf öffentliche Leistungen), 209 (Beendigung von *affirmative action*-Maßnahmen im öffentlichen Dienst) sowie 227 (Abschaffung zweisprachiger Schulausbildung).

Freilich wurde *Proposition* 187 fünf Jahre später für verfassungswidrig erklärt. Und mit der Verabschiedung der Vorlage 58 wurde zweisprachiger Unterricht 2016 wieder zugelassen. Der anhaltende Wandel in der Bevölkerungszusammensetzung des Bundesstaats, zunehmende Mobilisierung der Hispano-Amerikaner, schließlich wachsende Einsicht in das Ausmaß, in dem eingewanderte Arbeitskräfte zu Kaliforniens Wirtschaftsleistung beitragen, spielten eine Rolle bei der Aufhebung von *Proposition* 227.

Angst und Abneigung verschwanden jedoch nicht einfach. In beträchtlichem Ausmaß haben sie sich in den USA „ostwärts verlager[t]" (Early und Richman 2016). Indikatoren lassen außerdem weiterhin erhebliche wirtschaftliche Ungleichheit zwischen verschiedenen ethnischen Gruppen erkennen. Das Economic Policy Institute (eine Denkfabrik, die sich in wirtschaftspolitischen Debatten auf die Bedürfnisse von Arbeitskräften mit niedrigen und mittleren Einkommen konzentriert), von dem der oben zitierte Bericht über die sich verändernde ethnische Zusammensetzung der amerikanischen Arbeiterklasse stammt, hat Reformen nicht nur im Strafjustizwesen angemahnt – ein Thema, das oben bereits behandelt wurde-, sondern auch in den Bereichen frühkindlicher Erziehung, höherer Mindestlöhne und gleichem Lohn für gleiche Arbeit (Wilson 2016, S. 1). 2015 hatten jeder fünfte Schwarze und weniger als jeder sechste Latino, aber zwei von fünf Weißen zwischen 25 und 29 vier Jahre College absolviert. Die Arbeitslosenquote lag bei Latinos nahezu anderthalbfach, bei Schwarzen mehr als doppelt so hoch wie bei weißen Amerikanern. Für hispano-amerikanische Haushalte betrug die Wahrscheinlichkeit, in Armut zu leben, das Doppelte, für schwarze mehr als das Dreifache weißer Haushalte (US Congress 2015a, S. 1–3; 2015b, S. 1, 4–5). Faktische, gegen Hispano-Amerikaner gerichtete Segregation im Wohnungs- und Ausbildungsbereich hat sich zusätzlich, wenn auch weniger sichtbar, als dauerhaftes Muster etabliert (Santiago 1996, S. 131, 151).

Im Anschluss an die inneren Unruhen 1968 hatte die National Advisory Commission on Civil Disorders die Schwarzen-Ghettos als „Milieu mit Dschungelcharakter" beschrieben, geprägt durch eine „Elendskultur", die herrührte aus „Arbeitslosigkeit und familiärer Zerrüttung". Die durch

Präsident Lyndon B. Johnson eingesetzte Kommission gelangte zu dem Schluss, „in die Existenz der Ghettos" sei „die weiße Gesellschaft tief verwickelt. Weiße Institutionen haben das Ghetto geschaffen, weiße Institutionen sorgen dafür, dass es Bestand hat, und die weiße Gesellschaft sieht darüber hinweg" (NAC 1968, S. 2, 262). Bis solche tief eingewurzelten Strukturen sich ändern, kann es Generationen dauern, auch wenn politische Mobilisierung 2017 einen schwarzen US-Präsidenten und unter den Mitgliedern des 115. Kongresses 4 hispano- sowie 3 afro-amerikanische Senatorinnen und Senatoren sowie 34 lateinamerikanische Repräsentant(inn)en ins Amt befördert hatte.

Es würde schwerfallen, über das rassistische Erbe der Vereinigten Staaten hinwegzugehen, das sich aus der Sklaverei und aus den Eroberungskriegen des 19. Jahrhunderts gegen Mexiko beziehungsweise Spanien herleitet. Europa weist jedoch ein nicht minder hässliches Erbe auf, das entweder auf Westeuropas koloniale Vergangenheit zurückgeht oder auf die Spielarten jenes ethnisch begründeten Nationalismus, der in Ost-Mittel-Europa zwischen beiden Weltkriegen zu voller Wirkungskraft gelangte. Während der 1970er-Jahre entwickelte ethnische Zugehörigkeit sich neuerlich zu einer potenziellen Konfliktquelle, als eine wachsende Zahl von Menschen in vielen Ländern wieder auf der „Bedeutung ethnisch begründeter" – im Gegensatz zu klassenbasierten, „die natürlich weiterhin bestehen" – sozialer Identifikationsmerkmale zu beharren begann (Glazer und Moynihan 1975, S. 3, 7). Zunehmende gesellschaftliche Ungleichheit und wirtschaftliche Ängste (Gegenstand des Kap. 9) in jenen jetzt schon multi-ethnischen, multi-religiösen, multi-kulturellen Gesellschaften, die durch fortgesetzte Einwanderung weiter pluralisiert werden, haben auf noch breiterer Ebene eine Wiederentdeckung der Ethnizität bewirkt als Quelle eigener Identität und eingebildeter „Sicherheit in einer unsicheren Welt" (Durando 1993, S. 26).

In Ost-Mittel-Europa wiesen „buchstäblich alle Aspekte des Übergangs vom Kommunismus zur Demokratie ethnisch-kulturelle Dimensionen auf, die sich nicht ignorieren lassen" (Kymlicka 2001, S. XII). Am augenfälligsten waren selbstredend die ein Jahrzehnt lang währenden Bürgerkriege in Serbien und Kroatien, die seit 1991 die Welt mit ihrem Ausmaß an Brutalität schockierten. Die Gräueltaten „ethnischer Säuberungen" widerlegten auf dramatische Weise zuvor geäußerte Hoffnungen, als vorsichtiger Optimismus bei der Beurteilung sozialer Toleranzschwellen noch angezeigt schien: „Eine vielsprachige und multi-ethnische Gesellschaft wie Jugoslawien mag zwischen ihren einzelnen Elementen beträchtliche Spannungen aufweisen, doch müssen diese Spannungen nicht zwingend die Existenz der Gesellschaft selbst bedrohen" (Weale 1985, S. 26).

Armenien, Georgien, Moldawien, die Ukraine erlebten ebenfalls ethnisch motivierte Konflikte, in die Russland zunehmend eingriff – Karabach, Abchasien, Süd-Ossetien, Transnistrien, Krim, Donbass, bis zum schließlichen Einmarsch in die Ukraine. Die Tschechoslowakei zerbrach 1993 über der Frage, wie den Forderungen der Slowaken als größter Minderheit gerecht zu werden sei. Die slowakische Bevölkerung umfasst ihrerseits beträchtliche ungarische und Roma-Minderheiten. Ost-Mitteleuropas Gesamtsituation ist in der Feststellung zusammengefasst worden:

Während der zahlenmäßige Anteil ethnisch-kultureller Minderheiten in der Region seit den 1930er-Jahren deutlich zurückgegangen ist, haben die mit ihrer Existenz verbundenen sozialen, wirtschaftlichen und politischen Probleme sich nicht im selben Maß verringert (Liebich 2002, S. 117).

Nicht nur in Ost-Mitteleuropa oder den Vereinigten Staaten, auch in Westeuropa sind ethnische und kulturelle Vielfalt natürlich weitaus älter als der Beginn der jüngsten Wanderungsbewegungen. Seit den 1960er-Jahren haben die westeuropäischen Regierungen jahrzehntelang versäumt, an Stelle scheibchenweiser Reaktionen konsequente nationale Programme zu entwerfen, um Flüchtlinge und Arbeitsmigranten zu integrieren. Eine Vielfalt länderspezifischer Hindernisse – darunter das Erbe des Kolonialismus in den Niederlanden, Frankreich und Großbritannien – behinderten und behindern weiter infolge ihrer langfristigen Auswirkungen eine Politik effektiver Integration. Mehrere Beispiele sollen an dieser Stelle kurz behandelt werden:

- In *Belgien und (West-) Deutschland* wurden seit den 1960er-Jahren im Rahmen bilateraler Pauschalabkommen Arbeitsmigranten aus Südeuropa, Nordafrika und der Türkei millionenfach importiert. Infolge hoher Geburtenraten und zunehmenden Nachzugs von Familienmitgliedern wuchsen ihre Zahlen beständig. Rechtliche Traditionen des Erwerbs der Staatsbürgerschaft auf der Grundlage ethnischer Zugehörigkeit (*ius* sanguinis), womit die Nation als Abstammungsgemeinschaft definiert wurde, behinderten die Entwicklung von Konzepten sowohl für eine langfristige Einwanderungspolitik als auch für die Integration bereits ansässiger Ausländer.

In *Belgien* wurden 1984 Änderungen eingeführt, die abzielten auf die Ersetzung des Abstammungs- durch das Territorialprinzip (*ius soli*). Im Hinblick auf die Umsetzung dieser Regel taucht jedoch in einschlägigen Untersuchungen immer wieder die Vokabel „laissez faire" auf, was zu schulischer Segregation, wachsender Armut und Jugendarbeitslosigkeit führte. Insbesondere in der Region Brüssel sehen sich Einwanderer der zweiten und dritten Generation „mit vielen derselben sozioökonomischen Herausforderungen konfrontiert, denen ihre Eltern in den 1960er- und 1970er-Jahren ausgesetzt waren, nur jetzt mit einem verstärkten Gefühl der Mutlosigkeit" (Williams et al. 2016).

In *Deutschland* beharrten aufeinander folgende konservativ-liberale Regierungen darauf, die Bundesrepublik sei „kein Einwanderungsland". Die hartnäckig aufrechterhaltene Tradition des *ius sanguinis* trug ihr Teil bei zu der bereits erwähnten Welle fremdenfeindlicher Gewalt nach der Wiedervereinigung in den frühen 1990er-Jahren. Nach Regierungsantritt der rot-grünen Koalition 1998 wurde ein liberaleres Staatsbürgerrecht eingeführt, das sich jedoch zu einem strittigen Thema entwickelte. Schließlich trat ein verwässertes Gesetz in Kraft, das *ius sanguinis* im Prinzip durch *ius soli* ersetzte.

- In *Frankreich*, mit einem muslimischen Bevölkerungsanteil von etwa 10 % – auf Grund der französischen *laïcité*-Gesetze verfügen wir über keine offiziellen Zahlen- sind schätzungsweise 30–40 % der Gefängnisinsassen Muslime (Bowman 2017. Bowman leitet das Adam Smith Institute, eine in London ansässige Denkfabrik. Die abenteuerliche Zahl von 70 %, über die verbreitet berichtet wurde – vgl. etwa Moore (2008)-, ist höchstwahrscheinlich falsch.) Die überproportionale Vertretung unter Inhaftierten ähnelt der von Afro-Amerikanern in den USA, die 12 % der Gesamtbevölkerung, aber 35 % der Häftlingspopulation ausmachen, wobei „mehr junge schwarze Männer im Gefängnis sitzen als im College" (Sagan 1997, S. 207). Der französische Premierminister Manuel Valls geißelte 2015 die „räumliche, gesellschaftliche und ethnische Apartheid" im Land. Unter Verweis auf die „Ghettos" in den Vorstädten und die „Stigmatisierung" ihrer Bewohner argumentierte er, die „tägliche Diskriminierung auf Grund von Namen, Hautfarbe oder sogar der Tatsache, weiblich zu sein" vergrößere noch das „soziale Elend" (Valls 2015).

Ghettoisierung – Stigmatisierung – Diskriminierung: Kein Sozialwissenschaftler hätte sich präziserer Begriffe bedienen können als der französische Regierungschef. Die Diagnose bezieht sich auf die Konzentration von Einwanderern in den *cités HLM* – grossen mietpreisgebundenen Wohnanlagen aus Beton in den Vorstädten (*banlieus*) der Metropolen. In diesen segregierten Zusammenballungen herrschen besonders unter jungen Männern unverändert Armut und ein verbittertes Gefühl des Ausgegrenztseins, herrührend von geringen schulischen Lernerfolgen und hoher Jugendarbeitslosigkeit. Nachdem Algerien 1962 die Unabhängigkeit erlangt hatte, aber auch infolge günstiger wirtschaftlicher Bedingungen in Frankreich waren Migranten aus den Maghreb-Staaten zu Hunderttausenden angelangt. Anfangs in Barackensiedlungen untergebracht, wurden sie und ihre Familien zunehmend in die seit Mitte der 1950er-Jahre massenhaft errichteten *habitations à loyer modéré (HLM)* umgesiedelt.

Als Zuwanderer die ersten waren, die während der schweren Rezession der 1970er-Jahre ihre Stellen verloren, begannen die *cités HLM* sich von Symbolen moderner Bauweise in unterprivilegierte Bezirke zu verwandeln (Tissot 2008, S. 2). Trotz immer wieder aufflackernder Krawalle – die schlimmsten, die zur Proklamierung des nationalen Ausnahmezustands führten, brachen 2005 aus – wurden weder umfängliche noch nachhaltige öffentliche Programme verabschiedet, die das zugrundeliegende Muster ethnischer Diskriminierung, einschließlich häufig berichteter Schikanen von Seiten der Polizei, durchbrochen hätten.

- In den *Niederlanden* stammten die Einwanderungsschübe sowohl während der 1950er- als auch während der 1970er-Jahre aus Indonesien (ehemals Niederländisch-Ostindien), Surinam und den Niederländischen Antillen. Während der 1960er- und 1970er-Jahre kamen im Rahmen bilateraler Anwerbeabkommen, ähnlich den belgischen und westdeutschen, Arbeitskräfte aus Marokko und der Türkei hinzu. Diese Migranten trafen auf das komplizierte gesellschaftliche und politische Regelwerk gruppenbezogener Akkommodierungspolitik, das sich viele Jahrzehnte lang in den Niederlanden entwickelt hatte. Protestanten, Katholiken, Sozialdemokraten und Liberale stellten die Hauptstützen dieses „versäulten" (*verzuilt*) Systems dar, das nach den 1960er-Jahren infolge abnehmender Bedeutung herkömmlicher Konfliktlinien zwar zu zerfallen begann, dessen Einstellungen und Verfahrensweisen aber vielfach weiterzuwirken scheinen.

Jede einbezogene Gruppe genoss beträchtliche Autonomie bei der Regelung ihrer internen Angelegenheiten, besaß ihre eigenen politischen Parteien, Gewerkschaften und andere Vereinigungen, ihre Schulen und Universitäten, Rundfunksender und Zeitungen. Proportionale Maßstäbe bei politischer Repräsentation, Ernennungen im öffentlichen Dienst und der Zuweisung von Finanzmitteln waren zentrale „konkordanzdemokratische" Merkmale. Das galt ebenso für Elitendominanz, den undurchsichtigen Charakter politischer Verhandlungen – und ein beträchtliches Maß an politischer Unbeweglichkeit (Lijphart 1968, S. 111, 129, 131), die als „schwerwiegendstes Problem" (Lijphart 1977, S. 51) eingeschätzt worden ist: Ähnlich wie in Deutschland, aber aus anderen Gründen, dauerte es bis 1998, ehe eine niederländische Regierung zugestand, dass die Niederlande ein Einwanderungsland waren (van Meeteren et al. 2013, S. 114, 118).

Inspiriert von den Traditionen des *verzuiling* setzte die niederländische Einwanderungspolitik auf „Selbstorganisation" und Erziehung „in der Sprache der jeweiligen Minderheit" durch Errichtung muslimischer (und Hindu-) Schulen, Gründung von Vereinen und „politische Beratungseinrichtungen für Migrantengruppen". Infolge der Zersplitterung dieser Gruppen und des Versagens der Politik bei der Bewältigung wachsender (besonders Jugend-) Arbeitslosigkeit unter Zuwanderern nach dem wirtschaftlichen Abschwung der 1970er-Jahre kam die geplante muslimische „Säule", die als effektiver Partner in dem System hätte fungieren sollen, jedoch nie zustande (van Meeteren et al. 2013, S. 118).

Sowohl die Verbitterung der Muslime zweiter Generation, die sich um die versprochene Chancengleichheit betrogen fühlten, als auch Widerstände gegen multikulturelle Lösungsversuche unter den Niederländern begannen zuzunehmen. Die Ermordung des Filmregisseurs und vehementen Islamkritikers Theo van Gogh 2004 durch einen marokkanisch-niederländischen Muslim und Morddrohungen gegen seine Mitarbeiterin, die aus Somalia stammende Feministin Ayaan Hirsi Ali (die nach einer längeren Kontroverse über die Gültigkeit ihrer niederländischen Staatsbürgerschaft in die USA emigrierte) wirkten sich überaus nachteilig aus: Unter der niederländischen Mehrheit schürten sie eine „Kultur des Misstrauens". Die anschließende politische Polarisierung veränderte die bisherige Integrationsstrategie „gravierend". An ihre Stelle trat ein ausgeprägt „assimilatorischer" Ansatz (van Meeteren et al. 2013, S. 118, 119).

- In *Großbritannien* zogen Entkolonialisierung und günstige Arbeitsmarktbedingungen nach dem 2. Weltkrieg Hunderttausende Einwanderer aus Indien, Pakistan, Bangladesch und den Westindischen Inseln an. Als Bürger des Commonwealth erfreuten sie sich uneingeschränkten Zugangs, bis der British Nationality Act 1981 – als dessen Vorbote der Commonwealth Immigrants Act von 1962 gelten kann – eine eigene britische Staatsangehörigkeit schuf (Voicu 2009, S. 73, 74). Während der anschließenden Jahrzehnte trieben die komplette Verdrängung der Inder aus Uganda und der Bürgerkrieg in Somalia weitere Asiaten und Afrikaner nach England. Hohe Arbeitslosigkeit, Armut, Verelendung ganzer Stadtviertel und das Empfinden, von der Polizei schikaniert zu werden, führten Ende der 1950er, während eines Großteils der 1980er, schließlich in den frühen 2000er-Jahren zu wiederkehrenden, oft schweren Rassenunruhen im ganzen Land. Politische Reaktionen umfassten einerseits immer restriktivere Einwanderungs- und Asylbestimmungen, andererseits wiederholte Antidiskriminierungs-Gesetze sowie Verschärfungen polizeilicher Rechenschaftspflicht. Dennoch machen Muslime, die nicht ganz 5 % der Bevölkerung von England und Wales stellen, derzeit 14,4 % der Gefängnisinsassen aus (Shaw 2015).

Im Anschluss an die Erweiterung der Europäischen Union 2004 durch Aufnahme von Polen, Ungarn, der Tschechischen Republik, der Slowakei und vier weiteren Baltikums- beziehungsweise Balkanstaaten stieg die Arbeitsmigration nach Großbritannien (weniger ausgeprägt auch in die Niederlande) sprunghaft an. Die verbreitete Auffassung, diese Zuwanderer würden Löhne und Jobchancen in Großbritannien geborener Arbeiter schmälern, widersprach empirischen Belegen (Wadsworth et al. 2016, S. 1, passim). Geschürt durch die „Stimmt für den Austritt"-Kampagne trugen Vorbehalte gegenüber Einwanderern dennoch, wie oben gezeigt, massiv zum Ausgang des Brexit-Referendums bei.

Zusammengefasst: Zuwanderung besitzt offenkundig eine politische, eine wirtschaftliche und eine kulturelle Seite. Die Notwendigkeit kann nicht deutlich genug hervorgehoben werden, auf jeder der drei Ebenen in sich stimmige, konsequente Programme zu erörtern, umzusetzen und zu evaluieren, die mit Maßnahmen auf jeder anderen Ebene schlüssig verknüpft sind. Einige ausgewählte Beispiele aus jedem Bereich müssen genügen, um Umfang und Beschaffenheit der Fragen aufzuzeigen, denen Politikwissenschaftler/innen hohe Priorität einräumen sollten.

POLITIK

- Wie die mehrmals erwähnten „problematischen" Stadtviertel in allen (und zusätzliche Unruhen in mehreren) europäischen Ländern belegen, ist *die örtliche – die kommunale – Ebene* diejenige Stufe, die weitgehend über Erfolg oder Misserfolg der Integration entscheidet, während Einwanderungspolitik oft „auf nationaler Ebene entschieden und finanziert wird" (OECD 2006, S. 11). An Stelle von top down-Politiken scheinen Integrationspakte zwischen Bundes-, Länder- (Provinz-) und kommunalen Behörden dringend angezeigt. (In einem späteren Kapitel wird die großstädtische Ebene sich zugleich als Dreh- und Angelpunkt für klimapolitische, den CO_2-Ausstoß verringernde, Maßnahmen erweisen.)

Politikwissenschaftler/innen, wenn nicht komplette Institute, sollten mit Vorschlägen für solche Pakte an die Öffentlichkeit gehen, deren Umsetzung zu begleiten und zu evaluieren sie bereit sind. Die Pakte müssten Bundes- und Landesmittel zur Beschäftigung kompetenten Personals bereitstellen, um auf den Gebieten Sozialhilfe, Wohnen, Schulbesuch und Arbeitsmarktzugang beratend, unterstützend und betreuend tätig zu werden. Sie hätten die Aufgabe, Konzertierungs- und Kooperationsverfahren zu etablieren, unter Beteiligung – außer Behörden- und Migrantenvertretern – ortsansässiger kommunaler Freiwilliger, Schulleiter, religiöser Würdenträger (einheimischer wie zugewanderter), Gewerkschaftsfunktionäre, Handelskammern und regionaler Arbeitgeber – siehe dazu auch unten-, schließlich NGOs einschließlich eventuell entstehender Immigrantenvereine (vgl. OECD 2006, S. 12, 13). Kompetent besetzte Ausschüsse könnten sich in häufigeren Sitzungen mit speziellen wirtschaftlichen und kulturellen Fragen befassen.

Integrationspakte sollten, kurz gesagt, darauf abzielen, (wieder) kommunales Sozialkapital zu schaffen: Entgegenkommen, Wechselseitigkeit, Vertrauen. Ständiger Umgang miteinander, von der Schule bis zu den Wohnverhältnissen, sollte eins der obersten Ziele bilden.

- Eine notwendige Konsequenz besteht in soliden, entschlossen durchgesetzten rechtlichen Garantien gegen diskriminierende Behandlung im öffentlichen wie im privaten Bereich. „Allgemeine Rechte" beginnen, wie Eleanor Roosevelt (die den Vorsitz der UN-Kommission innehatte, welche 1948 die Allgemeine Erklärung der Menschenrechte verfasste) jede nachfolgende Generation erinnerte, "in der Welt des einzelnen Menschen: seiner Nachbarschaft, in der er lebt; der Schule oder Hochschule, die er besucht; dem Betrieb oder Büro, in dem er arbeitet" (Roosevelt 1948). Alltägliche diskriminierende Praktiken, besonders im Umgang mit jugendlichen Stellenbewerbern aus Migrantenfamilien, sollten regelmäßig auf die Tagesordnung im Rahmen der Integrationspakte stattfindender Konzertierungsgespräche gesetzt werden. Ebenso regelmäßig sollten sie zwischen nationalen Regierungen, Arbeitgeberverbänden, Gewerkschaften und den Vorständen großer Unternehmen erörtert werden. Einmal mehr sollte die Politikwissenschaft Unterstützung leisten mit empirischen Studien, darauf gestützten Empfehlungen und Monitoring-Programmen.

- Robert Peel übertrug Anfang des 19. Jahrhunderts der neu gegründeten Londoner Polizei (*„bobbies"*) die Aufgabe, Verbrechen und Aufruhr dadurch zu verhindern, dass sie sich „öffentlichen Respekt" und die Bereitschaft der Bevölkerung zur Zusammenarbeit verschaffte. Es sollte nur ein Mindestmaß an körperlicher Gewalt angewendet werden, und das Schutzangebot sollte für alle Gesellschaftsschichten „ohne Rücksicht auf Rasse oder soziale Stellung" gelten (Peel 1829). Offenkundig haben Peels Instruktionen an die Polizei unter sehr veränderten Umständen überraschende Modernität, sogar Zeitlosigkeit erlangt. Der Aufbau einvernehmlicher Beziehungen zwischen Polizei und Gesellschaft, unabhängig von „Rasse oder sozialer Stellung", den Peel für unerlässlich hielt – *und für den Politikwissenschaftler/innen eintreten sollten-*, würde heute erfordern, dass Polizeikräfte „interkulturelle Kompetenz" erwerben (Pickering et al. 2008, S. 102, 108) und ihre ethnische Zusammensetzung derjenigen der jeweiligen Kommunen zumindest ähnelt. Das heißt, dass sie eine „ausreichende" Zahl von Beamten mit Minderheiten-(Migrations-) Hintergrund aufweisen müssten – und zwar *auf jeder Hierarchieebene.*

Die Bedeutung des zuletzt erwähnten Grundsatzes wurde bei der Aushandlung des nordirischen Friedensprozesses erkannt: Um eventuelle künftige Voreingenommenheit gegenüber Protestanten zu verringern, sollten 50 % der Polizeibeamten Nordirlands aus katholischen und anderen Konfessionen rekrutiert werden. Allerdings dürfte eine einzige Zahl genügen, um das Ausmaß der gegenwärtigen Aufgabe zu verdeutlichen: Nach einem Bericht, den der Innenausschuss des britischen Parlaments erstellt hat, müsste die Polizei des Vereinigten Königreichs im Lauf der nächsten Jahre 17.000 Anwärter mit Minderheitswurzeln einstellen, um der für 2024 erwarteten Zusammensetzung der britischen Bevölkerung zu entsprechen (Evans 2015).

Ethnische Minderheiten machen heute 5,5 % der britischen Polizeibeamten aus, aber 14 % der Bevölkerung des Landes (House of Commons 2016, S. 3, 4). Nicht viel anders in den Niederlanden. 7 % Minoritätenanteil bei der Polizei (2010), 21,4 % in der Gesellschaft (2014; vgl. Çankya 2015, S. 389). Im Fall Frankreichs sind alle bisherigen Bemühungen um Einstellung von Beamten aus Minderheiten als höchstens „halbherzig" bezeichnet worden (Hargreaves 2004, S. 238).

Vor diesem wenig vielversprechenden Hintergrund sollten Politikwissenschaftler/innen drauf drängen, dass es „extrem kurzsichtig" wäre, die Wirkung außer Acht zu lassen, welche die Polizei auf „öffentliche Einstellungen zu Gesetz, Regierung, Gewalt, Waffen, Korruption und staatsbürgerlicher Verantwortung" ausübt. Wie ein führender Wissenschaftler auf dem Gebiet der Polizeiforschung betont hat, ist die Polizei „unter allen Strafverfolgungsbehörden die sichtbarste und einflussreichste" (Bayley 1977, S. 234). Das Thema wird weiter unten im Kapitel über Terrorismusbekämpfung und bürgerliche Freiheiten wieder auftauchen.

KULTUR
- Mittlerweile hat man allgemein begriffen, dass die obligatorische Unterweisung in der Amtssprache des Einwanderungslandes, eingeschlossen Prüfungen innerhalb bestimmter Fristen, unerlässlich ist, um Zuwanderern eine tragfähige Arbeits- und Lebensperspektive zu bieten. Seltener wird verstanden, dass der Erwerb der Zweisprachigkeit einen enormen Schritt darstellt – und als solcher betont werden sollte-, um Akkulturation zu versöhnen mit dem Festhalten an der Bekundung kultureller Eigenheiten.

Ein nicht minder verpflichtendes bürgerkundliches Integrationsprogramm wird gleichfalls zunehmend als wichtige Ergänzung der Sprachausbildung anerkannt. Folgende Schwerpunkte sollte das Programm behandeln:

- verfassungsmäßige Werte, Rechte und Pflichten;
- Formen aktiven bürgerschaftlichen Engagements in Gesellschaft und Politik;

- die ethnische, kulturelle und religiöse Zusammensetzung der Aufnahmegesellschaft sowie die Bedeutung von Respekt und Toleranz in den Beziehungen zwischen diesen Gruppen.

Einmal mehr kann die Politikwissenschaft einen Beitrag leisten, indem sie solche Kurse im Einklang mit den in Kap. 5 erörterten Grundsätzen bürgerkundlicher Erziehung anregt.

- Die in Kap. 3 konstatierte allgemeine Beschleunigung sozialen und kulturellen Wandels hat auch religiöse Bekenntnisse erfasst. „Sowohl die faktische Präsenz als auch das Bewusstsein religiöser Vielfalt werden auf unabsehbare Zeit weiter zunehmen" (Schmidt-Leukel 2016, S. 7). Ansprüche religiöser Minderheiten auf privilegierte Behandlung, Verhinderung der Diskriminierung spezifischer Lebensweisen durch bestimmte Religionen, wirksame Garantien für den „Ausstieg" Einzelner durch Aneignung von Ideen und Praktiken, die dem religiösen und kulturellen Erbe zuwiderlaufen, gehören zu den vielen heiklen Fragen, denen Politik und Politikwissenschaft künftig weit mehr Aufmerksamkeit widmen müssen als bisher.

WIRTSCHAFT
- Wie in den vorangehenden Abschnitten dieses Kapitels deutlich wurde, hat Arbeitslosigkeit, zumal Jugendarbeitslosigkeit, unter Zuwanderern sich im gesamten Westeuropa zu einer wahren Geißel entwickelt. Auf einem Gebiet, wo kulturelle Gewohnheiten und berufliche Lage sich unweigerlich überschneiden, sind flexible Programme zur Integration von Sprachtraining, beruflicher Bildung, Ausbildung am Arbeitsplatz und Weiterbildung dringend erforderlich (vgl. bereits OECD 2008, S. 252). Die Bedeutung der oben skizzierten Konzertierungsverfahren für Beschäftigungsfragen – nicht zuletzt im Hinblick auf alltägliche diskriminierende Praktiken – kann kaum hoch genug eingeschätzt werden.

- Gezielte Modifizierung der Einstellungsverfahren für Polizisten mit dem Ziel größerer ethnischer Vielfalt, wie sie zuvor erörtert wurde, lässt sich unter den Begriff *affirmative action* subsumieren. Derartige Programme haben im Fall von Gruppen, die in der Vergangenheit auf Grund ihres Geschlechts, ihrer ethnischen Herkunft oder ihrer Religion diskriminiert wurden, als Mittel gedient, um durch

Verbesserung ihrer Bildungs- und Beschäftigungsmöglichkeiten „aufzuholen". Solche Gruppen werden mittlerweile als „benachteiligt" angesehen, weil sie als Folge diskriminierender Praktiken bei Hochschulzulassung und beruflichem Aufstieg „in wichtigen Positionen der Gesellschaft unterrepräsentiert" sind (Crosby 1994, S. 15). Politikwissenschaftlich argumentiert, sind derartige Praktiken das Ergebnis ungleicher politischer Ressourcen – ein Thema, das im Kap. 8 erneut Gegenstand sein wird-, die zu „Machtasymmetrien" führen (Eberhardt und Fiske 1994, S. 204).

Affirmative action wird vor allem in Kanada – wo die Maßnahmen kanadische Ureinwohner einschließen – und den Vereinigten Staaten praktiziert. In letzterem Land hat man sie politisch und auf dem Klageweg als „umgekehrte Diskriminierung" angegriffen. In begrenztem Umfang – häufig auf kommunaler Ebene, „eng auf bestimmte Arbeitsplätze und Gruppen ausgerichtet" (de Vries und Pettigrew 1994, S. 183) – sind *affirmative action*-Programme auch in den Niederlanden erprobt worden. Es besteht dringender Bedarf an vergleichenden Untersuchungen und fundierten politikwissenschaftlichen Debatten über die Rolle, die solche Maßnahmen in Westeuropa spielen könnten – vorrangig, um der bedrückenden Jugendarbeitslosigkeit beizukommen.

Zwei Schlussfolgerungen drängen sich am Ende dieses Kapitels auf:

- Westeuropas Länder befinden sich immer noch in der Anfangsphase der Entwicklung durchdachter Strategien für die gesellschaftliche Eingliederung von Millionen Zuwanderern.
- Die Vereinigten Staaten stehen sehr wahrscheinlich vor einer Zunahme aggressiver Ängste, durch die „immer größere rassische Spannungen drohen" (Abrajano und Hajnal 2015, S. 21, 216), sobald die Rolle der Weißen als „kommende Minderheit" ins allgemeine Bewusstsein gedrungen sein wird. In ihrer Mai/Juni-Ausgabe 2017 veröffentlichte die einflussreiche Zeitschrift *Foreign Affairs* die ungewöhnlich deutliche Warnung dreier Politologen, zweier amerikanischer und eines kanadischen: „Wenige Demokratien haben Wechsel überlebt, bei denen historisch dominante ethnische Gruppen ihren Mehrheitsstatus verloren haben. Sollte der amerikanischen Demokratie das gelingen, würde sie sich als wahrhaft außergewöhnlich erweisen" (Mickey et al. 2017, S. 29. Vgl. auch Levitsky und Ziblatt 2018, S. 18, 19, 199–204, 239, 244, 245).

Auf beiden Erdteilen hat die Gefahr weiterer islamistischer Terroranschläge das politische Klima zusätzlich belastet. Freilich:

- Die Reaktion amerikanischer Städte und Distrikten welche sich zu „Zufluchtsorten" erklärt haben, auf Präsident Trumps Erlasse, mit denen er Einreiseverbote für Muslime verhängt hatte,
- sowie die Ablehnung einwanderungsfeindlicher Kandidaten durch Wählermehrheiten bei den niederländischen Parlamentswahlen 2017, den österreichischen und den französischen Präsidentschaftswahlen 2016 beziehungsweise 2017/2022

haben auch gezeigt, dass die Auswirkungen fremdenfeindlicher Hetze, wiewohl beträchtlich und beängstigend, noch eingedämmt werden können.

Umso dringender ist die Politikwissenschaft gefordert, bisherige Erfahrungen mit Einwanderung und Einwanderungspolitik in eingehenden Untersuchungen – normativ ausgerichtet, empirisch fundiert – aufzuarbeiten und für die öffentliche Diskussion wirksam zusammenzufassen. Solche Studien könnten dazu beitragen, die Vielzahl politischer, wirtschaftlicher und kultureller Herausforderungen, die sich auf dem gesamten europäischen Kontinent, in den Vereinigten Staaten und Kanada stellen, klarer zu beleuchten. *Sie könnten, so wäre zu hoffen, auch helfen, mit ihnen vernünftiger, flexibler, gerechter umzugehen.*

Die argumentative Stoßrichtung dieser Analysen sollte das genaue Gegenteil jenes „ideologischen Traktats" (Etzioni über *Who Are We?*) darstellen, mit dem Samuel Huntington an unterschwellige Ängste appelliert hat. Huntington beschwor, wie erinnerlich, das „Amerikanische Credo", das in der „Siedlergesellschaft" der Westgrenze entstanden sein sollte, als Stützpfeiler einer Zivilisation, *die unverändert fortbestehen sollte*, nun aber „untergraben" zu werden drohte durch ihre „Hispanisierung". Demgegenüber sollte die Politikwissenschaft – unter Benennung der Voraussetzung, dass es „Tribalisierung", gruppenbezogene Aufspaltung der Gesellschaft (Sartori 1997, S. 60, 61, 62), unbedingt zu vermeiden gilt – dem „Wert der Vielfalt" das Wort reden: kultureller Mannigfaltigkeit im Sinne wechselseitiger Inspiration als humaner, mit fortgesetztem Wandel verknüpfter Perspektive.

Literatur

Abrajano, Marisa/Hajnal, Zoltan L. (2015): *White Backlash. Immigration, Race, and American Politics*. Princeton/Oxford: Princeton University Press.
Bayley, David H. (1977): "The Limits of Police Reform". In: David H. Bayley (hg.): *Police and Society*, Beverly Hills/London: Sage, 219–236.
Bowman, Sam (2017): "Are 70 % of France's Prison Inmates Muslims?" Adam Smith Institute, March 29. https://www.adamsmith.org/blog/are-70-of-frances-prison-inmates-muslims, abgerufen 19. 4. 2017.
Çankya, Sinan (2015): "Diversity Policies Policing Ethnic Minority Police Officers". *European Journal of Policing Studies*, Jg. 2, 383–404.
Crosby, Faye J. (1994): "Understanding Affirmative Action". *Basic and Applied Social Psychology*, Jg. 15, 13–41.
Durando, Dario (1993): "The Rediscovery of Identity". *Telos*, Nr. 97, 117–144.
Early, David E./Richman, Josh (2016): "Twenty Years After Prop. 187, Attitudes Toward Il-legal Immigration Have Changed Dramatically in California." *Mercury News*, November 22. http://www.mercurynews.com/2014/11/22/twenty-years-after-prop-187-attitudes-toward-illegal-immigration-have-changed-dramatically-in-california, abgerufen 7. 4. 2017.
Eberhardt, Jennifer L./Fiske, Susan T. (1994): "Affirmative Action in Theory and Practice". *Basic and Applied Social Psychology*, Jg. 15, 201–220.
Evans, Martin (2015): "Police Need to Recruit 17,000 More Black Officers to Reflect Society". *Telegraph*, June 30. http://www.telegraph.co.uk/news/uk-news/law-and-order/11707007/Police-need-to-recruit-17000-more-black-officers-to-reflect-society.html, abgerufen 1.5. 2017.
Glazer, Nathan/Moynihan, Daniel P. (hg, 1975): *Ethnicity*. Cambridge/London: Harvard University Press.
Hargreaves, Alec G. (2004): "Half-Measures: Anti-discrimination Policy in France". In: Herride Chapman/Laura L. Frader (eds.): *Race in France*. New York/Oxford: Berghahn Books, 227–245.
House of Commons (2016): *Police Diversity*. Home Affairs Committee, First Report of the Session 2016-17. https://www.publications.parliament.uk/pa/cm201617/cmselect/cmhaff/27/27.pdf, abgerufen 4. 5. 2017.
Kymlicka, Will (2001): "Preface". In: Will Kymlicka/Magda Opalski (hg.): *Can Liberal Pluralism Be Exported? Western Political Theory and Ethnic Relations in Eastern Europe*. Oxford: Oxford University Press, XII-XVII.
Lee, Marlene A./Mather, Mark (2008): "U. S. Labor Force Trends." In: *Population Bulletin*, Jg. 63 Nr. 2 (June), 3–18. http://www.prb.org/pdf08/63.2us-labor.pdf, abgerufen 7. 4. 2017.
Levitsky, Steven/Ziblatt, Daniel (2018): *Wie Demokratien sterben* (Originaltitel: *How Democracies Die*. New York: Crown Publishing 2018). München: Deutsche Verlags-Anstalt.

Liebich, André (2002): "Ethnic Minorities and Long-Term Implications of EU Enlargement". In: Jan Zielonka (hg.): *Europe Unbound*. London: Routledge, 117–136.
Lijphart, Arend (1968): *The Politics of Accommodation*. Berkeley/Los Angeles: California University Press.
Lijphart, Arend (1977): *Democracy in Plural Societies*. New Haven/London: Yale University Press.
Maharidge, Dale (^{2}1999 [^{1}1996]): *The Coming White Minority. California, Multiculturalism, and America's Future*. New York: Vintage Books.
Meeteren, Masja van/Pol, Sanne van de et al. (2013): "Destination Netherlands: History of Immigration and Immigration Policy in the Netherlands". In: Judy Ho (hg.): *Immigrants*. New York: Nova, 113–170.
Mickey, Robert/Levitsky, Steven/Way, Lucan Ahmad (2017): "Is America Still Safe for Democracy?" *Foreign Affairs*, Jg. 96 Nr. 3, 20–29.
Moore, Molly (2008): "In France, Prisons Filled With Muslims". *Washington Post*, April 29. http://www.washingtonpost.com/wpdyn/content/article/2008/04/28/AR2008042802857.html?sid=ST2008042802857, abgerufen 19. 4. 2017.
NAC [National Advisory Commission on Civil Disorders] (1968): *Report*.
OECD (2006): *From Immigration to Integration. Local Solutions to a Global Challenge*. Paris: Organsation for Economic Cooperation and Development, Local Economic and Employment Development.
OECD (2008): *Jobs for Immigrants*. Bd. 2: *Labour Market Integration in Belgium, France, the Netherlands, and Portugal*. Paris: Organisation for Economic Co-operation and Development.
Peel, Robert (1829): *Sir Robert Peel's Principles of Law Enforcement*. https://www.durham.police.uk/About-Us/Documents/Peels_Principles_Of_Law_Enforcement.pdf, abgerufen 2. 5. 2017.
Pickering, Sharon/McCulloch, Jude/Wright-Neville, David (2008): „Counter-Terrorism Policing: Towards Social Cohesion", Crime, Law and Social Change, Vol. 50, 91–109.
Rifkin, Jeremy (2004): *The European Dream*. Cambridge: Polity Press.
Roosevelt, Eleanor (1948): "Where Do Universal Rights Begin?" https://www.thoughtco.com/eleanor-roosevelt-universal-declaration-of-human-rights-3528095, abgerufen 26. 4. 2017.
Sagan, Carl (1997): *Billions and Billions*, New York: Random House.
Santiago, Anna M. (1996): "Trends in black and Latino Segregation in the Post-Fair Housing Era: Implications for Housing Policy". *Berkeley La Raza Law Journal*, Jg. 9, 131–153.
Sartori, Giovanni (1997): "Understanding Pluralism." *Journal of Democracy*, Vol. 8, 58–69.
Schmidt-Leukel, Perry (2016): "Religious Pluralism in Thirteen Theses". *Modern Believing*, Jg. 57, 5–18.

Shaw, Danny (2015): "Why the Surge in Muslim Prisoners?" *BBC News*, March 11. www.bbc.com/news/uk-31794599, abgerufen 20. 4. 2017.

Tissot, Sylvie (2008): "'French Suburbs': A New Problem or a New Approach to Social Exclusion?" *Working Paper Series* # 160 (10 pp.), Center for European Studies, https://halshs.archives-ouvertes.fr/halshs-00285025/document, abgerufen 20. 4. 2017.

U.S. Congress (2015a): Joint Economic Committee, Democratic Staff: *Economic Challenges in the Black Community*. April 14. https://www.jec.senate.gov/public/_cache/files/eb7a5e6e-db 59-452e-8736-0603bef2d2c8/economic-challenges-in-the-african-american-community-4-14.pdf, abgerufen 8. 5. 2017.

U.S. Congress (2015b): Joint Economic Committee, Democratic Staff: https://www.jec. senate.gov/public/_cache/files/96c9cbb5-d206-4dd5-acca-955748e97fd1/jec-hispanic-report-final.pdf, abgerufen 8. 5. 2017.

Valls, Manuel (2015): "Manuel Valls évoque 'un apartheid territorial, social, ethnique' en France." *Le Monde*, January 20, http://www.lemonde.fr/politique/article/2015/01/20/pour-manuel-valls-il-existe-un-apartheid-territorial-social-ethnique-en-france_4559714_823448. html, abgerufen 20. 4. 2017.

Voicu, Anca (2009: "Immigration and Immigration Policies in UK." In: *Romanian Journal of European Affairs*, Jg. 9, Nr. 2, 71–86.

Vries, Sjiera de/Pettigrew, Thomas F. (1994): "A Comparative Perspective on Affirmative Action: *Positieve Actie* in The Netherlands". *Basic and Applied Social Psychology*, Jg. 15, 179–199.

Wadsworth, Jonathan/Dhingra, Swati et al. (2016): *Brexit and the Impact of Immigration on the UK*. London School of Economics, Centre for Economic Performance. http://cep.lse.ac.uk/pubs/download/brexit05.pdf, abgerufen 20. 4. 2017.

Weale, Albert (1985): "Toleration, Individual Differences, and Respect for Persons". In: John Horton/Susan Mendus (hg.): *Aspects of Toleration*. New York: Methuen, 16–35.

Williams, Aaron/Kaeti Hinck et al. (2016): "How Two Brussels Neighbourhoods Became a 'Breeding Ground' for Terror". *Washington Post*, April 1. https://www.washingtonpost.com/graphics/world/brussels-molenbeek-demographics/, abgerufen 19. 4. 2017.

Wilson, Valerie (2016): "People of Color Will Be a Majority of the American Working Class in 2032". Economic Policy Institute, June 9. www. http://www.epi.org/publication/the-changing-demographics-of-americas-working-class/, abgerufen 7. 4. 2017.

KAPITEL 8

Geringe Einkommen, niedriges Bildungsniveau

Politikwissenschaft im 21. Jahrhundert und die Ungleichheit politischer Ressourcen

Als würden Tendenzen zu einem Regime der Lügner in den Vereinigten Staaten und Großbritannien, die sich mit Händen greifen lassen, nicht ausreichen, bescheinigte ein Weltbankexperte für Wohlstandsungleichheit dem erstgenannten Land, von der Demokratie in die „Plutokratie" zu gleiten, denn es sichere „den Reichen sehr viel größeren politischen Einfluss als der Mittel- und Unterschicht" (Milanovic 2016, S. 204, 209). Dies wurde, nota bene, vor dem Amtsantritt der Regierung Trump geschrieben.

Zwei Jahrzehnte lang leitender Ökonom in der Forschungsabteilung der Weltbank, stellte Branko Milanovic klar, in jedem erst kürzlich zur Demokratie avancierten Land würde die „veraltete und restriktive" Beschaffenheit des amerikanischen politischen Systems, „das die Reichen bevorzugt", auf den Prüfstand gestellt werden. Die zweihundertjährige Tradition dieses Systems wirke jedoch als machtvolle psychologische Barriere gegen eine solche Prüfung (Milanovic 2016, S. 213).

Auch wenn diese Einschätzung zweifellos zutrifft, sollte man sich zunächst vor Augen halten, *dass die USA noch nicht lange eine uneingeschränkte Demokratie mit vollem Erwachsenenstimmrecht sowie umfassendem Schutz bürgerlicher und politischer Freiheiten sind*: Die „autoritären Ein-Partei-Enklaven" in den Staaten der einstigen Konföderation, inklusive „eindeutig unfreier Bereiche des zivilen Lebens", wurden erst in den frühen 1970er-Jahren abgeschafft, als es Bürgerrechtsbewegung und Bundesregierung „gelang, den Autoritarismus" im Süden „auszumerzen" (Mickey et al. 2017, S. 20, 22, 23). *Der Firnis demokratischer politischer Kultur in den USA könnte deshalb dünner sein, als gemeinhin angenommen.* Der Sturm auf das Washingtoner Kapitol am 6. Januar 2021, der fünf Tote forderte, verleiht dieser These zusätzliche Überzeugungskraft.

Eine zweite kulturelle Verschiebung während des letzten halben Jahrhunderts gilt es außerdem zu berücksichtigen: Jenen Prozess, der als religiöse *„Southernization"* der Vereinigten Staaten beschrieben worden ist (Egerton 1974, S. 195; Shibley 1991, S. 160, 162) und den eine tiefgreifende Verlagerung religiöser Orientierungen vom „etablierten" (*mainline*) zum evangelikalen Protestantismus charakterisiert. Zu einer Zeit, während derer anhaltend hohe Religiosität in der amerikanischen Gesellschaft zusammenfällt mit einer „Diskrepanz zwischen Arm und Reich, wie die amerikanische Geschichte sie selten erlebt hat", haben fromme Evangelikale, für die individuelles Heil mehr zählt als soziale Gerechtigkeit, „nicht daran gearbeitet, die anwachsende Ungleichheit einzudämmen" (Putnam und Campbell 2010, S. 14–17, 230, 257, 258). Als prägende Kraft hat vielmehr der Wunsch „unmittelbaren persönlichen Zugangs zu Gott" (Hofstadter 1966, S. 56) ursprüngliche evangelikale Stimmen verdrängt, die sich für eine egalitärere Gesellschaft stark machten. Dieselbe Suche nach individuellem Heil hat zu einem Anstieg der Zahl von Bibelstudien- beziehungsweise Gebetsgruppen geführt, deren Mitglieder gegenwärtig rund 25 % der erwachsenen US-Bevölkerung ausmachen. Im Vergleich zu anderen Selbsthilfegruppen gilt ihr Augenmerk weniger zivilgesellschaftlichem Engagement als den persönlichen Anliegen ihrer Mitglieder (Wuthnow 2004, S. 99). Einmal mehr könnte diese Einstellung sich *nicht* als das zuverlässigste Bollwerk erweisen gegen ein Abrutschen in autoritärere Formen politischer Praxis.

Der Tropfen jedoch, der das Fass zum Überlaufen bringt, könnte sehr wohl jene „Lobbygruppen-Explosion" (Berry und Wilcox [5rev]2009, S. 15) sein, in deren Verlauf „professionell gelenkte Interessenorganisationen" mehr und mehr an die Stelle basisorientierter, auf persönliche Kontakte zugeschnittener Vereine treten, die zuvor als Schulen bürgerschaftlichen Engagements gedient hatten. Wie eindringlich von Theda Skocpol dargelegt, könnten evangelikale, in *face-to-face*-Gruppen zusammengeschlossene Protestanten sich zu einer atypischen Spezies entwickeln. Das übrige zivilgesellschaftliche Amerika ist dabei, sich in ein Ensemble expertengeleiteter Gruppen zu verwandeln, die Meinungsforscher und Medienberater anheuern und sich auf computergesteuerte Spendenbeschaffung bei Stiftungen und wohlhabenden Geschäftsleuten konzentrieren. Gewöhnliche Mitglieder erscheinen als „Ablenkung, die sich nicht mehr lohnt" in einer Welt, in der gebildete, wohlhabende Amerikaner einmal mehr „besonders privilegiert" sind, die sich folglich als „ausgesprochen oligarchisch" darstellt (Skocpol 2004, S. 105, 133, 134, 135).

Diese Trends, die sich durchaus wechselseitig verstärken könnten, gehören zu den Schlüsselfragen, welche die Politikwissenschaft eingehender ausloten und konsequenter in den Blick der Öffentlichkeit rücken sollte. Ökonomen wie Thomas Piketty, die sich jüngst mit wachsender Einkommensungleichheit auseinandergesetzt haben, haben weit weniger Zurückhaltung geübt als Politologen, wenn sie bekräftigten, „dass ein Abdriften in die Oligarchie eine sehr reale Gefahr ist" und „im Hinblick auf die künftige amerikanische Entwicklung kein Anlass zu allzu großem Optimismus" besteht" (Piketty 2014, S. 694). Eine bemerkenswerte Ausnahme bildet Larry Bartels aus Princeton, der am Ende einer soliden Untersuchung der einseitigen Einkommensentwicklung und ebenso einseitigen Politik in den USA (er bezeichnet die verfügbaren Belege als „schlagend und ernüchternd") nicht nur kein Blatt vor den Mund nahm, sondern einen angemessenen Schuss Ironie hinzufügte: „Unser politisches System scheint nicht wie eine ‚Demokratie' zu funktionieren, sondern wie eine ‚Oligarchie'. Falls wir darauf bestehen, uns zu schmeicheln, indem wir es als Demokratie bezeichnen, dann sollten wir uns im Klaren sein, dass es sich um eine höchst ungleiche Demokratie handelt" (Bartels 2008, S. 287).

Bereits vor Milanovic und Piketty hatten die Wirtschaftswissenschaftler Paul Krugman und Joseph Stiglitz, beide Nobelpreisträger, in dieselbe Richtung argumentiert. Die Überschriften ihrer Aufsätze sprechen für sich: „Oligarchie, amerikanische Spielart" (Krugman 2011) und, noch vielsagender, in ironischer Anspielung auf Lincolns Gettysburg-Rede: „... der 1 %, durch die 1 %, für die 1 %" (Stiglitz 2011). Ein Jahrzehnt früher hatte der Wirtschafts- und Politikkommentator Kevin Phillips gewarnt, „Markttheologie und Führung durch Personen, die sich nie einer Wahl gestellt haben" würden Politik und Wahlen verdrängen. Entweder würde substanziell demokratischer Politik wieder Leben eingehaucht, oder die Vermögenden würden „eine Plutokratie unter anderem Namen" errichten (Phillips 2002, S. 422).

„Oligarchie" und „Plutokratie" sind auf dem besten Weg, sich als respektable analytische Begriffe für Amerikas denkbare politische Zukunft zu etablieren. Stiglitz ließ seinem kurzen Kommentar ein Jahr später eine buchfüllende Darstellung, *Der Preis der Ungleichheit*, folgen, in der er unterstrich, Konsequenz des unverhältnismäßigen politischen Einflusses der obersten 1 % unter den Einkommensbeziehern – zumeist Führungskräfte großer Unternehmen – sei die „Aushöhlung" der amerikanischen Demokratie (Stiglitz 2012, S. 191).

Längst ein politikwissenschaftlicher Gemeinplatz, wurde die Aussage, wonach ungleiche soziale Ressourcen – Einkommen, Bildung, Status – sich in ungleichen politischen Ressourcen niederschlagen, jüngst, wie sogleich zu zeigen wird, eindrucksvoll empirisch überprüft (Solt 2008; Gilens und Page 2014). Vor dem Hintergrund der demokratischen Prämisse, dass „erwachsene Menschen ein Recht darauf haben, politisch als gleich behandelt zu werden" (Dahl 2006, S. 1), folgt daraus, *dass die Verringerung ungleicher Verfügungsmacht über politische Ressourcen als Ziel von zentraler Wichtigkeit gelten sollte, um breite Zugänglichkeit, Rechenschaftspflicht und, in letzter Konsequenz, Legitimität vermeintlich „repräsentativer" Regierungen zu gewährleisten.*

Im Gegensatz dazu räumte Robert Dahl bereits in den frühen 1960er-Jahren ein, dass das politische System „ungewöhnliche" Möglichkeiten bot, um solche Ressourcen „aufzutürmen" zu einem „ansehnlichen politischen Guthaben", das heißt zu Strukturen von Macht und Einfluss. Dahl stellte solche Fehlverteilung damals nicht ernsthaft in Frage, vertrat er doch die Überzeugung, dass „wahrscheinlich in der amerikanischen Politik keine einzelne Ressource durchweg ausschlaggebende Wirkung entfaltet" (Dahl 1961, S. 227; Dahl 1967, S. 378). Während der folgenden beiden Jahrzehnte wurden er und einer seiner Kollegen in Yale, Charles Lindblom, freilich skeptischer und radikaler in ihrer Kritik an institutioneller Stagnation und politischer Ungleichheit: Sie diagnostizierten eine „privilegierte Stellung der Wirtschaft", insbesondere „der Führungskräfte großer Unternehmen", der sie die vorhandenen Defizite an Gleichheit anlasteten.

Das Privileg schloss die Fähigkeit ein, politische Maßnahmen entweder im Ansatz zu verwässern oder, falls unerwünschte Gesetze dennoch beschlossen wurden, sich ihren Auswirkungen zu entziehen (Dahl 1982, S. 40 ff.). Große Kapitalgesellschaften „beschränken polyarchische Regeln und Verfahren [d. h. solche, die der Demokratie nahekommen] auf einen bloßen Teil der Regierungstätigkeit" und „stellen sie selbst dort in Frage". Die Rolle solcher Konzerne, folgerte Lindblom, ist deshalb nicht einfach die einer Interessengruppe unter vielen (Lindblom 1977, S. 170, 190).

2006 stufte Dahl soziale, wirtschaftliche und politische Ungleichheit zwischen Amerikas Bürgern als „nicht vertretbar" ein. Und er sprach einem von ihm mit einiger Ausführlichkeit entworfenen Szenario, dem zufolge die Ungleichheit weiter stark zunehmen würde, eine „gewisse Wahrscheinlichkeit" zu – obwohl er es „nicht für unvermeidlich" hielt (Dahl 2006, S. 114). Ein Jahrzehnt später prognostizierte Branko Milanovic, unter Berufung auf wirtschaftliche, soziale und politische Faktoren, weit pessimistischer einen „perfekten Sturm zunehmender Ungleichheit" für die Vereinigten Staaten. Die politische Komponente des Prozesses, den er beschrieb, bestand darin, dass fortschreitende Einkommenskonzentration die politische Macht Wohlhabender weiter stärken würde, was „politische Eingriffe zugunsten der Armen – steuerliche Begünstigung, Finanzierung öffentlicher Bildung, Infrastrukturausgaben – noch unwahrscheinlicher" macht als zuvor (Milanovic 2016, S. 191, 192).

Wirtschaftliche Ungleichheit ist im Lauf der letzten Jahrzehnte in Nordamerika und in vielen westeuropäischen Ländern sprunghaft angestiegen. In den Vereinigten Staaten war das Ausmaß jedoch „enorm", und Großbritannien „folgte diesem Weg" (Piketty und Saez 2013, S. 458, 461; Milanovic 2016, S. 75, 76; Atkinson 2015, S. 20, 21. Der verstorbene Thomas Atkinson, Doyen der Ungleichheitsforschung, war der Mentor Thomas Pikettys.)

In Frankreich entfielen zwischen 1983 und 2015 20 % des Einkommenszuwachses auf das oberste 1 % der Einkommenspyramide; derselbe Betrag floss den unteren 50 % zu. In Kanada kassierten die gleichen 1 % rund 30 % der Einkommenszuwächse zwischen 1997 und 2007 (Piketty 2017; Conference Board of Canada 2017). In Großbritannien stieg der Anteil der obersten 1 % zwischen 1979 und 2007 von 6 auf 14,5 %, derjenige der obersten 0,1 % von 1,3 auf 6,5 %. Allein im Verlauf der zehn Jahre von 1997 bis 2007 konnten diese 0,1 % ihre Einkommen um 64,2 % steigern, während die unteren 50 % sich mit 7,2 begnügen mussten (High Pay Commission 2011a, S. 22, 2011b, S. 22). Die unabhängige britische High Pay Commission resümierte, dass „in Großbritannien die Kluft zwischen Arm und Reich inzwischen so groß ist wie in einigen Entwicklungsländern." 2035 würden, wenn das derzeitige Tempo sich fortsetzt, 14 % des Volkseinkommens auf die obersten 0,1 % entfallen, ein Einkommensgefälle, das zuletzt „im viktorianischen England" verzeichnet wurde (High Pay Commission 2011b, S. 7, 24).

In den USA wurde der zweite Teil dieser Periode des ausgehenden 19. Jahrhunderts als „vergoldetes Zeitalter" (*gilded age*) apostrophiert, und historische Vergleiche krasser Einkommensungleichgewichte haben die heutigen Vereinigten Staaten als „neues" oder „zweites" *gilded age* bezeichnet (Krugman 2009; Bartels 2008; Eichler und McAuliff 2011; Beddoes 2012). Die „Explosion" der Ungleichheit in den USA (Piketty 2014, S. 387) lässt sich an verschiedenen Indikatoren ablesen. Robert Dahl wählte durchschnittliche Einkommensspannen für 1979 und 2000 zwischen den obersten 1 % und den untersten 20 % [133: 1 gegenüber 189: 1] sowie zwischen den 100 Spitzenverdienern unter den Konzernchefs und einem durchschnittlichen Arbeiter [39: 1 gegenüber mehr als 1000: 1] (Dahl 2006, S. 100). Joseph Stiglitz verglich die Einkommen der obersten 0,1 % mit denen der untersten 90 % für die Jahre 1979 und 2010 [50: 1 gegenüber 164: 1] (Stiglitz 2012, S. 383 Anm. 3). Thomas Piketty errechnete, dass der Anteil der obersten 10 % am Volkseinkommen „von ungefähr 30–35 % in den 1970er-Jahren auf ungefähr 45–50 % in den 2000er-Jahren gestiegen ist – ein Anstieg von fast 15 Prozentpunkten" (Piketty 2014, S. 387). Branko Milanovic merkte an, dass sich 2007 81 % aller US-Aktien im Besitz der reichsten 10 % befanden (Milanovic 2016, S. 194).

Was die politischen Auswirkungen wachsender wirtschaftlicher Ungleichheit – mithin einer immer stärkeren Schieflage der Einkommens- (und Vermögens-) Verteilung – betrifft, haben zwei empirische Untersuchungen von Frederick Solt und Martin Gilens/Benjamin Page komplementäre Ergebnisse erbracht:

- Infolge „abnehmenden politischen Engagements minder wohlhabender Bürger bei zunehmender Ungleichheit" wird es immer unwahrscheinlicher, dass Angelegenheiten, „über die zwischen Reicheren Konsens besteht, wie beispielsweise Umverteilung", auch dann, wenn sie sich mit den Interessen ärmerer Bürger decken sollten, „überhaupt Eingang finden in politische Debatten" (Solt 2008, S. 57).
- Sofern sich aber Mehrheiten weniger gutsituierter Wähler finden, die sich für politischen Wandel einsetzen, sehen sie sich mit dem Problem begrenzter Responsivität politischer Akteure – begrenzter Aufgeschlossenheit für Wählerwünsche – konfrontiert oder, zugespitzter ausgedrückt, mit dem Problem der „Demokratie per Zufall". Im gegenwärtigen politischen System der USA „bekommen normale Bürger von der Regierung nur dann, was sie begehren, wenn ihre

Wünsche zufällig mit denen [wirtschaftlicher] Eliten oder [unternehmerfreundlicher] Interessengruppen übereinstimmen" (Gilens und Page 2014, S. 573).

Solt korrelierte Daten der *Luxembourg Income Study* – einer 1983 begonnenen länderübergreifenden Datenbank, die mikroökonomische Einkommensdaten bereitstellt (vgl. Buhmann et al. 1988) – mit Angaben des Eurobarometers und vergleichbarer Umfragen (Solt 2008, S. 50, 51). Indem er politisches Engagement in die Kategorien politisches Interesse, Diskussion politischer Themen und Wahlbeteiligung aufschlüsselte, testete er in einem Mehrebenen-Modell, das 22 demokratische Industrieländer umfasste, verschiedene Theorien über mögliche Beziehungen zwischen wirtschaftlicher Ungleichheit und politischer Mitwirkung. Die Ergebnisse seiner Analyse erwiesen sich als ausschließlich konsistent mit dem „relativen Machtpositions"-Ansatz, dem zufolge *wirtschaftliche* Ungleichheit „die relative Machtposition wohlhabenderer Bürger" steigert und auf diese Weise *„politische* Gleichheit untergräbt" (Solt 2008, S. 57).

Die Gilens/Page-Studie, die sich auf das politische System der USA konzentrierte, stützte sich auf Daten aus zwei Jahrzehnten (1981–2002) aus landesweiten Umfragen, die Pro- und Kontra-Antworten zu vorgeschlagenen Politikänderungen ermittelten, wobei die Einkommen der Befragten einbezogen wurden (Gilens und Page 2014, S. 568). Vier Theorieansätze wurden, wiederum anhand eines einzigen statistischen Modells, getestet: Medianwählermodell, majoritärer Interessengruppen-Pluralismus, eingeschränkter Interessengruppen-Pluralismus „mit Oberschichtenakzent" und Elitenherrschaft. Sowohl im Hinblick auf die Thematisierung politischer Schwerpunkte (*agenda setting*) als auch der endgültigen Politikformulierung stützten die Ergebnisse „wesentlich" die beiden letzt-, nicht aber die beiden erstgenannten Ansätze (Gilens und Page 2014, S. 565, 576).

Das deckt sich mit den Erkenntnissen, die Larry Bartels über die politische Vertretung ihrer jeweiligen Wahlkreise durch US-Senatoren während der Wahlperiode 1989–1994 gewonnen hat. Bei Abstimmungen wurde den Ansichten von Millionen Wählern im untersten Drittel der Einkommenspyramide „überhaupt kein Gewicht" beigemessen – was Bartels „zutiefst beunruhigend" fand –, den Meinungen des mittleren Drittels „um rund 50 % weniger" als denen des obersten Drittels. Bartels gelangte zu dem Schluss, dass „Wahlen die gewählten Vertreter nicht zwingen, die politischen Präferenzen des ‚Medianwählers' zu berücksichtigen" (Bartels 2008, S. 253–255, 282, 287).[1]

Diese Studien versinnbildlichen die Chance einer Politikwissenschaft des einundzwanzigsten Jahrhunderts „mit breiterem Verständnis ihrer Möglichkeiten und Ziele", die danach trachtet, „wissenschaftliche und öffentliche Glaubwürdigkeit" in Einklang zu bringen (Isaac 2014, S. 558). Rezensenten haben Bartels' Buch bescheinigt, es sei „durchdacht, provozierend, tiefschürfend", „leicht verständlich", dabei „vorbildlich", was seine „umsichtig eingefügten" statistischen Angaben betreffe, seine „Ausgewogenheit", die „jede Übertreibung vermeidet. dennoch aber eine klare, provozierende, wichtige These vorbringt", dabei „jene aufs große Ganze bezogenen Fragen aufwerfend, mit denen wir uns auseinandersetzen müssen" (Shaw 2008, S. 1; Hochschild 2009, S. 145). Der Aufsatz von Gilens und Page führte zu einem sechseinhalbminütigen Fernsehinterview (Isaac 2014, S. 557). Im Anschluss an die bereits umfangreiche Medienberichterstattung (*BBC, New Yorker, U. S. News & World Report*) wurde der Beitrag von Comedy Central's preisgekrönter *The Daily Show (DST) With Jon Stuart* mittlerweile *Trevor Noah*) aufgegriffen. Den Ein-

---

[1] Eine Studie mit dem Titel: *Systematisch verzerrte Entscheidungen? Die Responsivität der deutschen Politik von 1998 bis 2015*, die das Zentrum für Demokratieforschung der Universität Osnabrück im Auftrag des Bundesministeriums für Arbeit und Soziales 2016 vorgelegt hat, gelangt für die Bundesrepublik zu einem ganz ähnlichen Ergebnis. Das Forschungsteam unter Leitung von Armin Schäfer untersuchte (a) das Maß an Zustimmung gesellschaftlicher Gruppen (unterteilt nach Einkommen, Beruf, Bildung, Alter, Geschlecht und Region) zu öffentlich diskutierten politischen Maßnahmen, dokumentiert an Hand von 252 in deutschlandweiten Umfragen erhobenen Sachfragen, (b) ob oder inwieweit der Deutsche Bundestag die in diesen Fragen erörterten politischen Veränderungen während der nächsten zwei bis vier Jahre tatsächlich umgesetzt hatte. Das wichtigste Resultat der Studie verdient ausführlich wiedergegeben zu werden (Elsässer et al. 2016, S. 43; vgl. auch S. 9, 16 ff., 35): „Was Bürger_innen mit geringem Einkommen in besonders großer Zahl wollen, hatte in den Jahren von 1998 bis 2013 eine besonders geringe Wahrscheinlichkeit, umgesetzt zu werden. In Deutschland beteiligen sich Bürger_innen mit unterschiedlichem Einkommen nicht nur in sehr unterschiedlichem Maß an der Politik, sondern es besteht auch eine klare Schieflage in den politischen Entscheidungen zulasten der Armen. Damit droht ein sich verstärkender Teufelskreis aus ungleicher Beteiligung und ungleicher Responsivität, bei dem sozial benachteiligte Gruppen merken, dass ihre Anliegen kein Gehör finden, und sich deshalb von der Politik abwenden – die sich in der Folge noch stärker an den Interessen der Bessergestellten orientiert."– Die Befunde sollten in den *5. Armuts- und Reichtumsbericht* der Bundesregierung (Große Koalition) einfließen, wurden aber nach Ressortabklärung im Kabinett entweder verwässert oder weggelassen (man vergleiche mit *Lebenslagen* 2016, S. 46).

schaltquoten der DST für 2014 zufolge dürften bis zu 2,5 Millionen Zuschauer das Gespräch mit den beiden Politikwissenschaflern verfolgt haben. Fachliche und kommunikative Fähigkeiten, wie Bartels, Gilens und Co. sie unter Beweis gestellt haben, auf bloße Analyse des politischen Preises zu beschränken, der für zunehmende wirtschaftliche Ungleichheit gezahlt werden muss, hieße unsere Disziplin darauf zu beschränken, ein deprimierend resignatives Bild zu zeichnen. Vielmehr sollte die Politikwissenschaft denselben kreativen Ansatz der drängenden Frage widmen: Welche politischen Maßnahmen könnten dazu dienen, den gegenwärtigen Trend zu verlangsamen, anzuhalten, gar umzukehren?

Ein solcher prüfender Blick hätte jedenfalls das Bemühen um „eine erneuerte und wiederbelebte Politische Ökonomie" einzuschließen (Eisfeld 2011, S. 221), ein Vorschlag, dem hier und im nächsten Kapitel nachgegangen wird. Thomas Piketty hat ihm Rückhalt verliehen mittels dezidierter Herausarbeitung der historischen, normativen und individuellen Implikationen des Begriffs wie des Fachgebiets (Piketty 2014, S. 789, 790):

- Die *normative* Untersuchung, „welche politischen Optionen" – Institutionen und Maßnahmen – uns einer besseren, wenn schon nicht „einer idealen Gesellschaft" näherbringen könnten, bildet (wie auch für dieses Buch) ein unverzichtbares Unterfangen.
- „Wichtigste", wenn auch „unvollkommene", Erkenntnisquelle „bleibt die *Geschichte*", um politische Projekte und ihre Auswirkungen aufzuspüren. Besonders die Lehren aus der Geschichte des 20. Jahrhunderts sind hier „von unschätzbarer Bedeutung".
- Zu „konkreten Entscheidungen und Politiken" *persönlich Stellung zu beziehen*, einschließlich der Beteiligung an „politischen Auseinandersetzung(en)", gehört zu den notwendigen Tugenden eines Sozialwissenschaftlers.

Der gegenwärtige Stellenwert der Politischen Ökonomie im Kontext des Fachs lässt sich an den unterschiedlichen Mitgliederzahlen ablesen, die eine Anzahl Standing Groups des European Consortium for Political Research (ECPR) auf sich vereinen. Die 1970 gegründete ECPR kann als wichtigstes politikwissenschaftliches Netzwerk zur Förderung länderübergreifender Zusammenarbeit gelten. Die vier Dutzend und mehr Standing Groups der Organisation sind meist aus Workshops oder Fachkonferenzen hervorgegangen. Aktuellen (2022) Zahlen zufolge weist Politische Ökonomie 247 Mitglieder auf. Die Gruppe Europäische Union umfasst mehr als viermal so viele Mitglieder (1129), gefolgt von Geschlecht und Politik (545), politischen Parteien (537) und internationalen Beziehungen (497). Selbst Parlamente (456), Vergleichende Politische Institutionen (419) oder Eliten und politische Führung (317) haben Politische Ökonomie überholt.

Die in diesem Kapitel zitierten Wirtschaftswissenschaftler sind sich einig, dass es keine monokausale Erklärung für die zunehmende Einkommensungleichheit gibt. Laut Milanovic ist ein Zusammenspiel wirtschaftlicher und politischer Faktoren am Werk. Auf einen „naiven ‚Ökonomismus'" zurückzugreifen, wäre unangebracht (Milanovic 2016, S. 82, 83; 94–96). Stiglitz – der kurzzeitig für die Weltbank gearbeitet hat, die er, nicht anders als den Internationalen Währungsfonds (IWF), kritisch sieht- und Krugman äußerten sich kategorischer. Stiglitz räumte zwar ein, dass Marktkräfte „einen gewissen Einfluss" auf das Ausmaß an ökonomischer Ungleichheit ausüben, beharrte aber darauf, dass „politische Entscheidungen ... die Märkte prägen" (Stiglitz 2012, S. 33, 124). Krugman fügte einen ironischen Seitenhieb hinzu, als er schrieb, „Institutionen, Normen und das politische Umfeld" seien für die Einkommensverteilung weit wichtiger, „als das Einmaleins der Wirtschaftswissenschaften einem weismachen möchte" (Krugman 2009, S. 8).

Unter den wirtschaftlichen Faktoren wurden am häufigsten zur Erklärung herangezogen (a) beschleunigter technologischer Wandel, der hoch qualifizierte (deshalb hoch bezahlte) Berufe begünstige, (b) globalisierungsgetriebene Bereitschaft zum Import gering qualifizierter, niedrig entlohnter Arbeitskräfte sowie (c) Erweiterung internationaler „Produktionsnetze", will sagen Outsourcing der Produktion in Niedriglohnländer (Milanovic 2016, S. 119–122). Beide Erklärungen wurden von Piketty abgelehnt, weil sie nationale Unterschiede außer Acht ließen. Entscheidend sei vielmehr die Beziehung zwischen der durchschnittlichen jährlichen Kapitalrendite – Gewinne, Dividenden, Zinsen, Mieten- und der jährlichen Wachstumsrate der Wirtschaft. Wenn die erstere über einen längeren Zeitraum die letztere deutlich übersteigt, wachse ererbten Vermögen eine „unverhältnismäßig große Bedeutung" zu: Sie „vergrößern sich schneller als Produktion und Einkommen", und – in Pikettys zurückhaltender Sprache – es „besteht die große Gefahr, dass die Vermögensverteilung ungleicher wird" (Piketty 2014, S. 46; Pressman 2016, S. 172, 173).

Die politische Seite des Vorgangs lässt sich mühelos in einem einzigen Satz zusammenfassen:

Sowohl in Bezug auf Umverteilungs- als auch auf Regulierungsmaßnahmen haben die Regierungen ihre Aktivität reduziert, und marktfreundliche Staatseingriffe haben zugenommen.

Deregulierung wird uns im Kap. 9 beschäftigen. Was Auswirkungen auf die Erhöhung der Ungleichheit angeht, hob Milanovic Senkungen sowohl der Kapitalertragssteuern als auch der Grenzsteuersätze für Spitzeneinkommen hervor (Milanovic 2016, S. 116). Krugman, Stiglitz und andere fügten die beträchtliche Wirkung staatlicher Maßnahmen auf den steilen Rückgang von Mitgliederzahl und Verhandlungsstärke der Gewerkschaften als weiteres wichtiges Moment hinzu (Krugman 2009, S. 149–151; Stiglitz 2012, S. 103, 104).

Während der Regierungen Thatcher, Reagan und Bush II (Ende der 1970er- bis Anfang der 2000er-Jahre) wurden schrittweise die Grenzsteuersätze für die oberste Steuerklasse in Großbritannien von 83 auf 40 % und in den Vereinigten Staaten von 70 auf knapp über 30 % gesenkt. Erbschaftssteuern wurden reduziert (Großbritannien) oder gänzlich abgebaut (USA), Steuern auf Dividenden und Kapitalgewinne ebenfalls verringert.

Die Reaktionen der Reagan- und Thatcher-Regierungen auf die Fluglotsenstreiks 1981 und die Bergarbeiterstreiks 1984/1985 können als Vorboten des anschließenden Niedergangs der Gewerkschaften in beiden Ländern gelten.

Reagan entließ mehr als 11.000 Fluglotsen – denen es gesetzlich verboten war zu streiken – und schloss sie auf Lebenszeit aus dem Öffentlichen Dienst des Bundes aus (eine Sperre, die erst 12 Jahre später von Präsident Clinton aufgehoben wurde). Die Zulassung ihrer Gewerkschaft wurde von der Bundesbehörde für Arbeitsbeziehungen (Federal Labor Relations Authority) aufgehoben. Zentralbankpräsident Alan Greenspan bemerkte später, Reagans Entscheidung habe „das bis dahin nicht uneingeschränkt ausgeübte Recht privater Arbeitgeber gestärkt, Beschäftigte nach eigenem Ermessen einzustellen und zu entlassen" (Greenspan 2003). Binnen wenig mehr als zwei Jahrzehnten sank der gewerkschaftliche Organisationsgrad in den USA auf die Hälfte (20,1 % der Erwerbsbevölkerung 1983, 10,7 % 2016). In der Privatwirtschaft betrug er gerade noch 6,4 % und *war damit auf das Niveau vor dem New Deal gefallen.*

Im selben Zeitraum sank die Zahl der Gewerkschaftsmitglieder in Großbritannien von 11 auf 7 Millionen. Selbst wenn der Organisationsgrad – 25 % der Erwerbsbevölkerung – im Vergleich zu den USA günstiger abschneidet, entspricht das Verhältnis zwischen privatem und öffentlichem Sektor in etwa dem des letzteren Landes. *Das bedeutet, dass Gewerkschaften im Amerika der Konzerne wie im England der Konzerne buchstäblich nicht mehr anzutreffen sind.* Für die Vereinigten Staaten wäre hinzuzufügen, dass sie nach den Unterlagen des Arbeitsministeriums auch *im gesamten Süden und Südwesten praktisch nicht mehr vorkommen.* Der Niederlage, die Margret Thatchers Regierung dem britischen Bergarbeiterstreik bereitete – der ohne vorherige Urabstimmung ausgerufen worden und deshalb eindeutig problematisch war –, folgten mehrere immer verzwicktere Streikgesetze. Sie sahen Urabstimmungen vor, unterwarfen Arbeitsniederlegungen zahlreichen verfahrenstechnischen Anforderungen und machten Gewerkschaften für ungesetzliche Arbeitskampfmaßnahmen haftbar.

Der Niedergang der Gewerkschaften verringerte nicht nur ihre wirtschaftliche Verhandlungsmacht. Er schwächte auch die politische und die normenprägende Stärke der organisierten Arbeiterschaft.

- Die sinkenden Mitgliederzahlen haben sich in den USA nachhaltig auf die Mindestlohnsätze ausgewirkt: Sie haben „in hohem Maß zum Rückgang der Reallöhne beigetragen" (Bartels 2008, S. 226, 240).
- Weil Gewerkschaften „über ihre Mitglieder hinaus mobilisieren", wäre 2004 die Wahlbeteiligung des unteren und des mittleren Drittels der Einkommensskala *jeweils* um 3,5 Prozentpunkte gestiegen, wenn die Gewerkschaftsstärke auf dem Niveau von 1964 verharrt hätte. Die Beteiligung des oberen Drittels hätte dagegen lediglich um 2,5 % zugenommen (Leighley und Nagler 2007, S. 438, 440).
- Kulturell, politisch und institutionell verankerte Gerechtigkeitsmaßstäbe hatten im Lauf der Zeit eine „moralische Ökonomie" erzeugt, welche „die Fairness eines Standardsatzes für Niedriglohnempfänger" ebenso festschrieb „wie die Ungerechtigkeit hemmungslos gesteigerter Einkünfte für Manager". *Diese von der organisierten Arbeiterschaft länderübergreifend geförderte moralische Ökonomie ist mit der Zahl der Gewerkschaftsmitglieder allmählich weggebrochen.* Damit einher ging ein „Verfall des Arbeitsmarkts als politische Institution", der beträchtlich zum Anstieg der Einkommensungleichheit beitrug (Western und Rosenfeld 2011, S. 517–519, 528, 533).

Es überrascht nicht, dass die „Wiederbelebung der Gewerkschaften" – leichter gesagt als getan – weit oben auf der Liste der Maßnahmen steht, die Krugman, Milanovic, Piketty und Stiglitz vorschlagen, um diesem Anstieg Einhalt zu gebieten. Andere, einander ergänzende Vorschläge schließen eine progressive Kapitalsteuer ein, die zunächst regional erhoben werden könnte – mit einer globalen Steuer als Bezugspunkt; Gewährleistung hoher internationaler Finanztransparenz und Gesetze, die darauf abzielen, Exzesse des Bankensektors einzudämmen; breitere Streuung von Kapitalbesitz durch Kombination hoher Erbschaftssteuern mit Unternehmenssteuern, die Beschäftigte mit niedrigem und mittlerem Einkommen bei Aktienerwerb begünstigen; Stärkung öffentlicher Bildungseinrichtungen – von Schulen bis zu Universitäten – durch staatliche Unterstützung, die auf Angleichung ihrer Qualität gerichtet ist (Krugman 2009, S. 263; Milanovic 2016, S. 232/233; Piketty 2014, S. 698, 699 und Kap. 15; Stiglitz 2012, Kap. 10).

Keiner dieser Anregungen lässt sich leicht umsetzen. Eine erste Hürde schien im Herbst 2021 genommen, als sich zunächst 136 Staaten unter dem Dach der OECD, anschließend der G 20-Gipfel auf eine globale Mindeststeuer von 15 Prozent für Unternehmen mit einem jährlichen Konzernumsatz ab 750 Mio. Euro einigten, die 2023 eingeführt werden sollte. Weil die Umsetzung durch die Europäische Union einer von den Mitgliedstaaten einstimmig beschlossenen Richtlinie bedarf, legte die Kommission unmittelbar darauf einen entsprechenden Entwurf vor (Europäische Kommission 2021), dem das Europäische Parlament Mitte Mai 2022 grundsätzlich zustimmte Doch meldeten zunächst Malta, Polen und Schweden Vorbehalte an. Einen Monat später beschloss das ungarische Parlament auf Antrag der Regierung Orbán, die Einführung der Steuer abzulehnen (Budapester Zeitung 2021; mehr zum „hybriden" Regime Orbáns im Kap. 12). Die fast gleichzeitig stattfindende Ministerratssitzung des Europäischen Rates, die im Zeichen des russischen Überfalls auf die Ukraine stand, konnte zur Gesichtswahrung nur wiederholen, man strebe weiter eine gemeinsame Position zur Kommissionsvorlage an (KPMG 2022).

Nicht zuletzt, weil auch dieses Thema in der öffentlichen Wahrnehmung durch den Russland-Ukraine-Krieg überlagert zu werden droht, bleiben Anstrengungen, es auf möglichst breiter Ebene immer wieder aufzugreifen, umso wichtiger. In Kap. 2 wurde bereits aus dem Bericht einer Studiengruppe der American Political Science Association zitiert, wonach Ungleichheit zusammen mit Vielfalt und Inklusion als analytische Kategorie „in jeden Studiengang einfließen sollten, statt als getrennte oder ergänzende Angebote im Lehrplan vorgesehen zu werden" (APSA 2011,

S. 3). Mehr als ein halbes Jahrzehnt zuvor hatte eine APSA-Studiengruppe über „Ungleichheit und amerikanische Demokratie" auf eine „energische Kampagne" aufgeschreckter Bürger und besorgter Wissenschaftler gedrängt mit dem Ziel, „politische Beteiligung auszuweiten und die Empfänglichkeit unserer Regierung für die Belange der vielen, nicht nur weniger Privilegierter, zu erhöhen" (APSA 2004, S. 20).

Doch die Resultate verhießen nichts Gutes. Einer Reihe desillusionierter Mitglieder der Gruppe zufolge waren vorhergegangene Reaktionen „dürftig" ausgefallen auf Appelle, die Disziplin solle „eine nachhaltige und kritische Prüfung weitreichender Fragen über das Wesen der amerikanischen Demokratie" in Angriff nehmen. Mehrere andere zitierten das Gleichnis von den blinden Männern und dem Elefanten – während sie zweifellos „Teile des Rätsels" untersuchten, hätten Forscher „meist versäumt, das größere Bild zu erfassen" (Bartels et al. 2004, S. 4, 5; Hacker et al. 2004, S. 5). *Wenn nicht, wie zu Anfang dieses Buchs argumentiert, fachliche Karriereanreize verändert, derzeitige Formen der Forschungsförderung auf den Prüfstand gestellt und „große" Fragestellungen in den Vordergrund akademischer Ausbildung gerückt werden, wird sich an dieser misslichen Lage kaum etwas ändern.*

Kein einziger der hier zitierten Wirtschaftswissenschaftler hat versäumt,

- Unzulänglichkeiten im öffentlichen Bildungswesen als eine Hauptursache für Ungleichheit zu benennen
- sowie die Verbesserung von Qualität und allgemeiner Zugänglichkeit besonders der Sekundar- und Hochschulausbildung als entscheidende Maßnahme zu unterstreichen, um das derzeitige Dilemma zu überwinden.

Wieder und wieder – in den 1980er-, den 1990er-, den 2000er-, den 2010er-Jahren – hat man im Bildungsniveau *die* politische Ressource mit dem stärksten Einfluss auf politisches Interesse, politische Beteiligung, den Erwerb politisch relevanter Kompetenzen erkannt (Dahl 1982, S. 171; Verba et al. 1993, S. 457; Solt 2008, S. 55). Berücksichtigt man die oben erörterten Probleme, welche weitere Pluralisierung von Gesellschaften infolge fortdauernder Zuwanderung aufwirft, dann wird ein zusätzlicher Zusammenhang besonders relevant: *das Bildungsniveau als Determinante ethnischer Vorurteile.* Auch wenn man länderspezifische Unterschiede berücksichtigt, bleibt in ganz Europa, ebenso wie in den USA, der Bildungseffekt „stark ausgeprägt": Personen mit hohem Bildungsgrad legen weniger ethnisch begründete Vorurteile an den Tag als solche von niedrigem Bildungsstand (Hello et al. 2002, S. 5, 6; Kalmijn und Kraaykamp 2007, S. 563, 567, 568).

Bildung ist, wie John Kenneth Galbraith unterstrichen hat, in vielerlei Hinsicht „entscheidend" – als Investition nicht allein in wirtschaftliche Besserstellung, sondern auch in sozialen Frieden, vernunftgeleitete Selbstbestimmung sowie, bei weitem nicht an letzter Stelle, in die Erweiterung eigener Lebensperspektiven. Diese Chance zu verweigern, kann als besonders „brutale Form sozialer Diskriminierung" gelten (Galbraith 1996, S. 73; Kap. 9). Eine Politikwissenschaft, die vor normativen Urteilen nicht zurückscheut, sollte neben dem vertrauten Argument „beruflicher Qualifikation" auch solche Aspekte einbeziehen. Zwei Jahrzehnte nach Galbraith hat Robert Putnam seine Leser(inn)en eindringlich daran erinnert, dass unser *grundlegender Moralkodex* verletzt wird, wenn „selbst für begabte und lebhafte Kinder" Chancengleichheit sich auf einen kurzlebigen Hoffnungsstrahl reduziert (Putnam ²2016, S. 240, 242).

Doch selbst für den Fall, dass wirtschaftliche Produktivität, das „Humankapital"-Argument, im Mittelpunkt der Argumentation stehen sollte, hat Joel Klein, ehemaliger Kanzler der öffentlichen Schulen von New York City (des größten Schulverbunds in den USA), schon vor zehn Jahren vor einer sich abzeichnenden Bildungskluft gewarnt, die – analog zum beunruhigenden Anstieg der Einkommensungleichheit – „die Grundfesten unserer Gesellschaft untergräbt". In Anlehnung an Benjamin Disraeli, der bereits vor dem *Gilded Age* Alarm geschlagen hatte, als er die Existenz der „zwei Nationen" Englands, der vielen Benachteiligten und der wenigen Privilegierten, ins Bewusstsein rückte, warnte Klein, dass „zwei Amerikas" in raschem Entstehen begriffen seien – „eine wohlhabende Elite und eine immer größer werdende Unterschicht, der die Fertigkeiten zum Erfolg fehlen" (Klein 2011, S. 3). Robert Putnam hat das Entstehen einer neuen „auf Erziehung gegründeten Segregation nach sozialen Klassen" unmissverständlich kritisiert und die Botschaft Kleins in nicht minder deutlichen Worten vermittelt (Putnam ²2016, S. 39; Kap. 4, bes. S. 160 ff., 183 ff.).

Piketty, Stiglitz und andere Forscher haben etliche aufschlussreiche Statistiken vorgelegt. Über einen Zeitraum von 40 Jahren, zwischen 1970 und 2010, stieg der Anteil der Collegeabschlüsse- und damit der Lebenschancen – von Kindern aus Familien im *obersten* Quartil der US-Einkommenspyramide von 40 auf 80 %; bei Kindern aus Familien in den beiden *unteren* Quartilen stagnierte er zwischen 10 und 20 %. In einer

Zusammenfassung von Forschungsergebnissen aus dem Jahr 2011 wurde festgestellt, dass nur etwa 30 % der *einkommensschwachen* US-Mittelschüler mit *hohen* Prüfungsergebnissen das College abschlossen, verglichen mit wiederum 30 % aus *gutverdienenden* Familien, die zwar *schlecht* abgeschnitten hatten, aber dennoch einen College-Abschluss erwarben. Natürlich existiert ein Zusammenhang mit den hohen Studiengebühren, wie sie Eliteuniversitäten verlangen – aber auch, worauf Piketty hingewiesen hat, mit den Aufnahmeverfahren: bei Spenden wohlhabender Eltern an amerikanische Universitäten kommt es „just dann zu einer auffälligen Häufung", wenn „die Kinder ehemaliger Absolventen das Bewerbungsalter erreich[en]" (Piketty 2014, S. 649; Stiglitz 2012, S. 49, 398 Anm. 79).

Was das untere Ende der Einkommenshierarchie betrifft, wurde in einer 2013 unter dem Dach der American Psychological Association veröffentlichten Studie hervorgehoben, dass arme Schüler mit defizitärem Bildungsumfeld – in Bezug auf Wohnung, Ernährung und andere familiäre Unterstützung – viel zu oft mangelhaft ausgestattete städtische Schulen besuchen, in denen veraltete Lehrbücher, veraltete Computer, unzureichende naturwissenschaftliche Ausstattung zusätzliche Hindernisse bieten. Geringe Schülermotivation und Mangel an Einsatz sind unausbleibliche Folgen (Hudley 2013, S. 1, 2). Die Kombination aus mangelnder sozialer Unterstützung und unzulänglicher schulischer Ausstattung wirkt sich besonders zum Nachteil hispanischer Jugendlicher aus. Einerseits sind Latinos, wie in Kap. 7 erwähnt, die am schnellsten wachsende Bevölkerungsgruppe in den Vereinigten Staaten. Andererseits weisen sie unverändert „bei weiterführenden Schul- und Collegeabschlüssen den niedrigsten Stand" auf – ein weiterer „Grund zu bundesweiter Sorge" (Schneider et al. 2006, S. 179; Ryan und Bauman 2016, S. 3).

Vergleichende Untersuchungen haben gezeigt, dass die – weiter oben in diesem Kapitel hervorgehobene – ausgeprägte Ähnlichkeit zwischen den USA und Großbritannien beim Ausmaß angestiegener Einkommensungleichheit ihre Entsprechung findet in dem „einmalig hohen Level der Bildungsdisparitäten" beider Länder (Reardon und Waldfogel 2016, S. 4. Sean Reardon lehrt und forscht als Experte für Ursachen, Entwicklungsverläufe und Folgen von Bildungsunterschieden an der Stanford University; Jane Waldfogel, spezialisiert auf Kindeswohlfahrt, Armut und soziale Mobilität, arbeitet an der Columbia University über die USA und Großbritannien). Gemeinsam mit anderen Forschern haben Reardon und Waldfogel in beiden Gesellschaften erhebliche Unterschiede im Bildungserfolg in Abhängigkeit von der Einkommenshöhe der Eltern festgestellt.

Wie in den Vereinigten Staaten spielen Studiengebühren eine herausragende Rolle beim ungleichen Zugang zu britischen Hochschuleinrichtungen: Seit 1998 ist dort die Obergrenze für Studiengebühren auf das Neunfache angehoben worden – von £ 1000 auf £ 9000. Der Gebührenanteil an den Einkünften britischer Universitäten lag 2010 „fast so hoch wie in den 1920er-Jahren und nahe beim Niveau der USA" (Piketty 2014, S. 649 Anm. 4).

In der Politikwissenschaft sollte die Forderung nach Angleichung der Zugangsmöglichkeiten zu „gehaltvoller" Bildung – im Sinn der Qualität des Bildungsangebots –, damit aber nach entsprechenden öffentlichen Investitionen ins Bildungswesen (Milanovic 2016, S. 233), auf breiter Front aufgegriffen werden. Solche Angleichung könnte ein wichtiges Element eines reformierten Wohlfahrtsstaats für das 21. Jahrhundert bilden, wie ihn Piketty und Milanovic skizzieren. Doch müssten (Robert Putnam hat das überzeugend dargelegt) Programme zur Reduzierung der sich ausweitenden Unterschiede im Bildungsniveau vielschichtiger und umfassender sein. Zu den zentralen Aspekten, die einbezogen werden sollten, gehören etwa Anstrengungen zur Verringerung einkommensbedingter Ausgrenzung im Wohnbereich oder zur besseren Verklammerung von Schulen und Kommunen durch Mentoren-Programme (Putnam [2]2016, S. 247, 251, 259).

Auch wenn in diesem Kapitel, wie bei anderen Themenfeldern, lediglich einige Probleme beispielhaft angerissen wurden, scheint doch offenkundig, dass Einkommensverteilung und Bildungserfolg untrennbar zusammenhängen mit jedem vorstellbaren Fortschritt bei der für das Fach Politikwissenschaft hier angedachten Rolle, sich stärker in öffentliche Debatten zu begeben. Eine potentielle Zuhörerschaft, deren Energien durch den Kampf ums Dasein weitgehend erschöpft sind und die zudem einen Mangel an Bildungschancen erfahren hat, die ihren Fähigkeiten zu vernünftiger Abwägung zugutegekommen wären, wird schlecht darauf vorbereitet sein, etwaige nachhaltige Bemühungen von Mitgliedern unserer Disziplin um Verbreitung faktengestützter analytischer, geschweige denn normativer Argumente zu würdigen.

Literatur

APSA [American Political Science Association] (2004): *American Democracy in an Age of Rising Inequality*. Report of the Task Force on Inequality and American Democracy. http://www.apsanet.org/portals/54/Files/Task%20Force%20Reports/taskforcereport.pdf, abgerufen 7. 8. 2017.

APSA [American Political Science Association] (2011): *Political Science in the 21st Century*. Report of the Task Force on Political Science in the 21st Century. Washington DC: APSA, www.apsanet.org/portals/54/Files/TaskForceReports/TF_21stCentury_AllPgs_webres90.pdf, abgerufen 14. 9. 2016.

Atkinson, Anthony B. (2015): *Inequality. What Can Be Done?* Cambridge/London: Harvard University Press.

Bartels, Larry M. (2008): *Unequal Democracy. The Political Economy of the New Gilded Age*. Princeton/Oxford: Princeton University Press.

Bartels, Larry M. et al. (2004): *Inequality and American Governance*. Memorandum, APSA Task Force on Inequality and American Democracy. http://www.apsanet.org/portals/54/Files/Memos/governancememo.pdf, abgerufen 7. 8. 2017.

Beddoes, Zanny Minton (2012): "For Richer, For Poorer". Special Report, *The Economist*, October 13. http://www.economist.com/node/21564414, abgerufen 16. 6. 2017.

Berry, Jeffrey M./Wilcox, Clyde (^{5rev}2009 [^{1}1984]): *The Interest Group Society*. New York: Pearson Longman.

Budapester Zeitung (2021): "Globale Mindeststeuer abgelehnt", 22. Juni. https://www.budapester.hu/inland/globale-mindeststeuer-abgelehnt/, abgerufen 27. 7. 2022.

Buhmann, Brigitte et al. (1988): "Equivalence Scales, Well-Being, Inequality, and Poverty: Sensitivity Estimates Across Ten Countries Using the Luxembourg Income Study (LIS) Database." *Income and Wealth*, Jg. 34, 115–142.

Conference Board of Canada (2017): "Income Inequality – Canada and World Results". http://www.conferenceboard.ca/hcp/details/society/income-inequality.aspx, abgerufen 31. 5. 2017.

Dahl, Robert A. (1961): *Who Governs?* New Haven: Yale University Press.

Dahl, Robert A. (1967): *Pluralist Democracy in the United States. Conflict and Consent*. Chicago: Rand McNally.

Dahl, Robert A. (1982): *Dilemmas of Pluralist Democracy*. New Haven: Yale University Press.

Dahl, Robert A. (2006): *Politische Gleichheit – ein Ideal?* (Originaltitel: *On Political Equality*. New Haven: Yale University Press 2006). Hamburg: Hamburger Edition HIS Verlagsgesellschaft.

Egerton, John (1974): *The Americanization of Dixie. The Southernization of America*. New York: Harper's Magazine Press.

Eichler, Alexander/McAuliff, Michael (2011): "Income Inequality Reaches Gilded Age Levels, Congressional Report Finds". *Huffington Post*, December 26. http://www.huffingtonpost.com/2011/10/26/income-inequality_n_1032632.html, abgerufen 16. 6. 2017.

Eisfeld, Rainer (2011): "How Political Science Might Regain Relevance and Obtain an Audience: A Manifesto for the 21st Century". *European Political Science*, Jg. 10, 220–225.

Elsässer, Lea/Hense, Svenja/Schäfer, Arnim (2016): *Systematisch verzerrte Entscheidungen? Die Responsivität der deutschen Politik von 1998 bis 2015*. Berlin: Bundesministerium für Arbeit und Soziales.

Europäische Kommission (2021): *Vorschlag für eine Richtlinie des Rates zur Gewährleistung einer globalen Mindestbesteuerung für multinationale Unternehmensgruppen in der Union*, COM(2021)823 final, 22. Dezember. https://eur-lex.europa.eu/legal-content/DE/TXT/?uri=COM:2021:823:FIN, abgerufen 24. 7. 2022.

Galbraith, John Kenneth (1996: *The Good Society*. Boston: Houghton Mifflin.

Gilens, Martin/Page, Benjamin I. (2014): "Testing Theories of American Politics: Elites, Interest Groups, and Average Citizens". *Perspectives on Politics*, Jg. 12, 564–581.

Greenspan, Alan (2003): "The Reagan Legacy." Speech Given April 9, 2003 at the Ronald Reagan Library. https://www.federalreserve.gov/boarddocs/speeches/2003/200304092/defaulthtm, abgerufen 10. 7. 2017.

Hacker, Jacob et al. (2004): *Inequality and Public Policy*. Memorandum, APSA Task Force on Inequality and American Democracy. http://www.apsanet.org/portals/54/Files/Memos/feedbackmemo.pdf, abgerufen 7. 8. 2017.

Hello, Evelyn/Scheepers, Peer/Gijsberts, Mérove (2002): "Education and Ethnic Prejudice in Europe: Explanations for Cross-National Variances in the Educational Effect on Ethnic Prejudice." *Scandinavian Journal of Educational Research*, Jg. 46, 5–24.

High Pay Commission (2011a): *More for Less*. http://highpaycentre.org/img/High_Pay_Commission_More_for_Less.pdf, abgerufen 31. 5. 2017.

High Pay Commission (2011b): *Cheques With Balances: Why Tackling High Pay is in the National Interest*. http://highpaycentre.org/files/Cheques_with_Balances.pdf, abgerufen 31. 5. 2017.

Hochschild, Jennifer L. (2009): Review of *Unequal Democracy* by Larry M. Bartels. *Perspectives on Politics*, Jg. 7, 145–147.

Hofstadter, Richard (1966): Anti-Intellectualism in American Life. New York: Alfred Knopf.

Hudley, Cynthia (2013): "Education and Urban Schools." American Psychological Association, *SES (Socioeconomic Status) Indicator*, May. http://www.apa.org/pi/ses/resources/indicator/2013/05/urban-schools.aspx, accessed 19. 6. 2017.

Isaac, Jeffrey C. (2014): "Rethinking American Democracy?", Editorial. *Perspectives on Politics*, Jg. 12, 557–562.

Kalmijn, Matthijs/Kraaykamp, Gerbert (2007): "Social Stratification and Attitudes: A Comparative Analysis of the Effects of Class and Education in Europe". *British Journal of Sociology*, Jg. 58, 547–576.

Klein, Joel (2011): "The Failure of American Schools". *The Atlantic*, June 2011, https://www.theatlantic.com/magazine/archive/2011/06/the-failure-of-american-schools/308497, abgerufen 19. 6. 2017.

KPMG (2022): "EU: Proposal for EU minimum tax directive; update after ECOFIN Council", https://home.kpmg/us/en/home/insights/2022/06/tnf-eu-proposal-eu-minimutax-directive-ecofin-meeting.html, abgerufen 24. 7. 2022.

Krugman, Paul (2009): *The Conscience of a Liberal*. New York/London: W. W. Norton.

Krugman, Paul (2011): "Oligarchy, American Style". *New York Times*, Nov. 4, 2011, A 31. http://www.nytimes.com/2011/11/04/opinion/oligarchy-american-style.html, abgerufen 19. 6. 2017.

Lebenslagen in Deutschland (2016): *Der Fünfte Armuts- und Reichtumsbericht der Bundesregierung. Kurzfassung.* https://www.google.com/armuts-und-reichtumsbericht.de/SharedDocs/Downloads/Berichte/5-arb-kurzfassung.pdf?_blob=publicationFile&v=4, abgerufen 31. 5. 2021

Leighley, Jan E./Nagler, Jonathan (2007): "Unions, Voter Turnout, and Class Bias in the U. S. Electorate, 1964–2004". *Journal of Politics*, Jg. 69, 430–441.

Lindblom, Charles E. (1977): *Politics and Markets*. New York: Basic Books.

Mickey, Robert/Levitsky, Steven/Way, Lucan Ahmad (2017): "Is America Still Safe for Democracy?" *Foreign Affairs*, Jg. 96 Nr. 3, 20–29.

Milanovic, Branko (2016): *Die ungleiche Welt* (Originaltitel: *Global Inequality*. Cambridge: The Belknap Press of Harvard University Press). Berlin: Suhrkamp.

Phillips, Kevin (2002): *Wealth and Democracy*. New York: Broadway Books.

Piketty, Thomas (2014): *Das Kapital im 21. Jahrhundert* (Originaltitel: *Le Capital au XXIe siècle*. Paris: Editions du Seuil 2013). München: C. H. Beck.

Piketty, Thomas (2017): "Inequality in France". *Le Blog de Thomas Piketty*, April 18. http://piketty.blog.lemonade.fr/2017/04/18/inequality-in-france, accessed May 31, 2017.

Piketty, Thomas/Saez, Emmanuel (2013): "Top Incomes and the Great Recession: Recent Evolutions and Policy Implications". *IMF Economic Review*, Jg. 61, 456–478.

Pressman, Steven (2016): *Understanding Piketty's Capital in the Twenty-First Century*. London/New York: Routledge.

Putnam, Robert D. (²2016): *Our Kids. The American Dream in Crisis*. New York/London: Simon & Schuster.

Putnam, Robert D./Campbell, David E. (2010): *American Grace*. New York: Simon & Schuster.

Reardon, Sean/Waldfogel, Jane (2016): "International Inequalities: Learning from International Comparisons." Sutton Trust *Research Brief* # 16 (December). http://www.suttontrust.com/wp-content/uploads/2016/12/International-inequalities_FINAL.Pdf, abgerufen 23. 8. 2017.

Ryan, Camille L./Bauman, Kurt (2016): "Educational Attainment in the United States: 2015". U. S. Census Bureau: Current Population Reports. https://

www.census.gov/content/dam/Census/library/publications/2016/demo/p20-578.pdf, abgerufen 23. 8. 2017.

Schneider, Barbara/Martinez, Sylvia/Owens, Ann (2006): "Barriers to Educational Opportunities for Hispanics in the United States". In: Marta Tienda/Faith Mitchell (hg.): *Hispanics and the Future of America*. Washington DC: National Academies Press, 179–227.

Shaw, Daron (2008): *Review of Unequal Democracy* by Larry M. Bartels. *The Forum*, Jg. 6, Issue 3, Article 10. DOI: 10.2202/1540-8884.1266, accessed June 19, 2017.

Shibley, Mark A. (1991): "The Southernization of American Religion: Testing a Hypothesis". *Sociological Analysis*, Jg. 52, 159–174.

Skocpol, Theda (2004): *Diminshed Democracy: From Membership to Management in American Civic Life*. Norman: University of Oklahoma Press/Arthur H. Clark.

Solt, Frederick (2008): "Economic Inequality and Democratic Political Engagement". *American Journal of Political Science*, Jg. 52, 48–60.

Stiglitz, Joseph E. (2011): "Of the 1%, by the 1%, for the 1%." *Vanity Fair*, March 31, 2011. http://www.vanityfair.com/news/2011/05/top-one-percent-201105, abgerufen 19. 5. 2017.

Stiglitz, Joseph E. (2012): *Der Preis der Ungleichheit* (Originaltitel: *The Price of Inequality*. New York: W. W. Norton 2012). München: Siedler.

Verba, Sidney/Schlozman, Kay Lehman u. a. (1993): „Race, Ethnicity and Political Resources: Participation in the United States". *British Journal of Political Science*, Jg. 23, 453–497.

Western, Bruce/Rosenfeld, Jake (2011): "Unions, Norms, and the Rise in U. S. Wage Inequality". *American Sociological Review*, Jg. 76, 513–537.

Wuthnow, Robert (2004): "Bridging the Privileged and the Marginalized?". In: Robert D. Putnam (hg.): *Democracies in Flux. The Evolution of Social Capital in Contemporary Society*. Oxford/New York: Oxford University Press, 59–102.

KAPITEL 9

Robuste Regulierung kapitalistischer Wirtschaft

Politische Ökonomie für das 21. Jahrhundert

Im Lauf der 1980er- und 1990er-Jahre gewann ein neo-liberaler (im Kern großenteils laissez-faire- oder „Manchester"-liberaler) Diskurs an Boden, der auf die Reduzierung von Sozialausgaben und staatlicher Überwachung der kapitalistischen Wirtschaft abzielte. Unter seinem Einfluss drängten politische und Marktakteure gleichermaßen auf die Umsetzung von Rezepten zur „Verschlankung" der Rolle des Staates.

Der Neo-Liberalismus steht für eine Reihe angebotsorientierter wirtschaftspolitischer Maßnahmen, zu denen Steuersenkungen, Abbau sozialstaatlicher Maßnahmen, Deregulierung, Privatisierung und Freihandel gehören. Bei der Entscheidung für eine solche Politik haben sozialdemokratisch geführte Regierungen sich mit ihren konservativ-liberalen Gegenspielern zusammengetan. „Kognitive Kaperung" (Stiglitz 2012, S. 83)[1] durch die Sichtweise der potentiell regulierten Führungskräfte von Unternehmen und Banken prägte die Geisteshaltung der Akteure, welche die Deregulierung vorantrieben. Das Etikett „Modernisierung" diente dabei als Schlagwort für sogenannte „Reformen", deren Merkmale – Ausgabenkürzungen, Kommerzialisierung – die traditionell progressive Konnotation des Begriffs Lügen straften.

---

[1] Der von Stiglitz eingeführte englische Begriff lautet *cognitive capture*. Die deutsche Ausgabe gibt ihn mit „kognitive Voreingenommenheit" wieder. Ich halte den hier verwendeten Begriff für angemessener, weil er den Prozesscharakter des Vorgangs einfängt.

Ein gewisses Bewusstsein dafür, dass kapitalistische Wirtschaftssysteme, definitiv unter Einschluss des Bankensektors, „strikter", international abgestimmter Regulierung bedürfen (Eisfeld 2011, S. 223), kehrte erst zurück, als ein „Amok laufender" Finanzkapitalismus (Piketty 2020, S. 601)[2] die Große Rezession 2007–2009 auslöste. Allerdings ist hier eine Warnung am Platz: Anders als die Schwere der weltweiten Krise hätte erwarten lassen, haben Untersuchungen ergeben, dass durch die Rezession „Politik und das Verständnis von Politik" *nicht* wesentlich verändert wurden: Der Neo-Liberalismus erwies sich als weitgehend resistent gegenüber Forderungen nach wirksamerer Regulierung (Wilson und Grant 2012, S. 7, 9, 12, 13).

In die fortdauernde Diskussion muss eine wiederbelebte Politische Ökonomie eingreifen – umso mehr, falls Paul Krugman Recht hatte, als er in seiner Ansprache als Präsident der Eastern Economic Association (EEA) 2011 urteilte, die Makroökonomie habe sich ins „finstere Mittelalter" zurückentwickelt, seit „ein Großteil des Berufsstandes sein früheres Wissen eingebüßt" habe. Für die Hauptursache hielt Krugman, dass akademisches Renommée sich zunehmend auf die Veröffentlichung „exakter", unter Verwendung „stringenter, vorzugsweise schwieriger" mathematischer Formeln erstellter Aufsätze gründe. Derart ausgebildet, hätten Wissenschaftler, die ihre Berufung auf Lebenszeitstellen erreicht hätten, jedem den Aufstieg „verwehrt", der den Mainstream-Ansatz „in Frage stellte" (Krugman 2011, S. 310, 311).

Das sollte Politologen bekannt vorkommen.

Der Trend zunehmend „marktfreundlicher", auf Deregulierung setzender staatlicher Intervention (Cerny 1999, S. 13, 19) wurde verkörpert durch die Strategien der Regierungen Clinton („Neue Demokraten"), Blair („*New Labour*") und Schröder („Neue Mitte"). Während der Amtszeit Bill Clintons leisteten Regierung und Kongress der USA in zentralen Bereichen Pionierarbeit beim Vorantreiben der Deregulierungsoffensive:

- Der Gramm-Leach-Bliley Act erlaubte 1999 die Zusammenlegung von Bank-, Wertpapier- und Versicherungsdienstleistungen unter dem Dach eines einzigen Konglomeratkonzerns. Mit dem Wegfall

---

[2] Im französischen Original heisst es (*Le Capital au XXIe siècle*, Paris: Editions du Seuil 2013, S. 756): „un capitalisme financier devenu fou", in der englischen Ausgabe: „a financial capitalism that has run amok" (Piketty 2020, S. 601). In der deutschen Ausgabe (Piketty 2014, S. 631) wird dies übersetzt mit „ein außer Rand und Band geratener Kapitalismus", unter Weglassung des Zusatzes „Finanz-".

der Beschränkungen für Zusammenschlüsse zwischen Geschäftsbanken (Einlagen und Kredite) und Investmentbanken (Wertpapiere) hob das Gesetz die entsprechenden Bestimmungen des Glass-Steagall Act von 1933 auf. Die Trennung, eine Schlüsselkomponente der New Deal-Gesetzgebung zur Bekämpfung der Große Depression, war seinerzeit eingeführt worden, um die Einlagen der Bankkunden vor spekulativer Nutzung zu schützen und den Umfang übermäßig spekulativer, darum riskanter Geschäfte einzudämmen. Da der Gramm-Leach-Bliley Act weder der Börsenaufsichtsbehörde – der gleichfalls während des New Deal geschaffenen US Securities and Exchange Commission – noch einer anderen Bundesbehörde die Befugnis zur Überwachung der Investmentbank-Konglomerate einräumte, schuf er außerdem „eine erhebliche Regulierungslücke" (Cox 2008).

Der Bankensektor hatte längst die Aufhebung des Glass-Steagall Act betrieben, gipfelnd in „einer $ 300 Millionen teuren Lobby-Offensive", um den Kongress zu beeinflussen (Stiglitz 2012; Sanati 2009, unter Zitierung des seinerzeitigen Senators Barack Obama). Die immer wieder beschworenen Mantras, die es der Regierung Clinton erfolgreich zu vermitteln gelang, lauteten „Modernisierung" und „Wettbewerbsfähigkeit". Clintons Finanzminister Lawrence Summers pries das Gesetz von 1999, dessen offizielle Bezeichnung *Financial Services Modernization Act* lautete, als „Aktualisierung", die amerikanischen Unternehmen erlauben würde, im 21. Jahrhundert „konkurrenzfähig" zu bleiben; Clintons Stabschef John Podesta tat Glass-Steagall als „überholt" ab, obwohl er einräumte, das neue Gesetz würde Banken gestatten, „sich auf riskantere Geschäfte einzulassen" (Sanati 2009; Roberts 2014).

Die Vorschriften des Glas-Steagall-Gesetzes waren zu diesem Zeitpunkt bereits ausgehöhlt worden durch ihre Auslegung seitens der Aufsichtsbehörde. Ihre Aufhebung jedoch – insoweit nicht unähnlich der schon erörterten Niederlage der Gewerkschaften im Konflikt mit Reagan und Thatcher – ihre Aufhebung „veränderte eine ganze Kultur": Als Geschäfts- und Investmentbanken begannen, zu verschachtelten Mischkonzernen zu fusionieren, „setzte sich die Kultur der Investmentfirmen durch" (Stiglitz 2012). Der „Appetit" wuchs, Fremdkapital aufzunehmen – sich zu verschulden – und dabei auf sogenannte Derivate zu setzen, Finanzinstrumente, deren Marktwert sich herleitet aus *erwarteten* Kursänderungen von Optionsgeschäften, Terminkontrakten oder Kreditausfallsicherungen. Solche Kontrakte versprechen hohe Renditen, sind aber *hochgradig spekulativ* und risikobehaftet. Als die Blase, die von „fahrlässiger" Kreditvergabe herrührte (Stiglitz 2012, S. 233), schließlich platzte, waren die Verluste enorm. Die Frage, wie weit die Aufhebung des Glass-Steagall Act die Große Rezession verursacht hat, wird nach wie vor kontrovers diskutiert. Das Argument, dass die Krise dadurch „breiter, tiefer und gefährlicher" wurde, ist weit weniger strittig (Ritholtz 2012; Sanati 2009; Elson 2017, S. 12, 30).

- Der Effekt der 1999 getroffenen Regelung wurde 2000 durch ein weiteres „Modernisierungs"-Gesetz für Finanzprodukte, den *Commodity Futures Modernization Act*, auf fatale Weise verstärkt. Es beseitigte die Regulierung von Derivaten – Kreditausfallsicherungen inbegriffen-, die statt an der Börse im sog. Freiverkehr (*over-the-counter*, OTC) außerbörslich gehandelt werden. Das Gesetz wurde von Präsident Clintons Arbeitsgruppe Finanzmärkte (PWG) gegen die Einwände des Vorsitzenden der Optionsmarkt-Regulierungsbehörde Commodity Futures Trading Commission durchgesetzt, der darauf zurücktrat. Der Arbeitsgruppe gehörten außer dem Finanzminister die Vorsitzenden des Federal Reserve Board sowie der Securities and Exchange Commission an. Der Bericht der Gruppe an Senat und Repräsentantenhaus strotzte von Zauberworten wie „amerikanische Führungsrolle", „Innovation", „Wettbewerb", „Effizienz" und – man lese und staune – „Transparenz" (PWG Report 1999). Vor der Schlussabstimmung führte ein „Kompromiss" zwischen Finanzministerium und dem republikanischen Senator Phil Gramm – der bereits den Feldzug zugunsten des Gesetzes von 1999 angeführt hatte – zu noch strikteren Bestimmungen über die Befreiung der Derivate von jeder Aufsicht (Blumenthal 2009).

Als Konsequenz aus der Große Rezession setzte der *Dodd-Frank Wall Street Reform and Consumer Protection Act*, während der Präsidentschaft Barack Obamas verabschiedet, das Gesetz von 2000 außer Kraft. Dessen Umsetzung wurde freilich durch den Widerstand der Industrie und der Republikaner behindert (Wilson 2012, S. 55, 56). Der *Financial Choice Act*, 2017 während der ersten Monate der Präsidentschaft Trumps vom Repräsentantenhaus verabschiedet, hätte wiederum dieses Gesetz weitgehend rückgängig gemacht. Zu einer Beschlussfassung im Senat kam es jedoch nicht, nachdem die Erarbeitung eines überparteilichen Entwurfs gescheitert war.

- In seinem Präsidentschaftswahlkampf hatte Bill Clinton 1992 versprochen, die Sozialleistungen zu kürzen – in einem berühmt (oder berüchtigt?) gewordenen Satz „die Sozialhilfe, wie wir sie kennen, zu beenden" (*end[ing] welfare as we know it*). Mit der Behauptung, „zu viele Menschen" würden festsitzen in der angeblichen Falle eines „Kreislaufs der Abhängigkeit", hatte er in Aussicht gestellt, diesen „Kreislauf" durch ein System zu ersetzen, das den Schwerpunkt auf „Arbeit und Unabhängigkeit" legte. Infolge des erbitterten Konflikts um die Reform der Krankenversicherung, der schließlich zum Scheitern des vom Präsidenten vorgelegten *Health Security Act* führte, und auf Grund von Streitigkeiten innerhalb der Regierung selbst versäumte Clinton, das Vorhaben gleich zu Beginn seiner ersten Amtszeit in Angriff zu nehmen, und sah sich in der Folge gezwungen, auf Initiativen der Republikaner zu reagieren, die tiefere Einschnitte forderten, als er geplant hatte (Noble 1997, S. 128, 131, 133). Nachdem er gegen zwei von republikanischen Kongressmehrheiten verabschiedete Gesetze sein Veto eingelegt hatte, unterschrieb er 1996 am Vorabend seiner Wiederwahlkampagne eine dritte Fassung. Clinton zufolge bot der Entwurf, „schwerwiegender Mängel" ungeachtet, die „beste Chance, die wir in einer langen, langen Zeit haben werden", um sein Versprechen einzulösen (Harris und Yang 1996: A01).

Mit dem *Personal Responsibility and Work Opportunity Act* wurden zeitliche Beschränkungen und Anforderungen eingeführt. Der generelle Anspruch auf Geldleistungen des Bundes wurde auf fünf Jahre und für Familienvorstände, die in der Zwischenzeit keine Beschäftigung gefunden hatten, auf zwei Jahre begrenzt. Die Einzelstaaten konnten sich für strengere Anforderungen oder kürzere Zeiträume entscheiden. Nach zwei Monaten konnten sie von Erwachsenen verlangen, gemeinnützige Arbeit zu leisten. Der Schwerpunkt des Gesetzes lag auf Arbeit, nicht auf beruflicher oder allgemeiner Weiterbildung. Spielraum für „Experimente" und Ermessen der Einzelstaaten wurden durchweg hervorgehoben. Individuelle Ansprüche im Rahmen der Beihilfe für Familien mit abhängigen Kindern wurden durch pauschale Bundeszuweisungen an die Einzelstaaten ersetzt und mussten von ihnen dauerhaft durch zusätzliche Mittel ergänzt werden. Legale Einwanderer; die nicht die Staatsbürgerschaft erworben hatten, konnten während ihrer ersten fünf Jahre in den USA keine Sozialleistungen beantragen.

Sechs Jahre nach Verabschiedung des Gesetzes wurden die Unterschiede in der Umsetzung durch die Einzelstaaten als „dramatisch" bezeichnet. Kein Konsens, wie am besten zu verfahren sei, hatte sich herausgebildet (Weaver und Gais 2002). Als sich die Arbeitslosenziffer während der Großen Rezession verdoppelte, fanden die Berkeley-Ökonomin Hilary Hoynes und ihr Team – spezialisiert auf die Untersuchung wirtschaftlicher Ungleichheiten und Programme zur Armutsbekämpfung – „stichhaltige Beweise" dafür, dass die Sozialhilfereform, vor allem wegen des Wegfalls der Unterstützung durch Geldleistungen, „den am stärksten Benachteiligten nicht zugutekam". Im Vergleich zu früheren Konjunkturabschwüngen litt die Gruppe, die – mit Einkommen unterhalb 50 % der Armutsgrenze – in „extremer Armut" lebte, am stärksten unter den Folgen der Rezession (Bitler und Hoynes 2016, S. 437; Hoynes 2017).

Die Brookings Institution regte an, der Kongress solle in Perioden hoher Arbeitslosigkeit beruflicher Weiterbildung mehr Gewicht einräumen („weil die meisten Experten der Meinung sind, Arbeitslose sollten in Konjunkturflauten ihre Qualifikation durch berufliche Weiterbildung verbessern") und außerdem die Fristen für die Aufnahme einer Beschäftigung erheblich ausweiten – denn in Abschwungphasen „verlängert sich die durchschnittliche Dauer der Arbeitssuche stark" (Brookings 2014). Sechs Monate vor seinem Tod plädierte New Yorks ehemaliger Bürgermeister Ed Koch in einem leidenschaftlichen öffentlichen Appell für „Anstand und Fairness" bei der Behandlung der Ärmsten. Er verwarf „willkürlich gesetzte" Fristen und schloss: *„Mr. President,* Sie müssen für die Ärmsten sprechen. Niemand sonst scheint willens oder irgendeine Wirkung zu erzielen" (Koch 2012).

- Neben der Deregulierung des Bankensektors und dem Abbau von Sozialleistungen bildeten Förderung des Freihandels und Schutz ausländischer Investitionen einen weiteren Eckpfeiler neo-liberalen Politikverständnisses. Das 1993 zwischen Kanada, Mexiko und den USA vereinbarte Nordamerikanische Freihandelsabkommen (NAFTA) schuf in der Tat die größte kontinentale Freihandelszone der Welt. Als der Vertrag in Kraft trat, soll das Gebiet die beeindruckende Produktionsleistung von 6,5 Billionen Dollar erbracht haben (Grimm 1998, S. 179).

Das Abkommen zerstörte jedoch die traditionelle landwirtschaftliche Erzeugung der verarmten Nachkommen mexikanischer Maya-Indianer: Die mexikanische Regierung schaffte die in der Verfassung verankerte Garantie des Landbesitzes indigener Kommunen ab, weil sie sie als Investitionshemmnis betrachtete, das mit den NAFTA-Bestimmungen unvereinbar sei. Zudem wollte sie durch Öffnung dieser Ländereien für Privatisierung und Verkauf „Agrobusiness nach amerikanischem Vorbild und neue, auf exportorientierte Massenproduktion ausgerichtete Latifundien fördern." Damit löste die Regierung den Aufstand der Zapatisten im Bundesstaat Chiapas aus, der – bewusst symbolisch – am 1. Januar 1994 losbrach, dem Tag, an dem das Freihandelsabkommen in Kraft trat (Vargas 1994, S. 1, 12/13, 19–21).

Wie die zuvor erörterten Gesetzentwürfe wurde auch der *NAFTA Implementation Act* vom U.S. Kongress parteiübergreifend verabschiedet. (Das Abkommen war noch von George H. W. Bushs Republikanischer Administration ausgehandelt worden.) Doch spaltete das Gesetz – wie schon 1996 der *Welfare Act* – die Kongressfraktion der Demokraten in zwei Teile. Gewerkschaften und Umweltaktivisten hatten sich vehement gegen ein Vorhaben gewehrt, von dem sie befürchteten, es könnte der Verlagerung von Investitionen und Fertigungsanlagen in das Niedriglohnland Mexiko mit seinen, mangels Regulierung, wildwüchsigen Produktionsbedingungen Vorschub leisten.

Clinton, der sich mit Nachdruck für NAFTA einsetzte, musste diesen Widerstand schwächen, ohne die Unterstützung der Wirtschaft zu verlieren. Daher machte er die Unterzeichnung des Gesetzes abhängig von der Vereinbarung zweier Zusatzabkommen über die Zusammenarbeit in den Bereichen Umwelt und Arbeit (NAAEC, NAALC), in denen die drei Mitgliedsländer sich dazu verpflichteten, ihre jeweiligen *eigenen* Standards für Arbeitsverhältnisse und Umweltfragen umzusetzen. Die Strategie funktionierte, nicht zuletzt vor dem Hintergrund des in Kap. 8 beschriebenen gewerkschaftsfeindlichen Klimas. Obwohl sie in „eher dürftige" (Charnovitz 1994, S. 32) Abkommen ohne internationale Erzwingungsmöglichkeiten mündeten, schufen NAAEC und NAALC zumindest einen „Kontrollmechanismus" (Compa 1994, S. 109) sowie ein „öffentliches Forum", vor dem Verstöße oder Missbräuche von Klägern angeprangert werden konnten – und auch wurden (Kay 2011, S. 130).

Im Lauf der beiden folgenden Jahrzehnte inspirierte NAFTA drei ähnliche Außenhandelsabkommen – oder besser Handels- und Investitionsabkommen (auf den Investitionsteil wird sich die anschließende Erörterung konzentrieren). Keines erreichte jedoch das Stadium der Ratifizierung durch alle Signatarstaaten. Im Gegenteil, Präsident Trump setzte 2017 durch, dass NAFTA – von ihm während seines Wahlkampfs als „schlechtester Handelsdeal aller Zeiten" abgetan – neu verhandelt werden musste mit dem Ziel, Verbesserungen für die amerikanische Autoindustrie (bezüglich Mexiko) und Landwirtschaft (auf dem kanadischen Markt) durchzusetzen. Trotz der aggressiven Verhandlungstaktik der Trump-Regierung gelang beides eher in „geringfügigem" Maß – „sichtbarstes" Ergebnis, so mochte es scheinen, blieb der geänderte Name *United States-Mexico-Canada Agreement* (USMCA) für den 2020 in Kraft getretenen Nachfolgevertrag (Gertz 2018).

Doch erweist dieses Urteil sich als vorschnell. Bevor USMCA vom Senat mit überwältigender Mehrheit (89:10, gegenüber 60:38 im Falle des *NAFTA Implementation Act*) verabschiedet wurde, hatte der Druck des Kongresses erhebliche Veränderungen bei den Regelungen für Arbeit und Umwelt bewirkt. Die Zusatzverträge NAALC und NAAEC entfielen. Beide Bereiche wurden in den Hauptvertrag aufgenommen, die Bestimmungen verschärft. Mehrere Aspekte stechen hervor (Villarreal und Fergusson 2020, S. 32–35):

(1) Die Normen des 1998 beschlossenen Kernübereinkommens der Internationalen Arbeitsorganisation (ILO) in Genf sind als Standards übernommen worden. Dazu zählen Vereinigungsfreiheit, Recht auf kollektive Verhandlungen, Beseitigung von Zwangsarbeit, Abschaffung der Kinderarbeit, Verbot der Diskriminierung in Beschäftigung und Beruf.
(2) Mexiko hat sich verpflichtet, die 2019 unter dem Druck der USMCA-Verhandlungen eingeleitete, ILO-Vorgaben weitgehend berücksichtigende Reform seines Arbeitsrechts weiterzuführen und insbesondere ihre praktische Umsetzung wirksamer zu überwachen. Erst 2019 war das korrupte *charro-* oder Schutzvertragssystem abgeschafft worden. Es hatte über Jahrzehnte die Entstehung zahlreicher „gelber" Gewerkschaften ermöglicht, die statt den Beschäftigten entweder einzelnen Unternehmen oder der vormaligen Staatspartei PRI („Partei der institutionalisierten Revolution") verpflichtet waren.
(3) Mit dem Kapitel „Arbeitsbeziehungen" wurden auch die Beschwerdemöglichkeiten bei Verstößen gegen die vereinbarten Standards in den Hauptvertrag verlagert und außerdem sanktionsbewehrt. Die Schaffung eines sog. *Rapid Response Labor Mechanism*

(RRM) ermöglicht dabei den Durchgriff bis auf die einzelne Werksebene. Die Beschwerde selbst muss nach wie vor von einem Signatarstaat eingereicht werden. Zwischen Mai 2021 und Juli 2022 griffen die USA gegenüber Mexiko fünfmal zu diesem Schritt; in drei Fällen konnte zwischenzeitlich Einigung erzielt werden (Office 2022).

Auch bei Umweltfragen wurde USMCA wesentlich konkreter als NAFTA. Der Vertrag verpflichtete die drei Mitgliedstaaten, Maßnahmen zur Umsetzung mehrerer aufgelisteter Abkommen zu ergreifen, darunter das Washingtoner Artenschutzübereinkommen (CITES 1973), die internationale Übereinkunft zur Verhütung der Meeresverschmutzung durch Schiffe (MARPOL, ebenfalls 1973) sowie das Montreal-Protokoll (1987) über Stoffe, die zu einem Abbau der Ozonschicht führen. Spezielle Aufsichtsbehörden sollen die Einhaltung der entsprechenden Vorschriften gewährleisten. Im konkreten Fall dürfte das freilich schwerer fallen als bei Arbeitskonflikten.

Auf den Klimawandel nimmt der Vertrag nirgends explizit Bezug. Dennoch offenbart er politische Lernfähigkeit des US-Kongresses, vor allem der Demokratischen Partei, gegenüber den neo-liberalen Fixierungen der Clinton-Ära. Das gilt auch für die, gemeinsam mit Kanada, erfolgte Reduzierung der Rolle von Investitionsschiedsverfahren, auf die weiter unten eingegangen wird.

Gleichfalls 1917 hatte Präsident Donald Trump in einer diplomatischen Note den Austritt der USA aus dem Abkommen über die Trans-Pazifische Partnerschaft (TPP) verkündet, das ein Jahr zuvor von 12 Ländern unterzeichnet worden war, darunter Australien, Japan, Kanada, Malaysia, Mexiko, Singapur und Vietnam. TPP war auch innerhalb der Demokratischen Partei auf starken Widerstand gestoßen. Die Vorsitzenden beider Minderheitsfraktionen im Kongress, Nancy Pelosi (Repräsentantenhaus) und Harry Reid (Senat), hatten sich – ebenso wie Bernie Sanders, Senator für Vermont und Hillary Clintons Konkurrent bei den parteiinternen Vorwahlen – von dem Projekt der Obama-Regierung distanziert.

Verhandlungen über ein Begleitabkommen, die Transatlantische Handels- und Investitionspartnerschaft (TTIP) zwischen den Vereinigten Staaten und der Europäischen Union, wurden nach Trumps Wahl 2016 auf unbestimmte Zeit ausgesetzt. Durchgesickerte Inhalte hatten zuvor in Europa eine heftige Kontroverse über Umweltschutzbestimmungen, Schutz ausländischer Investitionen, Verbraucher- und Arbeitnehmerrechte ausgelöst.

Zu ähnlichen Protesten führte das 2016 unterzeichnete Umfassende Wirtschafts- und Handelsabkommen (CETA) zwischen Kanada und der Europäischen Union. Letztlich bewirkten diese – und die Erfahrungen der kanadischen Regierung mit NAFTA-, dass mittels Nachverhandlungen ein wesentlicher größerer Spielraum für nationalstaatliche Regulierung gewahrt blieb (de Mestral 2015, S. 641, 649). Nach der 2017 erfolgten Zustimmung des Europäischen Parlaments sowie zwei Entscheidungen des Bundesverfassungsgerichts von 2016 und 2022 können beträchtliche Teile des Abkommens, mit Ausnahme besonders des Investitionsschutzteils, vorläufig angewendet werden (zu den Einschränkungen vgl. Bundesverfassungsgericht 2016; siehe ferner Bundesverfassungsgericht 2022). Jedoch haben gegenwärtig erst 15 Mitgliedstaaten der Europäischen Union den Vertrag ratifiziert.

Es hat Versuche gegeben, Bemühungen um Investitionsschutz als buchstäblich jahrhundertelang verfolgtes Ziel nachzuweisen (z. B. Tietje und Baetens 2014, S. 15 ff.). Tatsache ist jedoch, dass Maßnahmen, die angeblich solchen Schutz anstreben, seit den 1960er-Jahren einen tiefgreifenden Wandel in Ziel und Zweck erfahren haben: *Statt gegen Enteignung zu schützen, dienen sie als Konzernwerkzeuge, um Regulierungsmaßnahmen entweder zu verhindern oder ihnen zu entgehen.* Das weist ihnen einen direkten Platz im neo-liberalen Werkzeugkasten zu und bedarf einiger Erörterung.

- Kap. 11 des NAFTA-Abkommens, das ausländischen Investoren die Möglichkeit eröffnete, Klagen gegen Gaststaaten einzureichen (Investor-Staat-Streitbeilegung, *Investor-State Dispute Settlement*, ISDS), trug maßgeblich bei zur „Explosion" derartiger Entschädigungsansprüche (van Harten 2014) seit den 1990er-Jahren. Die Bestimmung ist als erstes „ausgeklügeltes" Verfahren zur Beilegung von Investitionsstreitigkeiten zwischen Industrieländern eingeschätzt worden (Côté 2014, S. 60): Wegen einer Schädigung, der durch angebliche Verletzung einer vertraglichen Verpflichtung entstanden ist, kann ein Unternehmen einen Staat vor einem „unparteiischen" Schiedsgericht verklagen, errichtet nach den Regeln entweder des 1965 auf Initiative der Weltbank gegründeten Internationalen Zentrums für die Beilegung von Investitionsstreitigkeiten (ICSID) oder der 1976 geschaffenen Kommission der Vereinten Nationen für internationales Handelsrecht (*United Nations Commission on International Trade Law*,

UNCITRAL). Die Schiedsgerichte bestehen aus jeweils drei Schlichtern, von denen zwei durch die streitenden Parteien und ein dritter (dem der Vorsitz obliegt) einvernehmlich eingesetzt werden.

„Bis zur Mitte des 20. Jahrhunderts" war die zwischenstaatliche Regelung von Wirtschafts-, inklusive Investitions-, Streitigkeiten üblich (Tietje und Baetens 2014, S. 19). Der erste bilaterale Vertrag nach dem 2. Weltkrieg, der sich speziell auf „Förderung und Schutz" ausländischer Direktinvestitionen konzentrierte, wurde 1959 zwischen Westdeutschland und Pakistan geschlossen. Das Dokument, das ganze 9 Seiten und 14 Artikel umfasste, sah im Fall von Streitigkeiten ein Schiedsverfahren mit drei Schlichtern (analog zur späteren NAFTA-Formel) als eine unter mehreren Möglichkeiten vor.

Die sich anschließende wahre Flut an Investitionsabkommen wurde zwischen Industrie- und Entwicklungsländern geschlossen, was den anfänglichen Schwerpunkt – wie oben erwähnt – auf Schutz gegen Enteignung erklärt (der Vertrag von 1959 etwa widmete diesem Fall einen eigenen Artikel). Die 1965 erfolgende Gründung des ICSID durch das Übereinkommen zur Beilegung von Investitionsstreitigkeiten unter der Schirmherrschaft der Weltbank bedeutete einen „entscheidenden Schritt" (Côté 2014, S. 58) hin zur Schaffung eines verfahrensrechtlichen Rahmens für den Übergang von zwischenstaatlichen Verhandlungen zu Investor-Staat-Schiedsverfahren.

In einer vielsagenden Erklärung äußerte ICSID-Generalsekretär Ibrahim Shihata zwei Jahrzehnte nach dessen Gründung seine Erwartung, das Zentrum werde „die Beilegung von Investitionsstreitigkeiten ‚entpolitisieren'" (Shitata 1986, S. 4). Shihata, der über zwei juristische Abschlüsse verfügte, war anschließend als Rechtsberater für die Weltbank tätig (er starb 2011). Seine Auffassung kann als typisch gelten für die Betonung „technischer", angeblich „unpolitischer" Lösungen, wie sie unter Ökonomen und Juristen bei Weltbank und IWF, die sich als „unparteiische" Experten betrachteten, lange Zeit Popularität genoss. Die Ereignisse sollten beweisen, dass sie kaum weiter hergeholt hätte sein können.

Am Ende des ersten Jahrzehnts im laufenden Jahrhundert befanden sich rund 2600 bilaterale Investitionsverträge in Kraft, außerdem weitere 250 bilaterale Wirtschaftsabkommen, in denen Investitionen eine Rolle spielten – auch dies eine regelrechte „Explosion" seit den 1990er-Jahren (Wellhausen 2016, S. 121). Die umfassenden NAFTA-Bestimmungen zur Regelung von Investitionsstreitigkeiten dienten kleinräumlicheren

Übereinkünften als Richtschnur und lösten Hypothesen aus über eine „in Herausbildung begriffene weltweite Investitionsordnung", in der die Entscheidungsfindung – etwa durch Schiedsgerichte – zunehmend „privatisiert" würde (Salacuse 2010, S. 427, 428, 466). Daten zufolge, die von Rachel Wellhausen erhoben wurden, hat die Zahl öffentlich bekannter Investor-Staat-Streitbeilegungen sich zwischen 1991 und 2014 alle fünf oder sechs Jahre annähernd verdoppelt: 1997 von 0 auf über 20, 2002 etwa 50, 2012 über 100, wobei diese Zahl 2013 und 2014 fast wieder erreicht wurde. Die Gesamtzahl binnen 25 Jahren belief sich auf 676 Schiedsverfahren (Wellhausen 2016, S. 120 [Datengrundlage], 121 Abb. 1,122 Tab. 1).

Diese unerwarteten und „beispiellosen Anfechtungen mexikanischer, kanadischer und US-amerikanischer Regulierungsmaßnahmen" erweckten „das Gespenst regulatorischer Abschreckung (*regulatory chill*) in den Bereichen Gesundheit, Sicherheit und Umwelt" zum Leben (Côté 2014, S. 60, 61). Der Begriff „Abschreckung" impliziert dabei, dass eine Regierung darauf verzichtet, bestimmte „bona fide"- (also nicht absichtlich diskriminierende) Maßnahmen zu ergreifen oder durchzusetzen, weil sie das Risiko – nicht unbedingt die tatsächlich ausgesprochene Drohung – einer Investor-Staat-Auseinandersetzung und des damit verbundenen kostspieligen Rechtsstreits scheut (Tienhaara 2011, S. 607, 608; Tietje und Baetens 2014, S. 40, 41). Insbesondere bei Entwicklungsländern kann diese Befürchtung verstärkt werden durch (a) Mangel an juristischer Expertise und Geldmitteln, (b) die Sorge, multinationale Konzerne könnten sich – durch Zwischenschaltung von Tochtergesellschaften und „Geltendmachung diverser nationaler Zugehörigkeiten" – mittels *treaty shopping* „einkaufen" in die Schutzwirkung besonders vorteilhafter Investitionsabkommen (Gaukrodger und Gordon 2012, S. 55; Wellhausen 2016, S. 125).

Dass derartige Bedenken keine bloßen theoretischen Konstrukte sind, zeigen die beiden folgenden Fälle.

2010 und 2011 reichte der multinationale Tabakkonzern Philip Morris – im Einklang mit den in Kap. 4 beschriebenen, von der Tabakindustrie im Allgemeinen und Philip Morris im Besonderen verfolgten Strategien – Klagen gegen Uruguay und Australien ein. Das Unternehmen verlangte von Uruguay eine Entschädigung von 25 Mio. USD und von Australien in nicht genannter „Milliardenhöhe", weil die Anti-Raucher-Gesetze beider Länder den Wert der Investitionen des Klägers „wesentlich gemindert" hätten. Eingereicht wurden die Klagen im Rahmen unterschiedlicher bilateraler Investitionsabkommen – zwischen der Schweiz und Uruguay

(2010) beziehungsweise Hongkong und Australien (2011); die Durchführung des ersten Schiedsverfahrens lag beim ICSID, die des zweiten folgte UNCITRAL-Regeln. Einschließlich der Kostenbeschlüsse dauerten die Rechtsstreitigkeiten sechs Jahre. Beide Schiedsgerichte entschieden schließlich gegen Philip Morris.

Diese Auseinandersetzungen schienen die auf den Resultaten früherer Schiedsverfahren gemäß NAFTA-Kap. 11 beruhende Aussage zu bestätigen, wonach Bedenken hinsichtlich regulatorischer Abkühlung „sich als verfrüht erweisen" könnten (Côté 2014, S. 64). Doch das wäre die falsche Schlussfolgerung.

- Einem OECD-Arbeitspapier aus dem Jahr 2012 zufolge beliefen die Kosten jüngst abgewickelter ICDS-Verfahren sich nach öffentlich zugänglichen Informationen auf durchschnittlich 8 Mio. (in Einzelfällen über 30 Mio.) USD, wobei die Anwaltshonorare (bei Stundensätzen von bis zu $ 1000,– für die Schiedsanwälte großer Kanzleien) geschätzte 82 % dieses Betrags abdeckten (Gaukrodger und Gordon 2012, S. 19, 20). Spezialisierte Anwaltskanzleien sind somit „die eigentlichen Gewinner" (Olivet und Villareal 2016) der Ausbreitung von Schiedsverfahren. Wie zahlreich berichtet (und durch die Regierung von Präsident Trabraré Vásquaz, einem Onkologen, öffentlich eingeräumt), hätte Uruguay – dessen BSP wesentlich unter den jährlichen Nettoeinnahmen des Philip Morris-Konzerns liegt – von seinem Versuch einer Eindämmung des Tabakkonsums abrücken müssen, wäre das Land nicht durch Bloomberg Philanthropies finanziell unterstützt worden, eine von dem ehemaligen New Yorker Bürgermeister zusammen mit der Melinda & Bill Gates-Stiftung gegründeten Wohltätigkeitsorganisation. Obwohl das Gericht die Firma Philip Morris verpflichtete, Uruguay einen Betrag von 7 Mio. USD zu erstatten, musste das Land immer noch 2,6 Mio. USD an Prozesskosten tragen (Olivet und Villareal 2016).

Die von Rachel Wellhausen erhobenen Daten über den Ausgang von Schiedsverfahren (Wellhausen 2016, S. 128, 129) geben ebenso wenig Anlass zu Optimismus. Von 461 abgeschlossenen ISDS-Fällen gewann der Staat in 174 (37,7 %), der Investor in 134 Fällen (29,1 %); in 153 (33,1 %) wurde ein Vergleich erzielt. Da „Vergleich" bedeutet, dass die jeweilige Regierung entweder eine gewisse Entschädigung zahlen oder ihre Politik ändern muss, lässt sich sagen, dass die Investoren in 62,2 % mit ihren Klagen Erfolg hatten. Das wird am Beispiel Kanadas deutlich, das bislang 150 Mio. USD an Entschädigungen gezahlt hat, den größten Teil im Rahmen von Vergleichen. Die Verfahrenskosten für das Land beliefen sich bis zum 1. Januar 2015 nach „konservativen" Schätzungen auf weitere 50 Mio. USD. Im gleichen Zeitraum zahlte Mexiko mehr als 204 Mio. USD an Investoren. Die USA haben bislang keinen Fall verloren (Dattu und Pavic 2017; CCPA 2015, S. 31).

- Philip Morris sah sich außerstande, die australischen Anti-Raucher-Gesetze im Rahmen des 2005 geschlossenen Freihandelsabkommens zwischen Australien und den Vereinigten Staaten (AUFTA) anzufechten: Obwohl weitgehend NAFTA nachempfunden, enthält AUFTA keine ISDS-Bestimmung: *Australien hatte darauf bestanden, dass dies aufgrund der rechtsstaatlichen Tradition beider Länder und ihrer funktionierenden Rechtssysteme unnötig sei.* Der multinationale Konzern strukturierte darauf einen Teil seiner Kapitalanlagen um, mit dem Ziel, „als Investor in Hongkong aufzutreten" und von einer Klausel im älteren bilateralen Investitionsabkommen zwischen Australien und Hongkong zu profitieren (AFINET 2012) – ein Fall von *treaty shopping* in Reinkultur. Und die lange Verfahrensdauer in den Fällen Australien und Uruguay führte in der Tat zu spürbarer regulatorischer Abschreckung – zur „Ausbremsung" geplanter Anti-Raucher-Gesetze in Costa Rica, Paraguay und Neuseeland, zu einem Rückzieher in Kanada, das sich mit „verwässerten" Einschränkungen zufriedengab (Olivet und Villareal 2016; CCPA 2015, S. 37).

Wie Australien bei AUFTA, hat auch Kanada seine Konsequenzen gezogen. Mit der Europäischen Union hat das Land vereinbart, sich für einen ständigen Multinationalen Investitionsgerichtshof (Multinational Investment Court, MIC) einzusetzen. Die CETA-Regelung, verbunden mit einer Reihe einschränkender Klarstellungen hinsichtlich der Klagevoraussetzungen, war als erster Schritt in diese Richtung gedacht, ist freilich als lediglich „kosmetischer Natur" auch scharf kritisiert worden. Beim USMCA sind die USA und Kanada dem AUFTA-Beispiel gefolgt und haben im bilateralen Umgang auf eine ISDS-Klausel verzichtet. Im Verhältnis zu Mexiko wurde das Verfahren beschränkt auf die Sektoren Erdöl- und Erdgasvorkommen, Energiegewinnung, Infrastruktur, Transport und Telekommunikation. In allen anderen Fällen muss zunächst der nationale Rechtsweg ausgeschöpft werden (Villarreal und Fergusson 2020, S. 23).

- Das internationale Unbehagen über die ISDS-Verfahren hat so weit zugenommen, dass die Streitbeilegung möglicherweise in eine Übergangsphase eintritt – von einem Wendepunkt zu sprechen, wäre verfrüht-, in der (siehe zuvor) ernsthaft über Änderungen und Alternativen diskutiert wird. Während der TTIP-Verhandlungen schrieb der damalige Wirtschaftsminister Sigmar Gabriel im März 2014 einen Brief an EU-Handelskommissar Karel de Gucht, in dem er das AUFTA-Argument Australiens aufgriff: Zwischen Ländern mit bewährten Rechtssystem sei ein besonderes Investitionsschiedsverfahren „unnötig" (AFP 2014).

Das derzeit angewendete Verfahren führt nachweislich (Tienhaara 2011, S. 615) zu Problemen

- finanzieller Limits, besonders natürlich für Entwicklungsländer, sowie
- regulatorischer Abschreckung aufgrund von Ungewissheiten.

Vor allem aber wirft es, da es sich zu einer Spielart *privater* internationaler Governance entwickelt hat, *Fragen der Rechenschaftspflicht und damit der Legitimität* auf.

Normativ wie empirisch handelt es sich bei Legitimität als Rechtfertigung von Autorität und Grundlage für politisches Zusammenleben um ein Kernkonzept der Politikwissenschaft: Sollen private internationale Akteure wirklich weiterhin damit betraut werden, „Regierungshandeln, Urteile nationaler Gerichte, parlamentarisch verabschiedete Gesetze autoritativ zu überprüfen?" (Fernández-Armesto 2012. Der Autor ist renommierter spanischer Schlichter.)

Die Frage nach dem Verhältnis privater und öffentlicher Interessen bei internationalen Investitionsabkommen sollte in einer wiederbelebten Politischen Ökonomie eine wesentliche Rolle spielen. Die ANU-Wissenschaftlerin Kyla Tienhaara hat mit gutem Grund einen Mangel an politikwissenschaftlichen Analysen auf einem Gebiet konstatiert, „das von juristischen Studien dominiert wird": Ihr Text war der einzige „aus der Perspektive der Politikwissenschaft" verfasste Beitrag in einem 28 Aufsätze umfassenden Sammelband über globale Investitionsstreitigkeiten und Schiedsverfahren). Deshalb verdient ihre Einschätzung, hier wiederholt zu werden:

In einem immer wichtiger gewordenen Bereich politischer Gestaltung, der sich „dem Licht der Öffentlichkeit" viel zu lange „entzogen" hat (Tienhaara), müssen Politologen weit umfassender als bisher an Debatten über Macht, über Verfahren und über Konflikte mitwirken.

Die jüngsten Studien von Côté (2014) und Wellhausen (2016) zeigen Wege auf, die empirische und normative Untersuchungen einschlagen könnten. Hinzufügen ließe sich, dass es tatsächlich einen Bereich gibt, nämlich nachhaltige Waldbewirtschaftung durch Waldzertifizierung, in dem Politikwissenschaftler Regulierungsmechanismen (einschließlich Fragen ihrer Legitimität), die auf Übereinkünften von Marktteilnehmern beruhen, detaillierte Aufmerksamkeit geschenkt haben (vgl. etwa Cashore et al. 2004, Kap. 1, 8). Bei dem analysierten Forest Stewardship Council handelt es sich freilich um ein sektorales Programm, das von Umweltgruppen konzipiert wurde, kaum vergleichbar mit der autoritativen *privaten* Regelung von Konflikten zwischen *privaten* Marktteilnehmern und gewählten *öffentlichen* Entscheidungsträgern.

Im Folgenden soll die Aufmerksamkeit der Art und Weise gelten, wie Präsident Clintons Deregulierungsoffensive von den Regierungen Blair und Schröder imitiert wurde. Als Labour noch die Opposition bildete, hatte Tony Blair sich für seinen eigenen Wahlkampf bereits früh von Clinton inspirieren lassen (King und Wickham-Jones 1999, S. 65–69) – hatte das Programm der „Neuen Demokraten" doch 1992 einen „radikalen" Wechsel hin zu „effizienterer" und „flexiblerer" Regierungsweise angekündigt. Die „Bevormundung" der Wirtschaft durch *big government* war verworfen, der Glaube an „die Wirksamkeit der Marktkräfte" betont worden. Und schließlich hatte die Partei den Sozialhilfeempfängern das „Angebot" eines „neuen Gesellschaftsvertrags" unterbreitet, einschließlich der bereits erwähnten Zweijahresfrist für Leistungsansprüche.

Das 1997 veröffentlichte „*New Labour*"-Manifest, das Blairs Unterschrift trug, griff diese Grundsätze auf. Neben dem „Bekenntnis zur Gerechtigkeit" wurde ein „Bekenntnis zum Unternehmertum" aufgenommen. Die Änderungen im Arbeitsrecht unter der Regierung Thatchers, die die Gewerkschaften geschwächt hatten (siehe Kap. 8), sollten nicht angetastet werden. Ein „moderner" Wohlfahrtsstaat würde geschaffen werden, in dem „Pflichten" den „Rechten" die Waage hielten. Auch in Großbritannien sollte Regieren künftig „vereinfacht" werden und „effizienter" ablaufen, inbegriffen eine Reform der Bank of England.

Die Plattform der Demokratischen Partei wurde, wie oben verdeutlicht, durch die Clinton-Administration übernommen. Nicht anders sollten die Dinge sich im Fall des *New Labour*-Manifests und der Regierung Blair entwickeln.

Während der ersten 100 Tage dieser Regierung entließ Schatzkanzler Gordon Brown 1997 die Bank of England in die Unabhängigkeit. Er gab damit die Kontrolle über die Geldpolitik (Festlegung der Diskontsätze) ab. Die Bankenaufsicht übertrug er auf die neu gegründete Financial Services Authority (FSA). Sie sollte die Zuständigkeit für Bank-, Versicherungs- und Börsenwesen bündeln, in „der erklärten Absicht", eine „Praxis der Regulierung ‚mit leichter Hand'" zu betreiben, „welche der Vorrangstellung der City of London als Finanzzentrum zugutekommen würde". Diese leichte Hand scheiterte jedoch kläglich während der 2007 einsetzenden Finanzkrise (Daripa et al. 2012, S. 1, 15 ff.). Anschließend erlassene Gesetze schufen einen neuen Regulierungsrahmen und schafften die FSA wieder ab.

Gleichfalls angelehnt an die US-Demokraten erfolgte der Umbau des Sozialstaats mittels obligatorischer Regelungen, die „weniger Sozialhilfe", dafür „mehr Beschäftigung" bewirken sollten (King und Wickham-Jones 1999, S. 62, 63, 70, 71). Wegen der hohen Jugendarbeitslosigkeit am Ende der Thatcher-Ära galten die Maßnahmen zunächst für 18–24 jährige, die ein halbes Jahr oder länger keine Arbeitsstelle gefunden hatten. Ihnen wurden im Anschluss an eine verpflichtende „Zugangsberatung" (*gateway counseling*) vier Optionen angeboten: Subventionierte Beschäftigung bei privaten Arbeitgebern für 6 Monate, einschließlich Ausbildung am Arbeitsplatz; freiwillige gemeinnützige Arbeit (6 Monate); freiwillige Mitwirkung in einer Umweltarbeitsgruppe (wiederum 6 Monate); Berufsausbildung oder sonstige Fortbildung (bis zu 12 Monate). Wer einer entsprechenden Aufforderung „ohne triftigen Grund" nicht nachkam, verlor seine Unterstützung zunächst für 4 Wochen, im Fall wiederholter Verstöße auch länger.

Später wurden zusätzlich Alleinerziehende, Behinderte, schließlich Langzeitarbeitslose (18 Monate und länger) über 25 Jahre in das Programm einbezogen. In diesen Fällen wurde die Bedürftigkeit geprüft: Einkommen und Ersparnisse mussten offengelegt werden.

Strittig bleibt, wie weit der anschließende Rückgang der Jugendarbeitslosigkeit zurückgeht auf die Programme von New Labour oder auf das wiedereinsetzende Wirtschaftswachstum im Jahrzehnt vor der Großen Rezession. Auf jeden Fall „mangelte es" der Parteirhetorik „an der Einsicht", dass *infolge des sich wandelnden Charakters der Arbeit – „zunehmend schlecht bezahlt und unsicher" – in Großbritannien und anderen Orts* viele Sozialhilfeempfänger „keine Langzeitschnorrer, sondern Opfer des Niedriglohnsektors" waren. Und auch die politische Kultur blieb nicht unbeeinflusst von dem offiziellen Tenor, es gälte „härtere Saiten aufzuziehen": Die Einstellung der Öffentlichkeit „verschob sich entscheidend hin zu dem Urteil, dass man als Sozialhilfeempfänger ein Schandfleck für die Gesellschaft sei" (Asato 2011, S. 183). Dies war genau der Trend, den New Yorks (oben in diesem Kapitel zitierter) ehemaliger Bürgermeister Ed Koch in den USA angeprangert hatte.

Blair fand einen akademischen Fürsprecher in Anthony Giddens von der London School of Economics and Political Science (*The Third Way*, 1998; dt. *Der dritte Weg*, 1999). Zunächst wand er New Labours „unternehmerfreundlicherer" Haltung zwar einen Lorbeerkranz. Rückblickend aber tadelte er die Blair-Gordon Kabinette heftig für ihre „kriecherische Abhängigkeit" – deutliche Worte – von der City of London (Giddens 2010, S. 35).

Dem Premier bot sich außerdem ein konzeptioneller Verbündeter in Kanzler Gerhard Schröder, dessen SPD die Bundestagswahl 1998 gewonnen hatte (ein Jahr nach dem „Blutbad", das Labour den britischen Konservativen bereitet hatte) und der mit Joschka Fischer eine rot-grüne Koalition schmiedete; bei der Invasion des Irak freilich sollten Blairs und Schröders Wege sich trennen. Die programmatische Wirkung des Blair/Schröder Manifests: „Der Weg nach vorne für Europas Sozialdemokraten" (*Europe: The Third Way*), das beide 1999 veröffentlichten, war gering. Doch es fasste zusammen, „was beide bereits praktizierten" (Atkins 2016) oder kurz darauf in Angriff nehmen würden, und es bezog sich ausdrücklich auf „eine Welt immer rascherer Globalisierung" als *den* entscheidenden Faktor, an den Staat und Gesellschaft sich anpassen müssten.

„Anpassungsfähigkeit" und „Flexibilität" kristallisierten sich in der Tat als die Zauberworte heraus, die das Manifest dominierten. In einem Ausmaß, das zwei Jahrzehnte früher unvorstellbar gewesen wäre, lässt das Dokument sich als Bestätigung lesen für eine frühe (1971), geradezu prophetische Vorhersage in den Seiten des *Journal of Conflict Resolution*. Deren Verfasser hatten sich auf den multinationalen Konzern als normativen Akteur einer politischen Kultur konzentriert, die – „unbeeinflusst durch Bindungen an Konzepte wie Wählerschaft, Responsivität und Rechenschaftspflicht" – weltweite Einstellungen und Verhaltensmuster tiefgreifend verändern würde. Diese würden mit Sicherheit „die Spannweite möglicher Formen und Inhalte" einschließen, „die Politik annehmen kann", wobei keineswegs ausgeschlossen sei, *dass gewaltige soziale Kosten für große Teile des Erdballs dabei in Kauf genommen würden* (Osterberg und Ajami 1971, S. 460, 467, 469).

Der Blair/Schröder-Text sah keine Notwendigkeit für Regierungen, den Kräften des globalen Kapitalismus „Widerstand zu leisten oder sie gar im Zaum zu halten" (Taylor 1999, S. 411). Im Gegenteil, die Unterzeichner vertraten die Auffassung, dass ihre „neue Politik" – deren wirtschaftliche, angebotsorientierte Aspekte der australische Wirtschaftswissenschaftler Flavio Romano als „weder ‚neu' noch sozialdemokratisch" bezeichnete (Romano 2006, S. 79) –

- „einen neuen Unternehmergeist auf allen Ebenen der Gesellschaft fördern" sollte, der „erfolgreiche Unternehmer ebenso positiv bestätigt wie erfolgreiche Künstler und Fußballspieler";
- Körperschaftssteuern senken und Unternehmen „nicht durch Regulierungen und Paragraphen ersticken" sollte;
- den Sozialstaat „aus Ansprüchen in ein Sprungbrett in die Eigenverantwortung umwandeln" sollte, obgleich der Arbeitsmarkt auch „einen Sektor mit niedrigen Löhnen" brauchte, „um gering Qualifizierten Arbeitsplätze verfügbar zu machen" (Blair und Schröder 1999, S. 4, 6, 7, 10, 12).

Zwischen 2003 und 2005 fand unter der Bezeichnung „Agenda 2010" eine Umgestaltung des deutschen Sozialhilfesystems statt. Sie wies zahlreiche Merkmale auf, die aus dem britischen Beispiel vertraut sind – Kürzungen, Befristungen, Sanktionen bei Nichteinhaltung von Jobcenter-Terminen oder Arbeitsangeboten, bedürftigkeitsabhängige Leistungen (als Überblick vgl. Keitel 2015)-, und sie hatte tiefgreifende wirtschaftliche sowie einige unerwartete politische Folgen. Zwar hat sich – wiederum wie in Großbritannien – kein Konsens herausgebildet über die Auswirkungen der Agenda über den Rückgang der hohen Arbeitslosigkeit. Doch hat die Politik definitiv den Anteil an prekären (schlecht bezahlten, Teilzeit-) Arbeitsplätzen erhöht und die Einkommensungleichheit beschleunigt. Einem OECD-Bericht von 2012 zufolge war Deutschland zwischen der Mitte der 1990er- und den späten 2000er-Jahren das einzige Mitgliedsland, in dem auf Grund schwindender Macht der Gewerkschaften sowie der Einschnitte von 2003/2005 zunehmende Unterschiede in den Arbeitseinkommen wachsende Ungleichheit innerhalb der unteren Hälfte der Einkommenspyramide vorantrieben (Bonesmo Frederiksen 2012, S. 9).

In politischer Hinsicht kostete die Agenda 2010 Schröder die Kanzlerschaft bei der Bundestagswahl 2005. Der verbreitete, anhaltende Unmut hatte zur Gründung der WASG (*Wahlalternative für Arbeit und soziale Gerechtigkeit*) geführt. Auf ein Wahlbündnis der Alternative mit der PDS, deren Schwerpunkt in der ehemaligen DDR lag, entfielen bundesweit fast 9 % der Stimmen. Zwei Jahre später schlossen beide Gruppierungen sich zu der neuen Partei *Die Linke* zusammen und beraubten – wie die folgenden Wahlen zeigen sollten – die Sozialdemokraten ihrer traditionellen Rolle als Mitte-Links-„Omnibuspartei".

Das Blair/Schröder-Manifest hatte signalisiert, dass die rot-grüne Koalition die Körperschaftssteuer senken würde. Deren Finanzminister wurde, nachdem Oskar Lafontaine kurzerhand zurückgetreten war, der ehemalige hessische Ministerpräsident Hans Eichel, ein Politiker, der „über umfangreiche Netzwerke in der Wirtschafts- und Finanzwelt" verfügte (Lees 2000, S. 127). Eichels Staatssekretär Heribert Zitzelsberger, der das Steuersenkungsgesetz 2000 entwarf, hatte zuvor die Steuerabteilung des multinationalen Pharmakonzerns Bayer geleitet.

Mit dem Gesetz wurde nicht nur die Körperschaftssteuer auf 25 % gesenkt, sondern auch die Veräußerungsgewinne von Kapitalgesellschaften aus Aktienverkäufen für 15 Jahre von der Steuer befreit. Für einbehaltene Gewinne der letzten zwei Jahre aus dem Verkauf von Anteilen, die eine Kapitalgesellschaft an einer anderen Kapitalgesellschaft hielt, bestimmte das Gesetz, dass die Unternehmen bei Ausschüttung an die Aktionäre die Differenz zwischen dem höheren alten und dem neuen Steuersatz vom Finanzamt zurückfordern konnten. DIE ZEIT nannte die Regelung „das größte Geschenk aller Zeiten" (Herz 2005): Die durch das Gesetz bedingten Mindereinnahmen bei der Körperschaftssteuer beliefen sich 2001 gegenüber 2000 auf sage und schreibe 24,1 Mrd. Euro (Saldo: -0,5 Mrd. Euro). Michael Naumann – ehemaliger Geschäftsführer der Verlage Rowohlt und Henry Holt, 1999/2000 erster Kulturstaatsminister der Bundesregierung, bis 2022 Direktor der Barenboim-Said-Akademie in Berlin – schilderte in seiner Autobiografie, wie das Gesetz „ohne Diskussion" das Kabinett passierte. Weder Schröder noch Eichel hatten die Ausnahmeklausel für Kapitalerträge erwähnt (Naumann 2017, S. 306).

Das Steuersenkungsgesetz erwies sich als bloßes Vorspiel zu den Finanzmarktförderungs- und Investmentmodernisierungsgesetzen von 2002 und 2004/2006. Der in diesem Kapitel früher beschriebene, in den USA durch den Gramm-Leach-Bliley Act von 1999 ausgelöste Derivaterausch hatte nun auch Deutschland erfasst. Die Gesetze erlaubten zunächst Derivatgeschäfte und weiteten im Folgenden den Umfang zulässiger Investitionen in diese hochgradig risikobehafteten Instrumente unbegrenzt aus. Kapitalanlagegesellschaften, die Investmentfonds bündelten, wurden von Liquiditätsanforderungen befreit, die Eigenkapitalanforderungen (unabhängig von der Fondsgröße) gelockert. Hedgefonds – mit begrenztem Anlegerkreis, ausgeprägter Undurchsichtigkeit und hochgradiger Abneigung gegen Regulierung – wurden ebenfalls zugelassen. Es waren „die Änderungen des gesetzlichen Rahmens seit den neunziger Jahren", wie die Deutsche Bundesbank nach der Großen Rezession festhielt, welche „die Geschäftsaktivitäten [der größeren deutschen Banken] maßgeblich geprägt" haben. Auch was die Folgen anging, nahm die Bundesbank kein Blatt vor den Mund: Die Deregulierung löste „eine nicht durchweg nachhaltige Erweiterung" marktbasierter Geschäfte aus, bei denen in solchem Ausmaß „in verbriefte Forderungen" investiert wurde, dass nicht wenige Großbanken „ihre Solvenz gefährde[ten]" (Deutsche Bundesbank 2015, S. 36, 37).

Der vorstehende Überblick über Sozialstaatsabbau und Deregulierung in den Vereinigten Staaten, Großbritannien und Deutschland untermauert die Aussage, dass Demokratien sich in „Wettbewerbsstaaten" verwandelt haben, deren marktfreundliche Interventionspolitik eine „fundamentale" Rolle beim Vorantreiben der Globalisierung gespielt hat. Zunehmend darauf fixiert, wirtschafts- und finanzpolitische Werkzeuge im Namen globaler Konkurrenzfähigkeit „zu demontieren und zu entschärfen", folglich unterdurchschnittlich abschneidend bei der Erbringung öffentlicher Leistungen, Regulierung und Umverteilung, verlieren diese minimalen Sozialstaaten mit dem Willen auch die Fähigkeit, „Wohlfahrt und öffentliche Güter gerecht bereitzustellen". Diese Einbuße untergräbt außer der Effektivität zugleich die Legitimität demokratischer Prozesse – ihre Verankerung in „Leitvorstellungen von Bürgersinn und öffentlichem Interesse" (Cerny 1999, S. 5, 13, 14, 15, 19).

Selbst mittelfristig könnten die aus geschwächter Legitimität sich ergebenden Probleme – gesellschaftliche Passivität, Entpolitisierung, Entfremdung von den Kerngedanken der Demokratie „mangels Stimme in der Gesellschaft"(Kellner 2011, S. S161) – die größte Gefahr darstellen. Shirley Williams (Baroness Williams, 1930–2021), die *grande dame* der britischen Liberaldemokraten, die auch in den Vereinigten Staaten gelebt und gelehrt hatte, warnte zehn Jahre, ehe sie starb, vor dem „Rundumschlag gegen jegliche Form der Regierung", vor dem „Ausmaß an ‚Tribalismus', an gruppenbezogener Aufspaltung", die sie dort beobachtet hatte und die ihres Erachtens herrührten von dem, was weithin als „Versagen der amerikanischen Regierung" wahrgenommen wurde, „der Mehrheit der Amerikaner weiterhin Wohlstand zu sichern" (Williams 2011, S. 191). Die *Norwegian Study on Power and Democracy*, vom norwegischen Parlament 1997 in Auftrag gegeben, gelangte zu dem Schluss, dass die Motivation, sich „aktiv für demokratische Abläufe zu engagieren", in dem Maß rapide schwindet, in dem Macht und Rechenschaftslegung demokratischer Regierungen buchstäblich ausbluten, Sozialstaaten „auf minimale Sicherheitsnetze reduziert werden" und Ressourcen für die Zuweisung von Mitteln durch die „Volksvertreter" an die Wähler nicht mehr zur Verfügung stehen (Hirst 2004, S. 155; Putzel 2005, S. 12; ferner Haugsvær 2003; Ringen 2004).

Erhärtet werden diese Befunde durch eine solide statistische Untersuchung der Auswirkungen weltweiter Unternehmensaktivitäten und Kapitalflüsse auf Demokratien in einer umfänglichen Stichprobe – 127 Länder, 1970 bis Mitte der 1990er-Jahre. Der Befund der Studie lautete, dass Globalisierung, weil sie demokratische Verantwortlichkeit reduziert sowie wirtschafts- und sozialpolitische Spielräume einschränkt, nicht allein die *Perspektiven* der Demokratie verdüstert. Die Auswertung empirischer Daten in einer Querschnittsanalyse zeigte zugleich, dass *bereits jetzt* Fügsamkeit gegenüber den Forderungen internationaler Investoren und zwischenstaatlicher Konkurrenzdruck „nationalstaatliche demokratische Regierungspraxis zurückzudrängen beginnen" (Li und Reuveny 2003, S. 30, 53).

Diese Bilanz, schrieben die Autoren, „sollte Politikern wie Wissenschaftlern Sorge bereiten" (Li und Reuveny 2003, S. 53). Mittlerweile kann sie als gesicherte Erkenntnis gelten, der Politologen zu weiter Verbreitung verhelfen sollten. *Keine neuen Einsichten müssen bemüht werden, um wie Quan Li und Rafael Reuveny zu argumentieren (ebd., S. 53, 54) dass Regierungen beispielsweise neue Besteuerungs- und Subventionssysteme entwerfen, „übertriebene Schwankungen" bei Kapitalab- beziehungsweise – zuflüssen einschränken und „unverhältnismäßige Gewinntransfers" multinationaler Konzerne gesetzlich unterbinden könnten.*

Dass der Globalisierung, mit einem Wort, Zügel angelegt werden können, ist genau jener Punkt, den dieses Buch im Kap. 3 unterstrichen hat, als es darauf drängte, Politikwissenschaftler sollten Bürgern dabei helfen,

- wirtschaftlichen und sozialen Wandel nach den Maßstäben von Gleichheit und sozialer Gerechtigkeit zu bewerten und ihn durch politische Beteiligung zu gestalten,

- darauf zu bestehen, dass ihnen sinnvolle Wahlmöglichkeiten geboten werden, statt sich resigniert den Präferenzen internationaler Konzernmanager und nationaler Politiker zu beugen, die im Schraubstock „kognitiver Kaperung" gefangen sind.

Joseph Stiglitz brachte das Problem auf den Punkt, als er am Schluss seines eindringlichen Plädoyers über den Preis der Ungleichheit betonte, dass Marktkräfte sich durch politische Maßnahmen gestalten lassen (Stiglitz 2012, Kap. 10, bes. S. 346, 366, 367) – mittels alternativer politischer Leitbilder, durch Regeln und Gesetze, durch das Verhalten von individuellen Akteuren und Behörden, letztlich durch partizipative, reaktions- und entwicklungsfähige politische Systeme, die sich gegen aktuelle Tendenzen zur Plutokratie und zur Herrschaft der Lügner behaupten.

Alsr Veranschaulichung mag der Hinweis dienen, dass in Kanada neoliberale Schritte zur Deregulierung des Bankensektors während der 1990er-Jahre eher „kleinschrittig" als „dramatisch" ausfielen. Sie bewirkten, dass die Banken stärker an Risikoausgleich und Absicherung ihrer Solvenz festhielten. Die zurückhaltendere Deregulierungspolitik der kanadischen Regierung ermöglichte dem Land, das Übergreifen der Krise von 2007/2008 auf andere Wirtschaftsbereiche weitgehend, wenn auch nicht vollständig einzuschränken (Puri 2013, S. 156, 179, 182).

Mit anderen Worten: In Kanada blieb der regulatorische Rahmen stärker intakt als in den Vereinigten Staaten, Großbritannien oder Deutschland. Im letztgenannten Land verzeichnete die Bundesbank 2015 erst eine „ansatzweise Umkehrung" der eingetretenen Entwicklung (Deutsche Bundesbank 2015, S. 33). Herrschende neo-liberale Orthodoxien wurden „angekratzt, aber nicht ersetzt", Regulierungsinstanzen „nicht wesentlich gestärkt" (Wilson und Grant 2012, S. 249, 258). Wahlergebnisse haben – Kanada wiederum ausgenommen – eher Sorge und ratlosen Zorn der Bürger abgebildet als politisches Vertrauen und Zuversicht. Ein „alternatives Leitbild, wie Wirtschaft betrieben werden sollte", hat sich nicht herauskristallisiert (Wilson 2012, S. 59).

Die nötige Debatte über striktere Regulierungen sollte durch eine mit neuem Leben erfüllte Politische Ökonomie vorangetrieben werden. Mehr Forschung wäre dem Bemühen zu widmen, „technokratischen Narrativen über die Effizienz von Märkten" auf den Grund zu gehen, jene Interessen offenzulegen, „die durch angeblichen Sachverstand bedient werden" (Morgan 2012, S. 85). *Solches Engagement einer Disziplin, die menschliche Geschicke verbessern möchte, sollte ganz entschieden durch die Einsicht ge-*

fördert werden, dass mangelnde regulatorische Rahmensetzung eine Rezession begünstigt und vertieft hat, die „für Millionen Menschen, die Anstellungen, Häuser und Ersparnisse verloren haben, eine Katastrophe bedeutet hat" (Wilson und Grant 2012, S. V).

Intensive Forschungsanstrengungen und breite öffentliche Debatten sind ebenso im Falle **eines noch weitgehend unbetretenen Politikfelds** am Platz, *in dem Steuerflucht in größtem Maßstab – praktiziert von Unternehmen wie Privatpersonen – Normalbürgern eine moralisch durch nichts zu rechtfertigende Last aufbürdet.* Der britische Stadtgeograph Gareth Jones hat dieses Terrain – das durch drei geleakte Datensätze, die *Panama Papers* von 2016, die *Paradise Papers* von 2017, schließlich die *Pandora Papers* von 2021 endlich ins Blickfeld der Öffentlichkeit gerückt ist – als **räumliche politische Ökonomie** bezeichnet, genauer als die Wirtschaftsgeographie eines weltweit mobilen Kapitalismus.

In dem wohl wichtigsten Kapitel des Sammelbandes *After Piketty* kritisierte Jones die Vernachlässigung räumlicher Aspekte in Thomas Pikettys Beitrag zur Politischen Ökonomie. Er wies darauf hin, dass geografische Mobilität des Kapitals, wie sie der Begriff „Globalisierung" bereits impliziert, zunehmend mit der Schaffung von „Offshore- und Onshore- (inländischen und exterritorialen) Sonderrechtszonen" verbunden war. Sie dienen keinem anderen Zweck, als „die Wirtschaft von demokratischer Politik abzukoppeln", dabei „die moralische Verpflichtung und die steuerliche Verantwortung von Unternehmen auf ein Minimum reduzieren" (Jones 2017, S. 282, 283, 284).

Rund 70 Steueroasen und einige 4000 Zonen bzw. Enklaven (Zahlen für 2006), verwaltet durch Treuhandgesellschaften oder Agenturen, in Wirklichkeit aber von ansässigen Unternehmen, kombinieren organisatorische Undurchschaubarkeit über verschiedene juristische Zuständigkeiten mit Geheimhaltung, dem Einsatz privater Sicherheitsfirmen, dem Fehlen von Demokratie und Gewerkschaften, um „Steuervermeidung in industriellem Ausmaß" zu betreiben, oft Hand in Hand mit Geldwäsche und/ oder illegalem Handel mit Waffen, Rauschgift und anderen anrüchigen Waren oder Dienstleistungen (Jones 2017, S. 285–287, 289, 290). Die *Pandora Papers* – ausgewertet binnen zwei Jahren von „mehr als 600 Journalistinnen und Journalisten … für 150 Medien … aus 117 Ländern …, darunter *Washington Post, Guardian, Le Monde, BBC*, in Deutschland neben der *Süddeutschen Zeitung* auch *NDR* und *WDR*" haben jüngst ein weiteres Mal verdeutlicht (zu diesen und den folgenden Angaben vgl. Halbierer et al. 2021, S. 9–12):

- „Im Politischen liegt die besondere Bedeutung dieser Leaks ... Ausgerechnet Politiker, von denen viele rund um die Welt seit Jahren behaupten, das Offshore-System reformieren zu wollen, [finden sich] in besonderem Maße unter den Nutznießern des Systems."

Zu den Namen, die in den *Pandora Papers* im Zusammenhang mit Offshore-Geschäften unterschiedlichen Ausmaßes und verschiedener Zeiträume auftauchen, gehören Tony und Cherie Blair, der abgewählte tschechische Ministerpräsident Andrej Babiš, der ukrainische Präsident Wolodymyr Selenskyj – auf die Ukraine wird zurückzukommen sein-, ein ganzes „Offshore-System" rund um Russlands Präsidenten Wladimir Putin, der jordanische König Abdullah II. („mindestens 35 Briefkastenfirmen"), der kenianische Präsident Uhuru Kenyatta, der aktuelle libanesische Ministerpräsident Nadschib Miquati, sein Vorgänger Hassan Diab, der ecuadorianische Präsident Guillermo Lasso, und ... und ...

Laut Schätzung des Ifo-Instituts München ergab sich für Deutschland 2016 und 2017 durch Gewinne, die deutsche multinationale Unternehmen sowie deutsche Tochtergesellschaften ausländischer Multis in Steueroasen verlagerten, *ein jährlicher Steuereinnahmeverlust von 5,7 Milliarden Euro* (Fuest et al. 2021, S. 38, 41, 42). Der Wirtschaftswissenschaftler Gabriel Zucman (Berkeley) hat an Hand verfügbarer Unterlagen berechnet, dass annähernd 11,5 % des weltweiten BIP, eine schwindelerregende Summe in der Größenordnung von 8,7 *Billionen* (engl. *trillions*) US-Dollar, auf niedrig oder nicht besteuerten Offshore-Konten liegt. *Eine Erfassung dieser Vermögenswerte würde Schätzungen des Ausmaßes an Ungleichheit, wie sie Gegenstand des Kap. 8 waren, „erheblich" beeinflussen* (Zucman 2017, 2014, S. 140). Ein OECD-Bericht schätzte 2015 die den G-20-Ländern *jährlich* entgangenen Körperschaftssteuereinnahmen auf 240 *Mrd.* US-Dollar (Jones 2017, S. 283).

Steueroasen und Sonderrechtszonen sind, so muss nochmals betont werden, das Ergebnis gezielter Politik, das Werk von Regierungen an Orten wie Irland, Luxemburg, den Niederlanden, Großbritannien (Bahama, Bermudas, die Cayman-Inseln, den Jungferninseln, den Kanalinseln), Malta, Singapur, einer Reihe von US-Staaten wie Delaware und South Dakota, und natürlich – wenn auch infolge politischen Drucks abnehmend – der Schweiz. Jüngstes Beispiel: der angebliche „Agrarstaat" South Dakota. Wenn laut *Pandora Papers* „Hunderte Millionen Euro" dorthin transferiert wurden, nachdem in Europa und der Karibik „einige Länder tatsächlich strengere Regeln ein(geführt" hatten (Halbierer et al.

2021, S. 9), dann deshalb, weil – so die Webseite der South Dakota Trust Company ganz unverblümt – South Dakota „einzigartige und kreative Treuhandstrategien für die Wohlhabenden" (SDTC 2022) anbietet: Der – seit Jahrzehnten von der Republikanischen Partei regierte – Bundesstaat verbinde

- „erstklassige Treuhand-, Datenschutz-, Steuer- und Vermögensschutzgesetze" mit
- „einer hilfreichen Staatsregierung".

Treuhand- *(trust-)* Vermögen können „auf ewig" (*in perpetuity*) begründet werden, um damit ein für alle Mal „der lästigen Umverteilungsbesteuerung des Bundes zu entkommen." Außer Gebühren werden keine Kosten fällig, denn South Dakota besitzt keine Einkommens-, Kapitalertrags- oder Erbschaftssteuer. Weder in- noch ausländische Finanz- bzw. Ermittlungsbehörden haben ein Recht auf Einblick in den *trust* ohne das Einverständnis des Gründers. Und was die „hilfreiche Staatsregierung" angeht: Einer der Gründer der SDTC, lässt die zitierte Webseite wissen, habe „über 23 Jahre dem Gesetzgebungsausschuss für das Treuhandwesen in prominenter Position angehört und jedes Jahr beim Erlass neuer, innovativer Gesetze mitgeholfen."

Als Gegenmittel zur Abschottung der Steueroasen haben Piketty und Zucman ein weltweites Finanzregister vorgeschlagen, analog zu den derzeitigen Eigentumsregistern für Grundstücke und Immobilien, aber mit Benennung der tatsächlichen Nutznießer von Finanzvermögen – Anleihen, Aktien, Investmentfondsanteile, Derivate – statt bloßer Briefkastenfirmen (Piketty 2014, S. 701 ff., bes. 703, 704; Zucman 2016, 2017). Zucman und seine Mitarbeiter haben außerdem strenge Strafgesetze verlangt, die Banken und Anwaltskanzleien (berüchtigtes Beispiel: Mossack Fonseca in Panama), welche Beihilfe zur Steuerhinterziehung leisten, ihre Zulassung entziehen würden. Und sie haben sich dafür ausgesprochen, *Zusammenarbeit in Steuerfragen statt Investitionsschutz in den Mittelpunkt künftiger Freihandelsverträge zu rücken* (Alstadsæter et al. 2017).

Das US-amerikanische Auslandskonten-Meldepflicht-Gesetz *(Foreign Account Tax Compliance Act,* FATCA) von 2010, das ausländische (!) Banken dazu verpflichtet, Angaben über die von US-Steuerzahlern im Ausland gehaltenen Vermögenswerte zu liefern, bildet einen ersten Schritt in Richtung mehr Transparenz, auch wenn es erhebliche Mängel aufweist

(Piketty 2014, S. 707, 708). Während inzwischen eine beträchtliche Anzahl zwischenstaatlicher Abkommen – über 100 – zur internationalen Umsetzung von FATCA abgeschlossen wurde, haben die Republikaner bislang erfolglos in Senat und Repräsentantenhaus Gesetzentwürfe zur Aufhebung der Bestimmungen eingebracht. Eine gleichfalls von Republikanern betriebene gerichtliche Anfechtung scheiterte 2018.

Die Lektion sollte offenkundig sein: *It's politics, stupid* – auf die Politik kommt es an. Entweder die öffentliche Hand unternimmt erste Schritte zur gesetzlichen Einschränkung der Offshore-Verschiebung von Unternehmensvermögen und Einkünften, welche Ungleichheiten weiter verschärft. Oder „öffentliche" Politik verweigert sich selbst solchen zaghaften Reformen und fördert oder toleriert weiter Praktiken, die Unternehmen und Einzelpersonen enorme Vorteile verschaffen.

Politolog(inn)en sollten sichtbar als Rufer nach der ersten Strategie in Erscheinung treten. Dies umso mehr, als Verfechter ungezügelter Marktradikalität und antidemokratischer Exklusivität im Begriff stehen, international neue Fakten zu schaffen:

Dem Motto verpflichtet: „Der Neoliberalismus muss jetzt radikalisiert werden" (Schumacher 2018), sollen *gated communities* – abgeschottete, videoüberwachte Wohnanlagen – und Sonderwirtschaftszonen zusammengeführt werden zu vorgeblich „freien", von internationalen Investoren regierten Privatstädten. Politisch autonome Privatstädte dieser Art werden auf der Grundlage von Investitionsschutzabkommen, deren Problematik dieses Kapitel erörtert hat, gegenwärtig in Honduras (dort gegen erhebliche Widerstände: Projekt ZEDE/Próspera. Vgl. Konrad Adenauer-Stiftung 2021; Lammers 2022) sowie in São Tomé und Principe (Projekt STP Prosperity; vgl. African Intelligence 2021) entwickelt oder geplant. Zu den Privatstadt-Promotern zählen der amerikanische PayPal- und Palantir-Mitgründer Peter Thiel, der deutsche Erdöl- und Erdgasindustrielle Titus Gebel, der deutsch-britische Architekt Patrik Schumacher (Zaha Hadid Architects, London) sowie der Milton Friedman-Enkel und libertäre Ideologe Patri Friedman (Kempner 2022). Ihr Leitmotiv ist der von Thomas Piketty so bezeichnete Proprietarismus (Piketty 2020, S. 164, 591 Anm. 2), der Rechte im Sinne des manchesterliberalen „Besitzindividualismus" (C. B. Macpherson) an Eigentum knüpfen, sie Arbeitern oder Mietern folglich verweigern möchte: „Auch Zusammenleben ist ein Markt" (Gebel; vgl. Fuster 2017; Trüby 2021).

Hier öffnet sich unserer Disziplin ein bislang noch kaum zur Kenntnis genommenes Feld für Beobachtung und kritische öffentliche Durchleuchtung. Denn wie können wir erwarten, dass Bürgerinnen und Bürger, die sich hilflos fühlen angesichts der quasi offiziell sanktionierten Wiederauferstehung „zweier Nationen" (Disraeli) in ihren Ländern, Sympathien für Maßnahmen aufbringen, die der Diskriminierung eintreffender Migranten abhelfen sollen? Und weshalb sollten Bürger, die ihr Leben als reduziert wahrnehmen durch die Auswirkungen krasser Ungleichheit, nicht in Fatalismus verfallen, wenn es um Anstrengungen geht, sich und ihre Umwelt vor den Konsequenzen des Klimawandels zu schützen?

Literatur

AFP [Agence France Presse] (2014) "German Stumbling Block to Transatlantic Trade Talks." *Digital Journal*, March 27. http://www.digitaljournal.com/business/business/german-stumbling-block-to-transatlantic-trade-talks/article/378521, abgerufen 15. 11. 2017.

African Intelligence (2021): "Libertarians eye Africa to build 'Free private citiesd'". https://www.africaintelligence.com/southern-africa-and-islands/2021/06/07/libertarians-eye-africa-to-build%2D%2Dfree-private-cities,109671333-art, abgerufen 20. 8. 2022.

AFTINET [Australian Fair Trade & Investment Network] (2012): "Australian High Court Rules Against Big Tobacco on Plain Packaging". Media Release. http://aftinet.org.au/cms/node/519, abgerufen 15. 11. 2017.

Alstadsæter, Annette/Johannesen, Niels/Zucman, Gabriel (2017): "Tax Evaders Exposed: Why the Super-Rich Are Even Richer Than We Thought." *The Guardian*, June 14, 2017. http://gabriel-zucman.eu/tax-evaders-exposed/, abgerufen 16. 11. 2017.

Asato, Jessica (2011): "Why Did Labour's Public Sector Reforms Fail to Transform Communities?" In: Patrick Diamond/Michael Kenny (eds.): *Reassessing New Labour. Market, State and Society under Blair and Brown*. Chichester: Wiley-Blackwell in Association with *The Political Quarterly*, S177–S186.

Atkins, Curtis (2016): "The Third Way International." *Jacobin Magazine*, November 2. https://www.jacobinmag.com/2016/02/atkins-dlc-third-way-clinton-blair-schroeder-social-democracy/, abgerufen 16. 11. 2017.

Bitler, Marianne/Hoynes, Hilary (2016): "The More Things Change, the More They Stay the Same? The Safety Net and Poverty in the Great Recession." *Journal of Labor Economics*, Jg. 34, 403–444.

Blair, Tony/Schröder, Gerhard (1999): *Der Weg nach vorne für Europas Sozialdemokraten*. www.glasnost.de/pol/schroederblair.html, abgerufen 3. 8. 2022.

Blumenthal, Paul (2009): "How Congress Rushed a Bill that helped Bring the Economy to Its Knees." *Huffington Post*, May 11, 2009. https://www.huffingtonpost.com/paul-blumenthal/how-congress-rushed-a-bil_b_181926.html, abgerufen 16. 10. 2017.

Bonesmo Frederiksen, Kaja (2012): "Income Inequality in the European Union". OECD Economics Department Working Paper No. 952, April. Paris: OECD Publishing. http://library.bsl.org.au/jspui/bitstream/1/3251/1/Income%20inequality%20in%20the%20european%20union.pdf, abgerufen 10. 12. 2017.

Brookings Institution (2014): "Reformed Welfare Program Effective During Great Recession". Brookings Economic Studies, https://www.brookings.edu/wp-content/uploads/2016/06/TANF_in_recession_release.pdf, abgerufen 20. 10. 2017.

Bundesverfassungsgericht (2016): "Eilanträge in Sachen 'CETA' erfolglos." Pressemitteilung Nr.71/2016 vom 13. Oktober. https://www.bundesverfassungsgericht.de/SharedDocs/Pressemitteilungen/DE/2016/bvg16-071.html, abgerufen 2. 11. 2017.

Bundesverfassungsgericht (2022): "Verfassungsbeschwerden und Organstreitverfahren gegen die vorläufige Anwendung des Freihandelsabkommens CETA erfolglos." Pressemitteilung Nr. 22/2022 vom 15. März. https://www.bundesverfassungsgericht.de/SharedDocs/Pressemitteilungen/DE/2022/bvg22-022.html, abgerufen 4. 8. 2022.

Cashore, Benjamin/Auld, Graeme/Newsom, Deanna (2004): *Governing Through Markets. Forest Certification and the Emergence of Non-State Authority*. New Haven/London: Yale University Press.

CCPA [Canadian Centre for Policy Alternatives] (2015): "NAFTA Chapter 11 Investor-State Disputes to January 1, 2015." https://www.google.de/search?q=canada+isds+arbitration+nafta+legal+fees&ie=utf-8&oe=utf-8&client=firefoxb&gfe_rd=cr&dcr=0&ei=fmoJWogtrqDzB_3PhJgN, abgerufen 2. 11. 2017.

Cerny, Philip G. (1999): "Globalization and the Erosion of Democracy." *European Journal of Political Research*, Jg. 36, 1–26.

Charnovitz, Steve (1994): "The NAFTA Environmental Side Agreement: Implications for Environmental Cooperation, Trade Policy, and American Treatymaking." *Temple International and Comparative Law Journal*, Jg. 257, 1–62, http://www.wilmerhale.com/uploadedFiles/WilmerHale_Shared_Content/Files/Editorial/Publication/charnovitznaftaenvironment.pdf, abgerufen 2. 11. 2017.

Compa, Lane (1994): "American Trade Unions and NAFTA". In: H. Totsuka u. a. (hg.): *International Trade Unionism at the Current Stage of Economic Globalization and Regionalization*. Tokyo: Friedrich Ebert Foundation, 97–117. http://digitalcommons.ilr.cornell.edu/cgi/viewcontent.cgi?article=1009&context=conference, abgerufen 30. 10. 2017.

Côté, Christine (2014*): A Chilling Effect? The Impact of International Investzor Agreements on National regulatory Autonomy in the Areas of Health, Safety and the Environment*. PhD Thesis submitted to LSE. etheses.lse.ac.uk/897/8/Cote_A-Chilling_Effect.pdf, abgerufen 30. 10. 2017.

Cox, Christopher (2008): "Securities and Exchange Commission Chairman Cox Announces End of Consolidated Supervise Entities Program". September 26. https://www.sec.gov/news/press/2008/2008-230.htm, abgerufen 1.10.2017.

Daripa, Arup et al. (2012): "Labour's Record on Financial Regulation". Birkbeck College (University of London) Faculty Papers. http://www.bbk.ac.uk/ems/faculty/wright/pdf/oxrep, abgerufen 21. 11. 2017. Anschließend veröffentlicht in *Oxford Review of Economic Policy*, Jg. 29 (2013), 71–94.

Dattu, Riyaz/Pavic, Sonja (2017): "Canada Seeks to Reform NAFTA's Investor-State Dispute Settlement Chapter." OSLER Resources, August 23. https://www.osler.com/en/resources/cross-border/2017/canada-seeks-to-reform-nafta-investor-state-disp, abgerufen 15. 11. 2017.

Deutsche Bundesbank: „Strukturelle Entwicklungen im deutschen Bankensektor", in: Deutsche Bundesbank, *Monatsbericht April* 2015, 33–59. https://www.bundesbank.de/resource/blob/664402/507e795de06e642e08f529191e8fd1e0/mL/2015-04-monatsbericht-data.pdf, abgerufen 3.8.2022.

Eisfeld, Rainer (2011): "How Political Science Might Regain Relevance and Obtain an Audience: A Manifesto for the 21ˢᵗ Century". *European Political Science*, Jg. 10, 220–225.

Elson, Anthony (2017): *The Global Financial Crisis in Retrospect. Evolution, Resolution, and Lessons for Prevention*. New York: Palgrave Macmillan.

Fernández-Armesto, Juan (2012), quoted in: Corporate Europe Observatory: "Who Guards the Guardians?", November 27. https://corporateeurope.org/trade/2012/11/chapter-4-who-guards-guardians-conflicting-interests-investment-arbitrators, accessed November 15, 2017.

Fuest, Clemens; Hugger, Felix; Neumeier, Florian (2021): "Gewinnverlagerung deutscher Großunternehmen in Niedrigsteuerländer – wie hoch sind die Steueraufkommensverluste?", *Ifo-Schnelldienst*, Jg. 74 Nr. 1, 20. 1. 2021, 38–42.

Fuster, Thomas (2017): "Leben ohne staatliche Gängelung", *Neue Zürcher Zeitung*, 25.6. 2017, https://www.nzz.che/wirtschaft/wig-ld.1302811, abgerufen 20. 8. 2022.

Gaukrodger, David/Gordon, Kathryn (2012): "Investor-State Dispute Settlement." *OECD Working Papers on International Investment*. 2012/03. Paris. http://www.oecd.org/investment/investment-policy/WP-2012_3.pdf, abgerufen 12. 11. 2017.

Gertz, Geoffrey (2018): „5 things to know about UCMCA, the new NAFTA", Brookings, Oct. 2. https://www.brookings.edu/blog/up-front/2018/10/02/-5-things-to-know-about-usmca-the-new-nafta/, abgerufen 3. 8. 2022.

Giddens, Anthony (2010): "The Rise and Fall of New Labour." *New Perspectives Quarterly*. Summer Issue, 32–37.

Grimm, Nicole L. (1998): "The North American Agreement of Labor Co-operation and Its Effects on Women Working in Mexican Maquiladoras." *American University Law Review*, Jg. 48, 179–228.

Halbierer, Thomas/Baumann, Sophia et al. (2021): „Das politische Leak. Pandora Papers – Auf den Spuren der Gier." Süddeutsche Zeitung, Nr. 229, 4. Oktober, 9–12.

Harris, John F./Yang, John E. (1996): "Clinton to Sign Bill Overhauling Welfare". *Washington Post*, August 1. http://www.washingtonpost.com/wp-srvw/politics/special/welfare/stories/wf080196.htm, abgerufen 18. 10. 2017.

Haugsvær, Steinar (2003): "The Norwegian Study on Power and Democracy: Main Conclusions." August 26. www.oecd.org/norway/33800474.pdf, abgerufen 27. 11. 2017.

Herz, Wilfried (2005): "Das größte Geschenk aller Zeiten." DIE ZEIT Nr. 37 (8. September). http://www.zeit.de/2005/37Steuern, abgerufen 7. 12. 2017.

Hirst, Paul (2004): "What is Globalization?" In: Fredrik Engelstad/Øyvind Østerud (hg.): *Power and Democracy*. Aldershot: Ashgate, 151–168.

Hoynes, Hilary (2017): "Interview." *The Region*, Federal Reserve Bank of Minneapolis, June 1.https://www.minneapolisfed.org/publications/the-region/interview-with-hilary-hoynes, abgerufen 20. 10. 2017.

Jones, Gareth A. (2017): "The Geographies of 'Capital in the Twenty-First Century': Inequality, Political Economy, and Space." In: Heather Boushey/J. Bradford DeLong/Marshall Steinbaum (ehg): *After Piketty. The Agenda for Economics and Inequality*. Cambridge/London: Harvard University Press 2017, 280–303.

Kay, Tamara (2011): *NAFTA and the Politics of Labor Transnationalism*. Cambridge/New York: Cambridge University Press.

Keitel, Jannika (2015): "Germany's Welfare System: An Overview." *Policy in Practice*, April 14. http://policyinpractice.co.uk/the-welfare-system-in-germany/, abgerufen 10. 12. 2017.

Kellner, Peter (2011): "The Death of Class-Based Politics", in: Patrick Diamond/Michael Kenny (hg.): *Reassessing New Labour. Market, State and Society under Blair and Brown*. Chichester: Wiley-Blackwell in Association with *The Political Quarterly*, S152–S164.

Kempner, Andreas (2022): "Exklusiv – und antidemokratisch", *Frankfurter Rundschau*, Jg. 78, Nr. 27, 2–3.

King, Desmond/Wickham-Jones, Mark (1999): "From Clinton to Blair: The Democratic (Party) Origins of Welfare to Work". *Political Quarterly*, Jg. 70, 62–74.

Koch, Ed (2012): "It's Time to Reexamine the Welfare Reform Law of 1996." https://www.huffingtonpost.com/ed-koch/welfare-reform_b_1428284.html, abgerufen 20. 10. 2017

Konrad-Adenauer-Stiftung (2021): „ZEDE-Projekt in Honduras: Wohlstand für alle oder bloß Versicherung für Korrupte?". https://www.kas.de/de/laenderberichte/detail/-/content/wohlstand-fuer-alle-oder-bloss-versicherung-fuer-korrupte, abgerufen 20. 8. 2022.

Krugman, Paul (2011): "The Profession and the Crisis". *Eastern Economic Journal*, Jg. 37, 307–312.
Lammers, Andrea (2022): "Honduras bremst Pivatstädte aus". *Amerika 21*, 25. April. https://amerika21.de/2022/04/257763/honduras-bremst-privatstaedte-aus, abgerufen 20. 8. 2022.
Lees, Charles (2000): *The Red-Green Coalition in Germany*. Manchester/New York: Manchester University Press.
Li, Quan/Reuveny, Rafael (2003): "Economic Globalization and Democracy: An Empirical Analysis", *British Journal of Political Science*, 33, 29–54.
Mestral, Armand de (2015): "When Does the Exception Become the Rule? Conserving Regulatory Space under CETA." *Journal of International Economic Law*, Jg. 18, 641–654.
Morgan, Glenn (2012): "Constructing Financial Markets: Reforming Over-the-Counter Derivatives Markets in the Aftermath of the Financial Crisis." In: Wyn Grant/Graham K. Wilson (eds.): *The Consequences of the Global Financial Crisis. The Rhetoric of Reform and Regulation*. Oxford: Oxford University Press, 67–87.
Naumann, Michael (2017): *Glück gehabt. Ein Leben*. Hamburg: Hoffmann & Campe.
Noble, Charles (1997): *Welfare as We Knew It*. Oxford/New York: Oxford University Press.
Office of the United States Trade Representative (2022): "Chapter 31 Annex A; Facility-Specific Rapid-Response Labor Mechanism", https://ustr.gov/issue-areas/enforcement/dispute-settlement-proceedings/fta-dispute-settlement/usmca/chapter-31-annex-facility-specific-rapid-response-labor-mechanism, n. d., abgerufen 3. 8. 2022,
Olivet, Cecilia/Villareal, Alberto (2016): "Who Really Won the Legal Battle between Philip Morris and Uruguay?" *Guardian*, July 28. https://www.theguardian.com/global-develop-ment/2016/jul/28/who-really-won-legal-battle-philip-morris-uruguay, abgerufen 15. 11. 2017.
Osterberg, David/Ajami, Fouad (1971): „The Multinational Corporation: Expanding the Frontiers of World Politics", Journal of Conflict Resolution, No. 15, 457–470.
Piketty, Thomas (2014): *Das Kapital im 21. Jahrhundert* (Originaltitel: *Le Capital au XXIe siècle*. Paris: Editions du Seuil 2013). München: C. H. Beck.
Piketty, Thomas (2020): *Kapital und Ideologie* (Originaltitel: *Capital et Idéologie*. Paris: Editions du Seuil 2019). München: C. H. Beck.
Puri, Poonam (2013): "Canada: 'Bank Bashing' Is a Popular Sport." In: Suzanne J. Konzelmann/Marc Fovarque-Davies (eds.): *Banking Systems in the Crisis: The Faces of Liberal Capitalism*. London/New York: Routledge, 155–185.
Putzel, James (2005): "Globalization, Liberalization, and Prospects for the State." *International Political Science Review*, Jg. 26, 5–16.

PWG Report (1999): *Over-the-Counter Derivatives Markets and the Commodity Exchange Act.* Report of the President's Working Group on Financial Markets. Accompanying Letters to the Speaker of the House and the President of the Senate, 1–2. https://www.treasury.gov/resource-center/fin-mkts/Documents/otcact.pdf, abgerufen 16. 10. 2017.

Ringen, Stein (2004): "Wealth and Decay. The Norwegian Study of Power and Democracy." *Times Literary Supplement*, February 13, 3–5.

Ritholtz, Barry (2012): "Repeal of Glass-Steagall: Not a Cause, But a Multiplier." *Washington Post*, August 4, 2012. https://www.washingtonpost.com/repeal-of-glass-steagall-not-a-cause-but-amultiplier/2012/08/02/gJQAuvvRXX_story.html?utm_term=.689105f8d05a, abgerufen 16. 10. 2017.

Roberts, Dan (2014): "Wall Street Deregulation Pushed by Clinton Advisers, Documents Reveal". *The Guardian*, April 19. https://www.theguardian.com/world/2014/qpe/19/wall-street-deregulation-clinton-advisers-obama, abgerufen 2. 10. 2017.

Romano, Flavio (2006): "Clinton and Blair: The Economics of the Third Way." *Journal of Economic and Social Policy*, Jg. 10, No. 2, 79–94.

Salacuse, Jeswald W. (2010): "The Emerging Global Regime for Investment". *Harvard International Law Journal*, Jg. 51, 427–473.

Sanati, Cyrus (2009): "10 Years Later, Looking at Repeal of Glass-Steagall." *New York Times*, November 12. https://dealbook.nytimes.com/2009/11/12/10-years-later-looking-at-repeal-of-glass-steagall/, abgerufen 16. 10. 2017.

Schumacher, Patrik (2018): "Der Neoliberalismus muss jetzt radikalisiert werden". Interview mit Tobias Timm, *Die ZEIT*, 6. 12. 2018, https://www.zeit.de/2018/51/marktregulierung-kapitalismus-neoliberalismus-patrik-schumacher-architekt-arbeitsmarke, abgerufen 20. 8. 2022.

SDTC [South Dakota Trust Company] (2022): Webseite https://sdtrustco.com/why-south-dakota/, abgerufen 11. 8. 2022.

Shitata, Ibrahim (1986): "Towards a Greater Depoliticization of Investment Disputes". *ICSID Review – Foreign Investment Law Journal*, Vol. 1, No. 1, 1–25. https://academic.oup.com/icsidreview/article/1/1/1756171, abgerufen 8. 11. 2017.

Stiglitz, Joseph E. (2012): *The Price of Inequality.* New York/London: W. W. Norton.

Taylor, Robert (1999): "Some Comments on the Blair/Schroeder 'Third Way/*Neue Mitte*' Manifesto', *Transfer: European Review of Labour and Research*, Vol. 5, 411–414. www.journals.sagepub.com/toc/trsa/5/3, abgerufen 6. 12. 2017.

Tienhaara, Kyla (2011): "Regulatory Chill and the Threat of Arbitration: A View from Political science". In: Chester Brown/Kate Miles (eds.): *Evolution in Investment Treaty Law and Arbitration*, Cambridge: Cambridge University Press 2011, 606–627.

Tietje, Christian/Baetens, Freya (2014): "The Impact of Investor-State-Dispute Settlement (ISDS) in the Transatlantic Trade and Investment Partnership". Study Prepared for the Dutch Ministry of Foreign Affairs, June 24. http://media.leidenuniv.nl/legacy/joint-public-hearing.pdf, abgerufen 5. 11. 2017.

Trüby, Stephan (2021): „Das Faustrecht der Freiheit." *Geschichte der Gegenwart*, 28. März. https://geschichtedergegenwart.ch/das-faustrecht-der-freiheit-anarchokapitalistische-fantasien-in-der-zeitgenoessischen-architektur/print/, abgerufen 21. 8. 2022.

Van Harten, Gus (2014): "Investor-State Arbitration." https://blog.oup.com/2014/01/van-harten-q-a-investor-state-arbitration/, January 20, abgerufen 28. 10. 2017. [OUP: Oxford University Press].

Vargas, Jorge A. (1994): "NAFTA, the Chiapas Rebellion, and the Emergence of Mexican Ethnic Law". *California Western International Law Journal*, Jg. 25, 1–79.

Villarreal, M. Angeles und Fergusson, Ian F. (2020): "NAFTA and the United States-Mexico-Canada Agreement (USMCA)", Congressional Research Service, March 2, https://www.hsdl.org/?view&did=835043, abgerufen 3. 8. 2022.

Weaver, R. Kent/Gais, Thomas (2002): "State Policy Choices Under Welfare Reform". Brookings Institution, April 2. https://www.brookings.edu/research/state-policy-choices-under-welfare-reform/, abgerufen 19. 10. 2017.

Wellhausen, Rachel L. (2016): "Recent Trends in Investor-State Dispute Settlement." *Journal of International Dispute Settlement*, Jg. 7, 117–135.

Williams, Shirley (2011): "Shirley Williams in Conversation with Tony Wright." In: Patrick Diamond/Michael Kenny (hg.): *Reassessing New Labour. Market, State and Society under Blair and Brown*. Chichester: Wiley-Blackwell in Association with *The Political Quarterly*, 187–191.

Wilson, Graham K./Grant, Wyn (2012): "Preface", "Introduction" and "Conclusion". In: Wyn Grant/Graham K. Wilson (hg.): *The Consequences of the Global Financial Crisis. The Rhetoric of Reform and Regulation*. Oxford: Oxford University Press, V-VII, 1–14, 247–260.

Wilson, Graham K. (2012): "The United States: The Strange Survival of (Neo) Liberalism". In: Grant/Wilson (hg.): *The Consequences of the Global Financial Crisis*, op. cit., 51–66.

Zucman, Gabriel (2014): "Taxing across Borders: Tracking Personal Wealth and Corporate Profits." *Journal of Economic Perspectives*, Jg. 28, 121–148.

Zucman, Gabriel (2016): "Sanctions for Offshore Tax Havens, Transparency at Home." *New York Times*, April 7, 2016. http://gabriel-zucman.eu/sactions-for-offshore/, abgerufen 16. 12. 2017.

Zucman, Gabriel (2017): "How Corporations and the Wealthy Avoid Taxes (and How to Stop Them)." *New York Times*, November 10, 2017. http://gebriel-zucman.eu/how-corporations-avoid-taxes/, abgerufen 16. 12. 2017.

KAPITEL 10

Globale Erwärmung, Machtstrukturen und Lebensbedingungen

Klimapolitik und die Politikwissenschaft des 21. Jahrhunderts

Im Schlussteil von Kap. 4 dieses Buchs war die Rede davon, wie anhaltende Kampagnen, betrieben durch US-Konzerne gemeinsam mit Lobbygruppen, Denkfabriken und angeworbenen Wissenschaftlern, unbequeme Erkenntnisse systematisch zu diskreditieren suchen (Stichwort: „Agnotologie"). Als Ursache entpuppte sich tiefsitzende Abneigung gegen Beschränkungen jeglicher Art für freies Schalten der Märkte. Ein herausragendes, in dem Kapitel erwähntes Beispiel bildete der Klimawandel.

Inwiefern haben diese konzertierten Aktionen politische Entscheidungsträger beeinflusst, als sie sich mit der Krise auseinandersetzten, in deren Diagnose die internationale Gemeinschaft der Klimaforscher übereinstimmte? Könnten die unkalkulierbaren Dimensionen der Umweltzerstörung – im Sinne von menschlichem Leid, sozialem Elend, ausgelösten Fluchtbewegungen – nicht „potenziell verheerende" Folgen für Demokratien haben, für ihre Fähigkeit, solchem destabilisierenden Druck standzuhalten (Fischer 2017, S. 1)? Muss die Politikwissenschaft sich nicht deshalb, wenn schon aus keinem anderen Grund, viel breiter und entschiedener als bisher in die Debatte einmischen?

In Kap. 4 wurde gezeigt, dass es bei den Desinformationskampagnen der Konzerne in Wirklichkeit darum ging, staatlicher Regulierung einen

Riegel vorzuschieben. Die Angriffe aus dem konservativen Lager beeinflussten zunächst den US-Kongress sowie aufeinanderfolgende Regierungen der Republikaner von Bush bis Trump. In der Folge begannen sie, das Credo der amerikanischen Öffentlichkeit in weiten Teilen zu prägen.

Ein erstes Resultat war, dass die USA das Kyoto-Protokoll von 1997, das die Unterzeichnerstaaten zur Reduzierung des Ausstoßes an Treibhausgasen verpflichtete, nicht ratifizierten. Anschließende parteiübergreifende Verhandlungen über einen „Saubere Luft und Sicherheit" überschriebenen Gesetzentwurf – der Obergrenzen für CO_2-Emissionen vorsah – scheiterten an der Demagogie regulierungs- und steuerfeindlicher Eliten und an der Radikalisierung der Republikanischen Partei durch die Tea Party (vgl. Kap. 3). Die Unterstützung der Republikaner „schmolz dahin", und da Republikaner-Stimmen nötig gewesen wären, um die Opposition von Demokraten aus Öl- und Kohlestaaten zu kompensieren, unterblieben wirksame Maßnahmen des Kongresses zur Eindämmung der globalen Erwärmung (Skocpol 2013, S. 2, 3, 9, 56, 61).

Eine 2011 erschienene soziologische Studie zeichnete nach, wie die in den USA anfänglich weit verbreitete Sympathie für Maßnahmen gegen den Klimawandel sich Mitte der 1990er-Jahre nach Parteilagern zu spalten begann. Als mehr und mehr Meinungsführer der Republikanischen Partei auf den Zug der Klimawandel-Leugner aufsprangen, begann, ausgehend von politischen Eliten, Lobbygruppen, Medien, akademischen „Querdenkern", ein „zweigeteilter Strom widersprüchlicher Informationen" die amerikanische Gesellschaft zu überfluten. In weit größerem Ausmaß als in Europa gelang es einer „Kakophonie konkurrierender Stimmen", Amerikas Bürgern den Anschein vermeintlicher Ungeklärtheit des Themas zu vermitteln. Auf die Spaltung des Kongresses folgte die Polarisierung der Öffentlichkeit, *wobei ein wachsender Prozentsatz bereit war, auch wissenschaftliche Beweise zu leugnen* (McCright und Dunlap 2011, S. 158, 159, 171, 178, 180).

Das Beispiel der USA veranschaulicht den Befund, dass in einem Politikfeld, das mit höchster Dringlichkeit nach international abgestimmtem Vorgehen verlangt, die Innenpolitik darüber entscheidet, in welchem Maß die größten Treibhausgas-Verursacher – also die Hauptakteure – „willens und in der Lage sind, sich für den Klimaschutz einzusetzen" (Bang et al. 2015a, S. 1).

Doch auch seit Donald Trumps Wahl hat die Klimapolitik in den USA sich nicht in Luft aufgelöst. Joe Bidens Wahlsieg brachte eine erneute Kehrtwende. Nachdem Trump das von Barack Obama 2015 unterzeichnete Pariser Abkommen zur Begrenzung des globalen Temperaturanstiegs gekündigt hatte, vollzog Biden am Tag nach seiner Wahl die Rückkehr der USA in die Übereinkunft. 2022 beschloss der Kongress ein *Inflation Reduction Bill* betiteltes Klimaschutz- und Sozialpaket, von dessen Bewilligungen $ 370 Mrd. dazu bestimmt sind, den CO_2 – Ausstoß der USA bis 2030 um 40 % zu reduzieren – die bisher größte Investition der USA in den Kampf gegen die Erderwärmung.

Innerparteiliche Konflikte der Demokratischen Partei hatten den von Biden ursprünglich angestrebten Gesamtumfang des Gesetzes (das eine 15 %ige Gewinnsteuer für Konzerne mit buchmäßigen Erträgen über 1 Mrd. Dollar einschließt, die in einem Jahrzehnt $ 258 Mrd. erbringen soll) von $ 3,5 Bio. auf $ 750 Mrd. reduziert. Dennoch erfolgte die Annahme im Senat mit knappstmöglicher Mehrheit: Sämtliche Republikanischen Senatoren stimmten mit „Nein". Erst die Stimme der Vizepräsidentin Kamala Harris gab den Ausschlag. Die Polarisierung in der Klimapolitik hat sich – kein gutes Zeichen – also eher noch verschärft.

Davon zeugte anderthalb Monate vor dem Kongressbeschluss auch ein Urteil des – unter Trump mehrheitlich konservativ besetzten – Supreme Court, das die Befugnisse der Umweltschutzbehörde (*Environmental Protection Agency*, EPA) drastisch einschränkte. Trump hatte bereits begonnen, Umweltschutzvorschriften auf dem Verordnungsweg rückgängig zu machen und für die EPA – gegründet 1970 von Richard Nixons Republikanischer Regierung – einschneidende Haushaltskürzungen auf den Weg zu bringen. Der Supreme Court verfügte, dass die Behörde keine branchenweiten Vorschriften zur Festlegung von Grenzwerten für CO_2-Emissionen mehr erlassen darf, da sie kein „eindeutiges Mandat" des Kongresses dazu verfüge, sondern derartige Vorgaben auf einzelne Kraftwerke beschränken müsse. Damit gab das Gericht einer Klage des „Kohlestaats" West Virginia, unterstützt durch zahlreiche Bergbauunternehmen, weitgehend statt. (Ruetz 2022). Bidens Bemühungen, die EPA finanziell und personell wieder zu stärken, um ihre Fähigkeit zur Kontrolle und Durchsetzung von Umweltvorschriften merklich zu steigern (Thurlow 2022), erlitten durch das Urteil einen herben Rückschlag.

In Anbetracht der ausgeprägt föderalistischen Struktur der Vereinigten Staaten wäre es jedoch falsch, nur die bundesstaatliche Ebene in den Blick zu nehmen. Als Reaktion auf Trumps Rückzug aus dem Pariser Abkommen unternahmen die Gouverneure von drei Einzelstaaten (Washington, New York, Kalifornien) 2017 den beispiellosen Schritt, die Gründung eines parteiübergreifendenden Bündnisses, der *United States Climate Alliance*, anzukündigen und sich zu verpflichten, die Ziele des Abkommens innerhalb ihrer Staatsgrenzen weiter zu verfolgen. 2022 gehören dieser Koalition 23 Bundessstaaten an (neben den Gründungsstaaten etwa Colorado, Connecticut, Louisiana, Maryland, Massachusetts, Minnesota, New Mexico, Nevada, Oregon, Wisconsin), außerdem das Territorium Puerto Rico. Auf sie entfällt etwas mehr als die Hälfte der Bevölkerung und des Bruttoinlandsprodukts der USA. Ganze vier unter ihnen werden von der Republikanischen Partei regiert.

In ihrem ersten Jahresbericht bekräftigte die Koalition ihre Absicht, „Initiativen für zwischenstaatliche Zusammenarbeit" in Gang zu setzen, um damit „landesweit einen Wandel der Märkte zu unterstützen" U.S. Climate Alliance (2017). Durch ihre Teilnahme an einer UN-Konferenz zum Klimawandel, die im November 2017 in Deutschland stattfand, wurde die Allianz auch international sichtbar.

Seine Unterstützung für die Ziele der Koalition hat das 2014 gegründete, ebenfalls parteiübergreifende Bündnis *Climate Mayors* erklärt, eine Gruppierung, die mittlerweile über 470 amerikanische Städte – darunter die zehn bevölkerungsreichsten – repräsentiert. Die von *Climate Alliance* und *Climate Mayors* entwickelten Initiativen könnten einen kumulativen „Prozess an Wissenserwerb" in Gang setzen. In dem Maß, in dem dieser Prozess sowohl Teile der Öffentlichkeit als auch weitere politische Entscheidungsträger auf Einzelstaats- und Bundesebene erfasst, könnte das Engagement der beiden Koalitionen zu einem positiven „Wandel (der) Präferenzstrukturen" führen (Bang 2015, S. 175, 176), der ein Abebben der Weigerung einschließt, Beweise für den Klimawandel zu akzeptieren.

Die Bündnisse könnten außerdem als sich herausbildendes Beispiel für jenen Ansatz dienen, den die verstorbene Elinor Ostrom – deren Name in diesem Buch bereits mehrfach aufgetaucht ist – in einem bahnbrechenden Hintergrundpapier zum *World Development Report 2010* der Weltbank als **polyzentrische Vorgehensweise** zum Umgang mit dem Klimawandel auf vielfältigen Ebenen und in unterschiedlichen Rahmen vorgeschlagen hat. Mittels Einbeziehung lokaler, regionaler und nationaler Akteure, verbunden durch Informationsnetzwerke und wirksame Kontrolle – folglich die Gewissheit, dass andere greifbare Personen und Stellen ähnliche Maßnahmen ergreifen-, könnte ein derartiger Ansatz vielleicht jenen „Kern an Vertrauen und Gegenseitigkeit" schaffen, der am dringendsten benötigt wird. Und er würde weitere Experimente ermutigen, um mit jenem Mehrebenenproblem fertigzuwerden, als das Strategien gegen den Klimawandel sich längst erwiesen haben (Ostrom 2009, S. 4, 35, 38, 39).

Mehr noch: Dadurch könnten jene *sozialen Botschaften* gesendet werden, von denen man weiß, dass sie „weitaus effektiver verhaltensändernd wirken" als nüchterne *Sachbotschaften*: „Wir sind eine Stadt/eine Provinz/ein Staat von Problemlösern! Wir hatten noch nie ein Problem, das wir nicht mit hochgekrempelten Ärmeln gemeistert haben. So müssen wir auch jetzt herangehen an ..." (Joslyn 2016).

Einmal mehr, wie in Kap. 9, geht es um Regulierung, um Markteingriffe, ums Prinzip und ums Ausmaß. Beides bildet den Hintergrund, vor dem die Debatte über den Klimawandel nicht nur in den Vereinigten Staaten geführt wird. In seinem letzten Buch: *Inequality – What Can Be Done?* hat der verstorbene „Tony" Atkinson, früher bereits zitiert als bedeutender britischer Pionier bei Studien über Einkommens- und Vermögensverteilung, eine Bewertung des gescheiterten *Transatlantic Trade and Investment Partnership* (TTIP)-Abkommens wiedergegeben. Sie stammte von John Hilary, dem Geschäftsführenden Direktor des in Großbritannien ansässigen Wohlfahrtsverbandes *War on Want*. Hilary zufolge wären einige der wesentlichsten britischen Umweltschutzvorschriften unter jene „regulatorischen Hindernisse" gefallen, deren Beseitigung das Abkommen anstrebte. Atkinson selbst zählte die Abschwächung des Klimawandels zu den wichtigsten politischen Aufgaben des 21. Jahrhunderts, zusammen mit der Verringerung der Ungleichheit (Atkinson 2015, S. 274).

Als der in Harvard lehrende Soziologe und politische Ökonom Thomas Nixon Carver vor einem Jahrhundert den Grundgedanken staatlicher Eingriffe umriss, argumentierte er, „die Regierung und nur die Regierung" könne verhindern, dass wirtschaftliches Eigeninteresse „destruktive ebenso wie produktive Aktivität" entfalte (Carver 1915, S. 108). Offenkundig sollte das *Ausmaß staatlicher Intervention* sich richten nach dem jeweiligen *Grad der Destruktivität*. Bereits zu Anfang der 1970er-Jahre vertrat K. William Kapp in seinem bahnbrechenden Werk: *Die volkswirtschaftlichen Kosten der Privatwirtschaft* (im Original: *The Social Costs of Private Enterprise*) – erstmals 1950 auf Englisch, 1958 auch auf Deutsch veröffentlicht, aber weitgehend übersehen – unmissverständlich die Auffassung, die *Umweltzerstörung, die herrühre von den gegenwärtigen Produktions-, Transport- und Verbrauchsgewohnheiten*, gehöre „zu den grundlegendsten und langfristigsten" Problemen, denen die Menschheit sich je gegenübergesehen habe (Kapp 1979, S. X).

In dem halben Jahrhundert seit Kapps Diagnose sollte offensichtlich geworden sein, dass die Eindämmung, nicht zu reden von der Umkehrung, dieser zerstörerischen Tendenz eine „grundlegende Umstellung des gesamten globalen Energieversorgungssystems" erfordert (Bernauer 2013, S. 424). Die notwendigen Maßnahmen der öffentlichen Hand müssen – um die Ausdrucksweise der kürzlichen Studie eines Politologen an der Western Oregon University zu verwenden (Dickinson 2017, S. 128) – ein „massives", wenn nicht gar „kolossales" Ausmaß besitzen. Dickinson entwarf zwei alternative Szenarien, je nachdem wie die Staaten der Erde ihre Prioritäten setzen würden (Dickinson 2017, S. 130–134):

- Ursachen und unmittelbare Gefahren des Klimawandels werden von ausschlaggebenden politischen Akteuren weiter heruntergespielt oder geleugnet. Die Untätigkeit des globalen Nordens führt zur „Tragödie der globalen Gemeinschaftsgüter" Atmosphäre und Weltmeere. Unbegrenztes Bevölkerungswachstum, zunehmende Emissionen, steigende Meeresspiegel, Dürren, Brände, Wirbelstürme, Hungersnöte und Pandemien lösen negative Feedback-Schleifen aus. Märkte brechen zusammen, Staaten scheitern, Kernwaffen verbreiten sich, und bewaffnete Konflikte nehmen zu. Der globale Norden greift zu Waffengewalt, um den Versuch einer Massenflucht aus dem globalen Süden abzuwehren.
- Alternativ stärkt der drohende weltweite Kollaps die internationale Zusammenarbeit. Die Folge ist ein „Zeitalter der Vernunft", aus dem neue internationale Normen hervorgehen. Sie beziehen sich auf Umweltschutz, Nutzung erneuerbarer Energien, Bevölkerungskontrolle, Kürzung der Militärbudgets, Eindämmung wirtschaftlicher Ausbeutung und schroff ungleicher Reichtumsverteilung, Gesundheitsfürsorge, Friedenserziehung, schließlich ungehinderte internationale Migration, welche „die ethnischen Spannungen im Lauf der Zeit abbaut". Eine Generation später werden Kernwaffenprogramme konvertiert in Projekte zur Erforschung des Weltalls. „Unweigerlich" würden die Menschen eines Tages „von der Erde abwandern", sich mit „unstillbarer Neugier" auf die „Suche nach neuen Welten" machen.

Nicht minder unweigerlich ruft dieses Szenario die Erinnerung wach an den von Alexander Korda produzierten Film *Things to Come* (dt. *Was kommen wird*) von 1936 – Drehbuch: H. G. Wells-, in dem auf weltweite wirtschaftliche und politische Konsolidierung der erste Flug um den Mond folgt. Nachdem das Raumschiff mit einer Pilotin und einem Piloten gestartet ist, hält ersterer Vater, Oswald Cabal, seinem Freund Raymond Passworthy einen Monolog über die niemals endende Suche nach Menschheit nach Wissen, die sie zu den Sternen führen wird. Sein leidenschaftliches Plädoyer endet mit einem rhetorischen Fanfarenstoß: „Das gesamte Universum oder nichts. Was soll es sein, Passworthy? Was soll es sein?" Ähnlich wie bei ‚H. G. Wells' im Prolog dieses Buchs zitierter Vorhersage scheint der Wert dieser Schwarz-Weiß-Alternative zweifelhaft. Überdies kann eine Politikwissenschaft, in deren Mittelpunkt durchgängiger Wandel steht, zwar auch realistische Zukunftsentwürfe enthalten. Herrschaft der Lügner und Plutokratie, die oben erörtert wurden, stellen solche faktengestützten Visionen dar. Politologen mögen auch gelegentlich durchaus auf Beobachtungen von Science Fiction-Autoren zurückgreifen, wie dies hier in Form kurzer Verweise auf J. G. Ballard und Chad Oliver geschah. Aber sie sollten davon absehen, sich mit den spekulativeren Federn dieses Genres zu schmücken, wie etwa einem konfliktarmen „Zeitalter der Vernunft" oder einer Menschheit, „die von der Erde abwandert".

Dickinsons düsteres erstes Szenario war dagegen vielleicht nicht übertrieben. Die Zeitschrift *MIT Technological Review* (die für ihre Artikel im Lauf der Jahre mehrfach ausgezeichnet wurde und nicht gerade für Sensationsjournalismus bekannt ist) berichtete, dass der CO_2-Ausstoß 2017 in China und Indien deutlich zugenommen habe, was einen leichten Rückgang der Verschmutzung in den USA mehr als ausgleiche. Mehrere Studien resümierend, bezeichnete der Verfasser (leitender Redakteur der Zeitschrift für Energiefragen) 2017 als das Jahr, in dem die globale Erwärmung begonnen haben könnte, „außer Kontrolle zu geraten". Nicht viel anders als Dickinson in seinem Buch betonte der Artikel das Auftreten von Feedback-Schleifen, die *worst-case*-Szenarien „zunehmend wahrscheinlicher" machten: steigende Emissionen, höhere Temperaturen, immer mehr Tornados, schrumpfendes Meereis, tauender Permafrost, massive Waldbrände – und noch höhere Emissionen (Temple 2018).

Die vorstehenden Hinweise auf mehrere, stark normativ geprägte, politikwissenschaftliche Arbeiten zur globalen Erwärmung könnten in einer wichtigen Hinsicht ein schiefes Bild vermitteln. 2016 stellten die scheidenden Herausgeber von *Global Environmental Politics* fest, dass der Anteil politikwissenschaftlicher Autor(inn)en an Beiträgen der Zeitschrift zwischen 2003 und 2011 um über 20 % auf knapp 40 % gesunken war (Dauvergne und Clapp 2016, S. 9). Während der nächsten drei Jahre kamen weitere beunruhigende Meldungen hinzu.

Im Lauf ihrer Forschungen über Anpassung an den Klimawandel stellte Debra Javeline (Notre Dame University) fest, dass Politikwissenschaftler in diesem „entscheidenden" interdisziplinären Bereich „weitgehend abwesend" seien. Javelines Arbeit ging von der Prämisse aus, dass

Bemühungen um *Eindämmung* des Klimawandels zwar unverzichtbar sind, derzeitiger CO_2-Ausstoss jedoch aktuell *und unweigerlich* das Klima ändert und Gesellschaften zwingt, zusätzliche Strategien zu entwickeln, die ihre Verwundbarkeit für die Auswirkungen reduzieren. Javeline argumentierte, dass *Anpassung*, nicht anders als Eindämmung, fundamental politikabhängig sei und dass Politolog(inn)en deshalb „enorme" Beiträge zur Auseinandersetzung mit dem Problem leisten könnten. Fortgesetztes Fehlen solcher Expertise würde sich dagegen eindeutig als Hindernis entpuppen bei der Erarbeitung von Anpassungsstrategien (Javeline 2014, S. 420, 421, 424).

Und weiter: Als Robert Keohane (Princeton) 2015 den James Madison Award der APSA entgegennahm, bemerkte er unter Verweis auf Javelines Aufsatz, was die *Eindämmung* des Klimawandels angehen, sei die Lage bislang „nicht viel besser". Der Umgang der Politik mit globaler Erwärmung falle, so Keohane, in die Verantwortung des Fachs. Und er sei zugleich, unterstrich Keohane, „eine große Chance" für eine Politikwissenschaft, die sich aktuellen Herausforderungen stelle (Keohane 2015, S. 19, 26).

Die zeitgleiche Herausbildung von Elinor Ostroms polyzentrischem Konzept zum Umgang mit dem Klimawandel auf zahlreichen Ebenen, der U. S. Climate Alliance/Climate Mayors-Koalition sowie ähnlicher Initiativen, die im Folgenden erörtert werden, **öffnen der Politikwissenschaft ein einzigartiges Fenster zur Verbindung von Verantwortung und Chance:**

Wie bei den in Kap. 7 befürworteten Pakten zwischen Bundes-, Länder- (Provinz-) und kommunalen Behörden zur Integration von Immigranten (konzipiert, das darf nicht vergessen werden, wie Ostroms Modell nicht zuletzt zum Zweck der Vertrauensbildung und Reziprozität) sollte die Disziplin wesentliche Unterstützung anbieten bei der Entwicklung von Aktionsprogrammen, der Begleitung ihrer Umsetzung und der Evaluierung ihrer Ergebnisse.

Klimapolitik mag in der Tat – langsam, „aber sicher", wie Thomas Bernauer hofft – „ihren Weg finden in den Mainstream politikwissenschaftlicher Forschung (Bernauer 2013, S. 422)". Doch was heißt „mainstream"? Drei Jahre nach der Aussage des Schweizer Politikwissenschaftlers zeigten die bereits mehrfach erwähnten ehemaligen Herausgeber von *Global Environmental Politics*, Peter Dauvergne und Jennifer Clapp, sich überrascht, „wie wenige Aufsätze" in der Zeitschrift „einen kritischen politökonomischen Ansatz verfolgen" (Dauvergne und Clapp 2016, S. 8).

Ihre damit zusammenhängende, in Kap. 1 zitierte Beobachtung, wonach auch in der Umweltpolitik methodenorientierte Ansätze problemorientierte Abhandlungen verdrängt haben, relativiert Bernauers Meinung zusätzlich.

Das heißt aber nicht, und auch das sollte deutlich geworden sein, dass in der Politikwissenschaft keine erwähnenswerten Untersuchungen vorgelegt worden wären. Je mehr solche Arbeiten den Fortschritt des Forschungsstandes spiegeln, desto beunruhigender fällt die Substanz ihrer Ergebniss ause. Ein 2015 auf dem Teilgebiet vergleichender Politikwissenschaft veröffentlichter Sammelband über Innenpolitik und Klimawandel mag dafür als herausragendes Beispiel dienen. Nicht anders als Elinor Ostroms Vorschlag lädt er zu weiteren vertieften Studien ein. Herausgegeben wurde er von drei norwegischen Politolog(inn)en. Wissenschaftler aus Norwegen, den Niederlanden und Japan, größtenteils tätig am Osloer Fridtjof-Nansen-Institut, haben dazu beigetragen.

Analysen des klimapolitischen Kurses von sieben Hauptakteuren – der Europäischen Union, den USA, Brasilien, Indien, China, Japan und Russland – veranlassen die Autor(inn)en zu einer ernüchternden Schlussfolgerung: Aktuell würde sowohl eine Koalition aller sieben Länder als auch eine kleinere Untergruppe kurz- bis mittelfristig „in relativ großem Abstand" eine Eindämmung des Klimawandels in dem einzigen Sinn verfehlen, dem Bedeutung zukommen dürfte: eine „gefährliche, vom Menschen verursachte Störung des Klimageschehens" abzuwenden (Bang et al. 2015b, S. 203).

Mehr noch, bereits die bloßen Aussichten für das Zustandekommen einer solchen Koalition waren und bleiben mehr als gering (Bang et al. 2015b, S. 187, 188, 190–192, 197–199): China, Indien, Russland, die USA und im Falle der EU besonders die mittel-ost-europäischen Mitgliedsstaaten sind in hohem Maß abhängig von fossilen Brennstoffen. In diesen ansonsten stark divergierenden politischen Systemen bremsen miteinander verknüpfte Erwartungen politischer Entscheidungsträger und der breiten Öffentlichkeit an sichere Energieversorgung[1], niedrige Energiepreise und kontinuierliches Wirtschaftswachstum jede Klimaschutzpolitik. Das öffentliche Engagement in Sachen Klimawandel schwankt zwischen praktisch nicht vorhanden (Russland), zaghaft ein-

---

[1] In der Bundesrepublik, während diese Zeilen geschrieben werden, nach Auslösung des Ukrainekriegs durch Russland und das daraus für Deutschland resultierende „Nordstream 1/Nordstream 2"-Dilemma deutlich zutage tretend.

setzend (China), schwach (Indien, Japan), rückläufig (Brasilien) oder gespalten (USA, west- bzw. osteuropäische EU-Länder).[2] Zudem setzen sich in den USA, Russland, Brasilien und Japan einflussreiche Interessengruppen für die Beibehaltung des Status quo ein.

Doch selbst diese Hürden könnten sich nicht als die größten Stolpersteine erweisen. Gesellschaften wie vor allem Indien, aber auch Brasilien und in abnehmendem Maße China ringen darum, ihre Armut zu verringern, während prognostiziertes Bevölkerungswachstum und Urbanisierung anhalten. Sie stehen beispielhaft für die Zwangslage von Ländern in einem Großteil Afrikas und Asiens (einschließlich aber auch etwa Mexikos), in denen die Verbesserung der Lebensbedingungen „als politischer Imperativ" unverzichtbar bleibt. *Eindämmung des Klimawandels erfordert Abkopplung des Ausstoßes an Treibhausgasen von den Auswirkungen des Bevölkerungswachstums, der Zunahme städtischer Agglomeration und des steigenden Einkommensniveaus.* Für die Welt als Ganzes bleibt solche Entkopplung derzeit „eine ferne Aussicht" (Bang et al. 2015b, S. 184, 201).

Um in diesem Bereich wesentliche Fortschritte zu erzielen, müssen zwei Voraussetzungen erfüllt sein.

- *Auf kommunaler, regionaler und nationaler Ebene müssen Klimaschutzziele einbezogen werden in Entwicklungsstrategien.*
- *Und die Anstrengungen müssen sich konzentrieren auf die Megastädte jedes Kontinents,* deren prognostiziertes stupendes Wachstum

---

[2] Andrea Lenschow und Carina Sprungk haben ein Narrativ der späten 1990er- und frühen 2000er-Jahre ermittelt, mit dem die Europäische Union sich zu einer globalen Führungsmacht in Sachen Klimapolitik verklärte, fähig, „die Welt zu verbessern, in der wir leben". Beide Autorinnen weisen diesem Narrativ die Rolle eines „funktionalen Mythos" zu, der dazu diente, dem europäischen Projekt zusätzliche Legitimität (Identität, Solidarität) zu verschaffen. Was die faktische Grundlage der Behauptung angeht, schätzten Lenschow und Sprungk sie schon seinerzeit, 2009/2010, als „widersprüchlich", allenfalls „schwach positiv", ein, und sie äußerten Zweifel, ob die „Trägheit" der Mitgliedstaaten bei der wirksamen Umsetzung umweltpolitischer Maßnahmen nicht die Nachhaltigkeit des Narrativs gefährden könnte (Lenschow und Sprungk 2010, S. 134, 135, 139, 141, 148–150). Nicht ganz fünf Jahre später befand der Oxforder Wirtschaftswissenschaftler Dieter Helm, dass solcher klimapolitische Führungsanspruch zwar tatsächlich entwickelt worden sei, mittlerweile aber „vor einem Scherbenhaufen" stehe (Helms 2014, S. 29, 32). Einen Teil der Erklärung liefert ein Kapitel der Studie Bangsund ihrer Mitautor(inn)en, in dem die erheblichen klimapolitischen Zugeständnisse dargestellt werden, die die westeuropäischen den mittel- und osteuropäischen EU-Mitgliedstaaten – „mit Polen an der Spitze"– machen mussten, um sie ins Boot zu holen (Skjærsetz 2015, S. 86).

(1 Million Menschen *jeden Monat* über die nächsten 35 Jahre allein in den städtischen Einzugsgebieten Indiens!) die weitreichendsten Folgen für den Energieverbrauch und damit für den Ausstoß an Treibhausgasen haben wird.

„Städte sind verantwortlich für den größten Teil der weltweiten CO_2-Emissionen. Heute lebt über die Hälfte der Weltbevölkerung in Städten, und 2050 werden es zwei Drittel sein. Wie dieses Wachstum sich gestaltet, wird darüber entscheiden, ob wirdie schlimmsten Auswirkungen des Klimawandels vermeiden können" (Bloomberg et al. 2016. Bloomberg war drei Amtszeiten lang Bürgermeister von New York. 2007 rief er PlaNY ins Leben,um die CO_2-Reduzierung in der Stadt voranzu-treiben. Anne Hidalgo ist zum zweiten Mal Bürgermeisterin von Paris, Eduardo Paesebenfalls zum zweiten Mal Bürgermeister von Rio de Janeiro.)

Die US-amerikanische *Climate Mayors*-Allianz ist nicht das einzige Städtebündnis geblieben, das eine ausstoßminimierende Stadtentwicklung anstrebt. Ihr ging sogar noch die *C40 Cities Climate Leadership Group* voraus, die 18 Megastädte 2005 auf Initiative Ken Livingstones, damals Bürgermeister von London, ins Leben riefen. Ein Jahr später – Resultat einer Partnerschaft mit der Klima-Initiative der Clinton Foundation – war die Zahl teilnehmender Städte auf 40 angewachsen – daher das Akronym. Gegenwärtig umfasst das Netzwerk über 90 Teilnehmer. Derzeitiger C40-Vorsitzender ist der Londoner Bürgermeister Sadiq Khan. Freetown (Sierra Leone), Dubai, Jakarta, Barcelona, Phoenix, Dhaka, Stockholm, Tokio, Buenos Aires, Bogotá, Abidjan, Johannesburg, Montreal und Mailand sind aktuell im Lenkungsausschuss vertreten. Aus Deutschland gehören Berlin und Heidelberg den C40 an. Organisierung von Workshops zum Austausch bewährter Vorgehensweisen, technischer Unterstützung und des Forschungsstandes in Bereichen wie Gesundheitsfürsorge, Verkehr, Stromversorgung, Wohnungsbau, Einbeziehung von Bürgerinitiativen gehören zu den wichtigsten Tätigkeitsfeldern der Gruppe.

Eine zeitlich begrenzte C40-Initiative stellte die fünf Jahre lang tätige Koalition für urbane Übergänge (*Coalition for Urban Transitions*, 2016–2021) dar. Sie zielte darauf ab, städtische Planungsbehörden zusammenzubringen mit Forschungsinstituten, Stiftungen und multilateralen Organisationen, um politische Maßnahmen zu sondieren, nachhaltige Formen der Urbanisierung auf den Weg zu bringen und zu finanzieren, innovative Forschung anzuziehen. Ein Beispiel solcher Forschung bietet eine umfassende Fallstudie (Colenbrander et al. 2017) zur Bewertung eines ökologisch und sozial vorteilhaften Entwicklungsmodells für Kolkata (ehemals Kalkutta), Indiens drittgrößtes Ballungsgebiet mit einer geschätzten Bevölkerung von 15 Millionen, die zu einem Drittel in extremer Armut lebt. Durchgeführt wurde die Studie von einem 11köpfigen Forschungsteam der Universitäten Jadavpur (Kolkata) und Leeds (des dortigen LSE Center for Climate Change Economics and Policy, finanziert vom britischen Economic and Social Research Council). Das Schwergewicht lag auf verfügbaren Optionen zur Emissionsminderung, nicht auf langwierigen strukturellen Veränderungen. Die Untersuchung identifizierte eine Reihe emissionsarmer Maßnahmen (zumeist in den Bereichen Transport, Stromerzeugung und Abfallwirtschaft), die Kolkata ermöglichen würden, bis 2025 „Emissionszunahmen zu vermeiden, ohne dass zusätzliche Nettokosten entstünden". Zugleich könnten diese Optionen – verglichen mit konventioneller Stadtplanung und durch enge Zusammenarbeit mit betroffenen einkommensschwachen Bevölkerungsgruppen – „die städtische Armut verringern", damit aber auch die Schutzlosigkeit der marginalisierten Hilfsbedürftigen (Colenbrander et al. 2017, S. 142, 148, 154, 155).

Forschungen über nachhaltige Stadtentwicklung werden immer noch überwiegend von ausgebildeten Ökonomen durchgeführt. Einmal mehr könnten Untersuchungen zu partizipativ organisiertem „Öko-Kommunalismus" (Fischer 2017) Nutzen daraus ziehen, wenn Politikwissenschaftler/innen sich stärker einbringen.

Ökonomen, die auf dem keynesianischen Ansatz aufbauen, haben eine Makroökonomie für das 21. Jahrhundert als Disziplin beschrieben, die zusätzlich zur Vermeidung von Rezessionen und inflationären Schüben abzielt auf *die Vermeidung von Umweltzerstörung* und die *Förderung* von Nachhaltigkeit, Verteilungsgerechtigkeit, Bildung und medizinischer Versorgung (Harris 2009, S. 183).

In ähnlicher Weise lässt eine Politikwissenschaft für das 21. Jahrhundert, wie sie in Kap. 1 umrissen wurde, sich als Disziplin darstellen, *die ökologische Nachhaltigkeit in den Kanon ihrer Grundwerte aufnimmt*, zusammen mit der Förderung von Freiheit, politischer Ressourcengleichheit, Verantwortlichkeit demokratischer Regierungen und kultureller Vielfalt.

Als wesentlicher Teil ihres Engagements gegen eine Herrschaft der Lügner sollten Politologen sich öffentlichkeitswirksam einsetzen gegen „als Wissenschaft getarnt(e)" (Oreskes and Conway 2014, S. 332) Desinformationsstrategien zum Klimawandel. Die Öffentlichkeit in Fragen globaler Erwärmung einzubinden, heißt außerdem, dass die Disziplin greifbare mittel- oder sogar kurzfristige Vorteile von Anpassungs- und Eindämmungsmaßnahmen systematisch erforschen und der Öffentlichkeit auf plausible Weise vermitteln sollte.

Die Wissenschaftler unseres Fachs sollten versuchen, die gesellschaftliche Unterstützung für wirksame politische Strategien dadurch zu erhöhen, dass sie zu Bemühungen beitragen, Probleme und mögliche Lösungen des Klimawandels effektiver als bisher darzustellen – beispielsweise durch Aussenden *sozialer* an Stelle von *Sach*botschaften, wie durch Elinor Ostrom vorgeschlagen und weiter oben in diesem Kapitel erläutert. „Den Klimawandel der breiten Öffentlichkeit verständlich zu machen und den politischen Willen zu wecken, ihn anzugehen, stellt die wohl wichtigste wissenschaftliche Übersetzungsleistung in diesem Jahrhundert dar" (FrameWorks Institute 2015).

Und es existieren in diesem Zusammenhang weitere Themen, deren eingehender Behandlung, *normativ wie positiv*, sich Politikwissenschaftler/innen widmen sollten. Eine unvollständige Liste könnte lauten (vgl. Bernauer 2013, S. 428–431, 441, 442; Javeline 2014, S. 426, 427; Keohane 2015, S. 24, 25):

- *Politische Theorie*: Auf welche Weise ließen die Anforderungen, die das Verständnis und die Eindämmung weltweiter Erwärmung aufwerfen, sich nutzen, um demokratische Prozesse neu zu beleben und Wege zu bahnen in Richtung auf eine „ökologische" Staatsbürgerschaft (Fischer 2017) und eine „ökologischere", nachhaltiger Entwicklung verpflichtete Demokratie?
- *Politische Ökonomie*: Was tun, um dem Einfluss der Desinformationskampagnen von Konzernen entgegenzuwirken, die aus wichtigen Wirtschaftszweigen stammen?
- *Politische Soziologie*: Wie ließen „Graswurzel"-Klimabündnisse sich schaffen, welche die wertebezogene Polarisierung politischer Parteiungen überwinden, und mehr „nützliche" Bürgerinitiativen à la *Fridays for Future* und *Scientists for Future* sich bilden, die weltweit auf rasche gesetzliche Maßnahmen und ihre effiziente Umsetzung drängen?
- *Politische Kultur*: Auf welchen Wegen ließen sich in der Wählerschaft Empfindungen und Erwartungen dauerhaft verankern, welche die Generationengemeinschaft mit den Kindern und Enkeln unserer Gesellschaft und die daraus erwachsenden Verpflichtungen betonen?

- *Vergleichende Politikwissenschaft*: Wie könnten unterschiedliche Gesellschaften und politische Systeme zu konstruktiveren politischen Diskursen über Klimafragen finden?
- *Internationale Regime*: Ließen polyzentrische klimapolitische Netzwerke sich konzipieren, bei denen die strittigen Fragen der Beteiligung, der Lastenverteilung durch Transferzahlungen und der Durchsetzung eingegangener Verpflichtungen miteinander verknüpft würden?

Wie oben kurz hervorgehoben (Colenbrander et al. 2017, S. 155), sollten Konzepte CO_2-armer Stadtentwicklung „partizipativ" angelegt sein, Fragen von „Gerechtigkeit und Inklusivität" einbeziehen, jegliche Verschärfung von Armut und sozialen Konflikten vermeiden. Auf internationaler Ebene erweisen Gerechtigkeitserwägungen, die bei Verhandlungen zwischen Ländern des Globalen Nordens und solchen des Globalen Südens aufgetaucht sind, sich als noch komplexer. Gerechtigkeitskriterien für denkbare Transferzahlungen bleiben umstritten, von Summen zu schweigen.

Als die Deutsche Vereinigung für Politikwissenschaft ihren Kongress 2009 mit dem Thema: „Politik im Klimawandel" versah, fügte sie den skeptischen Untertitel hinzu: „Keine Macht für gerechte Lösungen?" Die einzelnen Beiträge klangen, was kaum überraschen kann, häufig nicht weniger skeptisch (Schüttemeyer 2011). Aber die vorherrschende Meinung lautete auch, dass es der Politikwissenschaft gut ansteht, auf solcher Gerechtigkeit zu beharren, mögliche Perspektiven auszuloten, Bürger und politische Entscheidungsträger mit empirischem Wissen und normativer Orientierungshilfe zu versorgen.

Literatur

Atkinson, Anthony B. (2015): *Inequality. What Can Be Done?* Cambridge/London: Harvard University Press.

Bang, Guri (2015): "The United States: Obama's Push for Climate Policy Change." In: Guri Bang/Arild Underdal/Steinar Andresen (hg.): *The Domestic Politics of Global Climate Change*. Cheltenham/Northampton: Edward Elgar, 160–181.

Bang, Guri/Underdal, Arild/Andresen, Steinar (2015a): "Introduction". In: Guri Bang/Arild Underdal/Steinar Andresen (hg.): *The Domestic Politics of Global Climate Change*. Cheltenham/Northampton: Edward Elgar, 1–24.

Bang, Guri/Underdal, Arild/Andresen, Steinar (2015b): „Comparative Analysis and Conclusions." In: Guri Bang/Arild Underdal/Steinar Andresen (hg.): *The Domestic Politics of Global Climate Change.* Cheltenham/Northampton: Edward Elgar, 182–204.

Bernauer, Thomas (2013): "Climate Change Politics." *Annual Review of Political Science,* Vol. 16, 421–448.

Bloomberg, Michael R./Hidalgo, Anne/Paes, Eduardo (2016): "A New Coalition for Urban Transitions to Help Cities Thrive." *Huffington Post,* May 5. http://www.huffingtonpost.com/michael-bloomberg/a-new-coalition-for-urban-transitions-to-help-cities-thrive_b_9844682.html, abgerufen 10. 2. 2018.

Carver, Thomas Nixon (1915): *Essays in Social Justice.* Cambridge: Harvard University Press.

Colenbrander, Sarah/Gouldson, Andy/Roy, Joyshree/Kerr, Niall/Sarkar, Sayantan/Hall, Stephen/Sudmant, Andrew/Ghatak, Amrita/Chakravarty, Debalina/Ganguly, Diya/Mcanulla, Faye (2017): "Can Low-Carbon Urban Development be Pro-Poor? The Case of Kolkata, India." *Environment and Urbanization,* Jg. 29, 139–158.

Dauvergne, Peter/Clapp, Jennifer (2016): "Researching Global Environmental Politics in the 21st Century". *Global Environmental Politics,* Jg. 16 Nr. 1, 1–12.

Dickinson, Eliot (2017): *Globalization and Migration.* Lanham/Boulder: Roman & Littlefield.

FrameWorks Institute [McArthur Foundation] (2015): "Climate Change." http://www.frameworksinstitute.org/climate-change-and-the-ocean.html, abgerufen 10. 2. 2018.

Fischer, Frank (2017): *Climate Crisis and the Democratic Prospect: Participatory Governance in Sustainable Communities.* Oxford: Oxford University Press.

Harris, Jonathan M. (2009): "Ecological Macroeconomics: Consumption, Investment and Climate Change." In: Jonathan M. Harris/Neva R. Goodwin (hg.): *Twenty-First Century Macroeconomics.* Cheltenham/Northampton: Edward Elgar, 169–186.

Helm, Dieter (2014): "The European Framework for Energy and Climate Policies." *Energy Policy,* Jg. 64, 29–35.

Javeline, Debra (2014): "The Most Important Topic Political Scientists Are Not Studying: Adapting to Climate Change." *Perspectives on Politics,* Jg. 12, 420–434.

Joslyn, Heather (2016): "Words that Change Minds." *Chronicle of Philanthropy,* FrameWorks Institute [McArthur Foundation], September. http://www.frameworksinstitute.org/assets/files/PDF/chroniclephilanthropy_wordsthatchangeminds2016.pdf, abgerufen 10. 2. 2018.

Kapp, K. William (^{2}1979): *Soziale Kosten der Marktwirtschaft (Originaltitel: The Social Costs of Private Enterprise.* New York: Schocken Books ^{2}1971). Frankfurt: Fischer Taschenbuch.

Keohane, Robert O. (2015): "The Global Politics of Climate Change: Challenge for Political Science." *PS: Political Science and Politics*, Jg. 48 Nr. 1, 19–26.

Lenschow, Andrea/Sprungk, Carina (2010): "The Myth of a Green Europe." *Journal of Common Market Studies*, Jg. 48, 133–154.

McCright, Aaron M./Dunlap, Riley E. (2011): "The Politicization of Climate Change and Polarization in the American Public's Views of Global Warming, 2001–2010." *Sociological Quarterly*, Jg. 52, 155–194.

Oreskes, Naomi und Conway, Eric M. (2014): *Die Machiavellis der Wissenschaft. Das Netzwerk des Leugnens.* (Originaltitel: *Merchants of Doubt.* New York: Bloomsbury Press 2010). Weinheim: Wiley-VCH.

Ostrom, Elinor (2009): "A Polycentric Approach for Coping with Climate Change." Policy Research Working Paper 5095 (Background Paper to the *World Development Report 2010: Development in a Changing Climate*). Washington D.C.: World Bank. http://www20.iadb.org/intal/catalogo/pe/2009/04268.pdf, abgerufen 20. 1. 2018.

Ruetz, David P. (2022): U.S. Supreme Court Limits the Authority of the EPA in Regulating Air Emissions". *National Law Review*, Jg. 12, Nr. 225, August 13. https://www.natlawreview.com/article/us-supreme-court-limits-epa-s-authority-to-regulate-carbon-emissions-existing-power, abgerufen 13. 8. 2022.

Schüttemeyer, Suzanne S. (2011, hg.): *Politik im Klimawandel. Keine Macht für gerechte Lösungen?* Baden-Baden: Nomos.

Skjærseth, Jon Birger (2015): "EU Climate and Energy Policy: Demanded or Supplied?" In: Guri Bang/Arild Underdal/Steinar Andresen (hg.): *The Domestic Politics of Global Climate Change.* Cheltenham/Northampton: Edward Elgar, 71–94.

Skocpol, Theda (2013): "Naming the Problem: What it Will Take to Counter Extremism and Engage Americans in the Fight Against Global Warming." Symposium on *The Politics of America's Fight Against Global Warming*, Harvard University, February 14. https://www.scholarsstrategynetwork.org/sites/default/files/skocpol_captrade_report_january_2013_0.pdf, abgerufen 15. 1. 2018.

Temple, James (2018): "The Year Climate Change Began to Spin Out of Control." *MIT Technology Review*, January 4. https://www.technologyreview.com/s/609642/the-year-climate-change-began-to-spin-out-of-control, abgerufen 12. 1. 2018.

Thurlow, Matthew D. (2022): "Biden Administration Seeks to Reverse Decades-Long Decline in Federal Environmental Enforcement in Proposed 2023 EPA Budget". *Baker & Hostetler LLP Publications*, https://www.bakerlaw.com/Biden-Administration-Seeks-to-Reverse-Decades-Long-Decline-in-Federal-Environmental-Enforcement-in-Proposed-2023-EPA-Budget, abgerufen 13. 8. 2022.

U. S. Climate Alliance (2017): *Alliance States Take the Lead.* 2017 Annual Report, Executive Summary. https://static1.squarespace.com/static/5936b0bde4f-cb5371d7ebe4c/t/59bc4949914 e6b6f10ffe219/1505511753953/USCA_Exec-Summary-V2-Online-RGB.PDF, abgerufen 18. 1. 2018.

KAPITEL 11

Radikalisierung, Terrorismus, Untergrabung bürgerlicher Freiheiten

Mögliche Aporien einer Politikwissenschaft des 21. Jahrhunderts

„Unschuldige Leben" würden gefährdet, ließ Theresa May, damals britische Innenministerin, das Unterhaus im Januar 2015 wissen, sofern neue Gesetze nicht den Sicherheitsbehörden „die Befugnisse, die sie brauchen" erteilen würden zur Überwachung von E-Mail-Verkehr, sozialen Medien und anderen Kommunikationsnetzen (May 2015a). Ihre Erklärung erfolgte eine Woche nach den Terroranschlägen auf die Satirezeitschrift *Charlie Hebdo* und einen koscheren Supermarkt in Paris, die weltweite Solidarität mit den Attackierten geweckt hatten („Je suis Charlie"). Angesichts „solcher Bedrohungen" Großbritanniens, bekräftigte May fünf Monate später, bestehe eine „Pflicht", dafür zu sorgen, dass die Sicherheitsbehörden über die notwendigen Rechte verfügten, „um uns zu schützen" (May 2015b).

Mays zweite Bemerkung bezog sich auf einen gerade vorgelegten Bericht des Unabhängigen Prüfers der Anti-Terror-Gesetzgebung (*Independent Reviewer of Terrorism Legislation* – eine Position, die sich während des Nordirland-Konflikts herausgebildet hatte und nach dem 11. September 2001 gesetzlich verankert worden war), in den Medien als „Englands Terror-Wachhund" bezeichnet. Der von David Anderson QC [Queen's Counsel] erstellte Bericht trug den Titel: „Eine Frage des Vertrauens". Ein passenderer Titel wäre freilich gewesen: „Tabu-Zonen auf ein Minimum beschränken". So lautete das erste von fünf Prinzipien, auf denen Andersons Empfehlungen beruhten. Sie sollten als Blaupause für den *Investigatory Powers Act* (Gesetz über Ermittlungsbefugnisse, IPA) von 2016 dienen sollten.

Die der Regierung im Rahmen des ersten Grundsatzes zugestandene Kompetenz zu Eingriffen in das Post- und Fernmeldegeheimnis suchte der Bericht „auszutarieren" (Anderson 2015, S. 248) durch ein zweites Prinzip „begrenzter Befugnisse", in dem der ‚Wachhund' seine Missbilligung bekundete für solche keineswegs mehr exotischen Methoden wie flächendeckende Überwachung durch Drohnen oder CCTV-Gesichtserkennungs-Software. Als weitere verbale Konzession fügte er hinzu, „international garantierte Rechte und Freiheiten" seien einzuhalten. Er ließ jedoch keinen Zweifel daran, dass es im Rahmen des Konzepts der „Beschränkung von Tabu-Zonen auf ein Minimum" um die Frage gehe, „wann es rechtmäßig sein sollte", eine bestimmte Mitteilung abzuhören, nicht etwa darum, ob eine solche Befugnis des Staates „überhaupt existieren solle" (Anderson 2015, S. 247).

Die IPA-Fassung, die Ende 2016 in Kraft trat, machte sich diesen Grundsatz zu eigen. Bürger- und Menschenrechtsgruppen übten heftige Kritik an dem Gesetz; die britische Sektion von Amnesty International geißelte es als „Fanal für Despoten allerorten" (Griffin 2016) – tatsächlich hatte sich China im Dezember 2015 auf den Gesetzentwurf berufen, um seine eigenen invasiven Anti-Terror-Gesetze zu rechtfertigen. Der 1934 gegründete Nationale Rat für bürgerliche Freiheitsrechte (*National Council for Civil Liberties*, kurz „Liberty") begann unverzüglich, rechtliche Schritte gegen das Gesetz sowie eine *Crowdfunding*-Initiative zur Klagefinanzierung vorzubereiten. Mitte 2015 und Anfang 2018 hatten sowohl der britische High Court als auch die Berufungsinstanz, der Court of Appeal, flächendeckende digitale Überwachung unter dem *Data Retention and Investigatory Powers Act* 2014 – der IPA als Vorlage gedient hatte – für unrechtmäßig erklärt: Das Gesetz beschränke die Eingriffe nicht auf die Untersuchung schwerer Straftaten, und es enthalte keine angemessenen Kontrollvorkehrungen. Entsprechende, vom High Court in einem neuerlichen Urteil angemahnte IPA-Änderungen erfolgten 2018. Um als „schwere Straftat" zu gelten, musste ein Vergehen mit Gefängnis von einem Jahr oder mehr geahndet werden können.

Die neuen Rechtsvorschriften verpflichteten Telekommunikationsunternehmen, sofern sie eine entsprechende amtliche Aufforderung erhielten, Kommunikationsdaten 12 Monate lang aufzubewahren. In der ursprünglichen Fassung des Gesetzes hätten nicht nur Strafverfolgungsbehörden und Nachrichtendienste ohne richterliche Anordnung Zugriff auf dieses Material gehabt, sondern auch über 30 weitere Regierungsstellen – von den Ministerien für Gesundheit, Arbeit, Renten und Verkehr bis zu den Finanzmarkt- und Lebensmittelaufsichtsbehörden und der Glücksspielkommission. Alles, wie gesagt, ohne richterliche Verfügung. Ende 2017 wurde im Vorgriff auf erwartbare Gerichtsurteile die Möglichkeit des Zugangs ohne Aufsicht gestrichen. Entsprechende Ersuchen müssen nun durch den vom Gesetz ebenfalls installierten Investigatory Powers Commissioner (IPCO) genehmigt werden.

Der Hauptinhalt des Gesetzes von 2016 bezog sich jedoch auf das unmittelbare Abhören privater Kommunikation durch die Regierung. Das IPA gestattete den Nachrichtendiensten – dem Government Communications Headquarters (GCHQ), dem Security Service (MI5) und dem Secret Intelligence Service (MI6)-,

- auf der Grundlage einer richterlichen Anordnung Nachrichten abzufangen (mitzuhören) und
- gleichfalls auf dieser Grundlage in elektronische Systeme einzudringen (sie zu „hacken"). Diese Fähigkeit wurde früher als „Abschöpfung" (*exploitation*) von Rechnersystemen, abgekürzt CNER, bezeichnet.

IPA erlaubte die Ausstellung entsprechender Verfügungen durch einen Minister, vorbehaltlich der Überprüfung durch einen Justizkommissar beim ICPO. Die vom Gesetz erteilte Befugnis zum Abhören von und Eindringen in Kommunikationsnetze schließt sowohl

- die *gezielte* Konzentration auf bestimmte Personen oder Personengruppen, Organisationen und Orte ein, als auch
- die Beschaffung und Sammlung *großer Mengen* personenbezogener Daten (*bulk personal datasets*, BPD), was flächendeckender Überwachung faktisch gleichkommt.

Befugnisse zu *gezieltem* Abhören und „Hacken" wurden auch den Polizei- und Finanzbehörden erteilt. Weil ein „Ziel" mehrere Personen oder selbst Organisationen betreffen kann, bleiben die Grenzen zwischen „gezielter" und „flächendeckender" Überwachung auch hier fließend. Und einem späteren Bericht David Andersons zufolge haben die britischen

Nachrichtendienste „kaum jemals versucht, genau einzuschätzen, inwieweit der Einsatz flächendeckender Zugriffe das gewünschte Ziel erreicht oder nicht." Er habe den Eindruck, schrieb der ‚Wachhund', *„dass der ‚Nutzen' solcher Zugriffe den Behörden derart selbstverständlich schien, dass sie keine Notwendigkeit sahen, ihren Wert oder ihre Misserfolgsquote zu veranschlagen"* (Anderson 2016, S. 89; Hervorhebung nicht im Original). Auf die Frage der Effektivität kommt dieses Kapitel noch zurück. Andersons Beobachtung kann kaum überraschen. Wie der Whistleblower Edward Snowden 2013 enthüllte, war die große Mehrzahl der *später* legalisierten Programme bereits jahrelang vom GCHQ gemeinsam mit der U.S. National Security Agency (NSA) praktiziert worden, die ihre Ergebnisse wiederum mit, beispielsweise, kanadischen, französischen, niederländischen und deutschen Diensten teilten.

Anfangs publizierten *Washington Post* und *Guardian* die Dokumente, die Snowdon beiden Zeitungen zugespielt hatte. Dann drohte die britische Regierung dem *Guardian* mit juristischen Schritten, um weiterer Berichterstattung über die geleakten Dokumente einen Riegel vorzuschieben. Redakteure und hochrangige Beamte handelten einen Kompromiss aus: Der *Guardian* würde Snowdens Material nicht ausliefern, sondern in einem surrealen – weil hauptsächlich symbolischen – Akt die Festplatten unter Aufsicht von GCHQ-Agenten zerstören. Die weitere Berichterstattung würde (und so geschah es auch) aus den USA erfolgen, wo die in Kap. 6 erwähnte Entscheidung des Supreme Court im Fall der *Pentagon-Papiere* jeden Versuch einer Regierung, eine einstweilige Verfügung zu erwirken, höchst unwahrscheinlich machte (Borges 2013).

In dem bereits zitierten Bericht von 2015 wählte „Wachhund" Anderson den Weg einer Zusammenfassung der wichtigsten, von Snowden enthüllten Aktivitäten zu flächendeckender Überwachung. Sich mit „der begrenzten Auswahl an veröffentlichten Dokumenten" zu identifizieren, vermied er sorgsam. Stattdessen argumentierte er – was einleuchten musste –, die undichten Stellen einfach zu verschweigen, „als hätte es sie nie gegeben oder sie könnten höflich ignoriert werden", könnte „das öffentliche Vertrauen" in seinen Bericht „beschädigen". Von den in seinem Bericht aufgelisteten Programmen (Anderson 2015, S. 125, 330–333) werden hier drei – mit den Codenamen MUSCULAR, PRISM und TEMPORA – kurz vorgestellt, um eine Vorstellung von Umfang und Methoden dessen zu vermitteln, was als *globale* Überwachung auf der Grundlage *flächendeckender* Datenerfassung eingestuft werden muss.

- Das gemeinsam von GHCQ und NSA betriebene MUSCULAR-Programm zapft den Glasfaserkabelverkehr zwischen den Rechenzentren von Yahoo und Google an und speichert täglich Millionen Datensätze. Sie werden im NSA-Hauptquartier Fort Meade (Maryland) in sogenannten Datendepots entschlüsselt, gefiltert und selektiv ausgewertet – 2012/2013 beispielsweise mehr als 180 Millionen während eines Zeitraums von 30 Tagen. Anders als das PRISM-Programm (das ebenfalls auf Google und Yahoo zugreift) hat man bei MUSCULAR auf Anordnungen durch den United States Foreign Intelligence Surveillance Court (FISC) verzichtet, mit dem bequemen Argument, die Überwachung gelte ausschließlich Nicht-Amerikanern. Was das Ausmaß weiter betrifft, gibt es Berichte, wonach MUSCULAR mehr als doppelt so viele „Selektoren" – Suchbegriffe – verwendet wie PRISM (Gellman und Soltani 2013). Der FISC ist selbst in die Kritik geraten, weil er nichtöffentlich tagt, vor seinen Beschlüssen keine Zeugen anhört, die Anträgen der Regierung widersprechen, und über keine Durchsetzungsbefugnisse verfügt. Dennoch ziehen NSA (und GCHQ) vor, „Beschränkungen zu vermeiden, wo immer (sie) können" (Gellman und Soltani 2013).
- PRISM ist das einzige (wiederum in Zusammenarbeit mit GCHQ durchgeführte) NSA-Programm, dessen Existenz nach Snowdens Enthüllungen von den amerikanischen und britischen Regierungen eingeräumt wurde. Die Datenerfassung wird im Rahmen von Abschnitt 702 des Foreign Intelligence Surveillance Amendment Act durchgeführt und vom FISC überwacht, wenn auch unzureichend,[1] erfolgt also legal. Sie umfasst E-Mails, Audio- und Videonachrichten, ganze Videokonferenzen, VoIP (Internet-Telefonate einschließlich Skype) und weitere Daten wie Fotos oder Dateien, die durch Server von Internetunternehmen übertragen werden. In das Programm sind nicht weniger als neun US-Konzerne einbezogen: Microsoft, Yahoo, Google, Facebook, PalTalk, AOL (America Online, mittlerweile von Verizon übernommen), Skype, YouTube und Apple.

---

[1] Der frühere Washingtoner Bezirksrichter James Robertson, der dem FISC von 2002 bis 2005 angehörte, kritisierte 2013, das Gericht habe sich „in eine Art Verwaltungsbehörde verwandelt", nicht zuletzt deswegen, weil es über „komplette Überwachungsprogramme" entscheide (Braun 2013).

Der frühere Präsident Barack Obama hat versucht, PRISM als „eng begrenztes Programm" herunterzuspielen (Madison 2013). Weil die relevante Gesetzesbestimmung – Abschnitt 702 – im Januar 2018 ausgelaufen wäre, votierten beide Häuser des Kongresses für eine Verlängerung (PRISM eingeschlossen) um weitere sechs Jahre – ohne neue Datenschutzgarantien einzufügen.

- Bei TEMPORA handelt es sich um eine Operation des GHCQ zur Datenspeicherung und -analyse, bei der wiederum auf die Glasfaserkabel zugegriffen wird, die den Internetverkehr übertragen. Die von TEMPORA gespeicherten Daten werden mit der NSA geteilt. Auf der Grundlage von Dokumenten, die Snowden dem *Guardian* zugespielt hatte, berichtete die Zeitung (MacAskill et al. 2013), dass bis 2012
  - das GCHQ „im Rahmen geheimer Vereinbarungen mit kommerziellen Firmen" über 200 transatlantische Glasfaserkabel abgehört hatte; in der Lage war, Daten von mindestens 46 gleichzeitig zu verarbeiten; und im Begriff stand, seine Aktivitäten noch auszuweiten;
  - 300 GDHQ- und 250 NSA-Analysten mit der Durchforstung dieser Millionen Datensätze beschäftigt waren;
  - dafür 40.000 Suchbegriffe („Selektoren", wie bei MUSCULAR) durch das GCHQ und weitere 31.000 durch die NSA ausgewählt worden waren;
  - insgesamt 850.000 NSA-Mitarbeiter und private US-Auftragnehmer mit Top Secret-Einstufung (Geheimdienst-„Profis", wie Edward Snowden) über Zugang zu den GCHQ-Daten vertfügten.

Wie schon 2016 wurde auch 2018 im Anschluss an Snowdens Enthüllungen die Chance vertan, flächendeckende Datenerfassung einzuschränken. Bewogen durch eine Mischung aus „Unterwürfigkeit gegenüber der Exekutive", inklusive der etablierten Geheimdienst-Elite (Rudenstine 2016, S. 5), und Angst vor Terroranschlägen stimmten sowohl das britische Unterhaus als auch der US-Kongress vor dem Hintergrund weitverbreiteter öffentlicher Gleichgültigkeit für eine Fortsetzung der pauschalen Überwachung.

Innenministerin Theresa May hatte, wie erinnerlich, „unschuldige Leben" beschworen, die gefährdet wären, falls nicht neue Gesetze die Nachrichtendienste mit den Befugnissen ausstatten würden, die sie „brauchten". Bevor Gesetzesabschnitt 702 zur Verlängerung anstand, hatte John Kelly, US-Minister für Heimatschutz, behauptet, die Terrorgefahr, „die im Allgemeinen von ein und denselben Gruppen ausgeht", sei „allgegenwärtig.... Sie nimmt kein Ende.... Sie besteht nahezu jederzeit" (Green 2017). Der US-Redakteur und Autor Tom Engelhardt (*The End of Victory Culture*, 1995; *The United States of Fear*, 2011) kommentierte, Kellys Äußerungen zielten darauf ab, Amerikas Bürger dadurch in einem „Dauerzustand angsterfüllter psychischer Abschottung" zu halten, dass sie die von einer einzigen Gefahr ausgehenden Risiken dramatisch ins Rampenlicht rückten (Engelhardt 2017).

Tatsächlich passen May und Kellys Auslassungen nahtlos in das Muster systematischer Erzeugung von Angst durch politische Entscheidungsträger, dessen Wirkungen in Kap. 4 knapp skizziert wurden. In Verbindung mit der Beschwörung jederzeitiger Terrorgefahr besteht eine der unmissverständlichen Absichten darin, Unterstützung zu gewinnen für die Einschränkung bürgerlicher Freiheiten und die Ausweitung invasiver Maßnahmen. Indem er den Pegelstand allgemeiner Nervosität erhöht (Minister Kelly: „Amerikas Bürger würden ‚ihr Haus nicht mehr verlassen', wäre ihnen bekannt, was wir über terroristische Drohungen wissen"), erleichtert und legitimiert der Diskurs der Angst ein Denken in Stereotypen und aggressiven Projektionen, das es „cleveren Wortführern erlaubt, Einfluss auf die Wahrnehmungen, die Wertmuster, die Wählerstimmen und die Steuergelder" der Bürger zu gewinnen (Altheide 2006, S. 18).

Ständig wiederholte Botschaften über das Ausmaß der terroristischen Bedrohung korrelieren zudem mit verbreiteten Wahrnehmungen und Einstellungen aus der Zeit des Kalten Krieges. Da zwischen dem Zusammenbruch der Sowjetunion und den Anschlägen vom 11. September 2001 nur ein Jahrzehnt lag, kann davon ausgegangen werden, dass diese Vorstellungen noch tief im kollektiven Gedächtnis der westlichen Welt verankert sind. Der 1947 geschaffene Nationale Sicherheitsrat der USA und aufeinanderfolgende US-Regierungen hatten, nachgeahmt von politischen Akteuren und willfährigen Medien im gesamten Westen und nicht viel anders als ihre heutigen Nachfahren, „militante Subversion von innen", selbst eine „weltweite Fünfte Kolonne", als wesentlichen Teil der kommunistischen Bedrohung westlicher Lebensweise beschworen. Schon damals hatten diese Botschaften beigetragen zu einer „Autismus-Falle": Eigene Abkapselung durch Lernunwilligkeit erlaubte die Dämonisierung politischer Gegner. Eine Dynamik immer „ausgefeilterer" Waffensysteme, weitgehend *innengeleitet* vorangetrieben durch „autistische Feindschaft", prägte die daraus entspringende wechselseitige Drohpolitik (Senghaas 1972a, S. 170–172, 178, 179, 182–188; 1972b, S. 50–58).

Für militante Subversion kann man heute „getarnter fanatischer Islamismus" lesen, für weltweite Fünfte Kolonne „islamistische Netzwerke rund um den Globus". Damals wie heute dienen Narrative über beständige innere Bedrohung dazu, blinde Angst davor zu erzeugen, jeder könne jederzeit zum „Opfer" werden. Gleichzeitig zielen solche Ängste darauf ab, in der Vergangenheit nicht anders als in der Gegenwart, unkritisches Vertrauen in die jeweilige Regierung zu wecken – „die wissen wird, was das Beste ist" -, ihre Macht zu stärken, ihre Rechenschaftspflicht zu vermindern (Altheide 2006, S. 6, 7, 16, 129). An diesem Punkt gewinnt der Begriff „Vertrauen" Bedeutung für die Debatte. Als „Englands Terror-Wachhund" seinen 2015 vorgelegten Bericht mit „Eine Frage des Vertrauens" (*A Question of Trust*) überschrieb, argumentierte er, „öffentliche Zustimmung zu invasiven Gesetzen hänge davon ab, dass die Menschen den Behörden vertrauen" (Anderson 2015, S. 245). Dabei handelt es sich, wie unterstrichen werden muss, nicht um das Lockesche Konzept des *government as trust*, wonach die Regierung deren Mitgliedern anvertraut ist und die Regierten darüber urteilen, ob ihre gewählten Vertreter gemäß entgegengebrachtem Vertrauen handeln. Vielmehr impliziert „Vertrauen" nun den Glauben an die Zusicherung, selbst weitreichende Beschränkungen müssten nur gesetzlich verankert werden, damit die Bürger darauf vertrauen können, dass auf Seiten der Regierung nichts unnötig geschieht. Was dieses Konstrukt außer Betracht lässt, ist die Gefahr, dass, sobald solche Gesetzgebung in Kraft tritt, „das Außergewöhnliche zur Normalität, die Ausnahme zur Routine wird. Die neue Norm kann dann zum neuen Ausgangspunkt werden" (Atanassow und Katznelson 2017, S. 101).

Ihre Analyse der jüngsten sicherheitsrelevanten Gesetzgebung Großbritanniens und der USA, welche die eben zitierte Warnung enthielt, veranlasste Ewa Atanassow (Bard College Berlin) und den früheren APSA-Präsidenten (2005–2006) Ira Katznelson (Columbia) zu einem harschen Urteil: Gerade diejenigen Maßnahmen, welche die terroristische Bedrohung verringern sollten, „gefährdeten Verfassungsgrundsätze und ethische Prinzipien". Im Ergebnis bewirkten sie nichts weniger als die „Zersetzung der Demokratie" (Atanassow und Katznelson 2017, S. 96,

109). Im Kern unterscheidet diese Schlussfolgerung sich nicht von der Einschätzung, wonach in dem Maß, in dem Terrorismusbekämpfung zu einem sich zu einem „flächendeckenden innenpolitischen Leitbild" entwickelt habe, der Sicherheitsstaat des Kalten Krieges zur „Sicherheitsverfassung" des 21. Jahrhunderts mutiert sei (Glaser 2017a, S. 11. Glaser leitet das Deutsch-Südostasiatische Exzellenzzentrum für Public Policy and Good Governance). Der Begriff bezieht sich die Gesamtheit eingeführter Regelungen, die dem übergeordneten Prinzip folgen, dass Sicherheit Vorrang haben müsse vor bürgerlichen Freiheiten.

In ihrem Plädoyer, die Untergrabung demokratischer Grundwerte und Institutionen rückgängig zu machen, sprachen Atanassow und Katznelson sich dafür aus (ebd., S. 105, 106, 109), dass

- die Unterscheidung zwischen Ausnahmegesetzen und auf Dauer gerichteten Grundsätzen gewährleistet bleiben muss,
- wie letztere, so auch erstere wurzeln müssen in „normativen Zielen jenseits bloßer Staatssicherheit",
- Notstandsmaßnahmen deshalb zeitlich befristet sein und der Überprüfung unterliegen müssen,
- Kapazitäten für zeitnahe Evaluierung und rückwirkende Bewertung entweder geschaffen oder, so weit vorhanden, verstärkt werden müssen.

Artanassows und Katznelsons eindringliche Mahnung bildet jedoch gerade *kein* Beispiel für eine anhaltende Auseinandersetzung zahlreicher Fachvertreter/innen mit den Gefahren, welche die vorherrschenden Methoden zur Eindämmung terroristischer Bedrohungen für die Überlebensfähigkeit demokratischer Regierungssysteme aufwerfen. Vielmehr sind ihre Stimmen bislang weit eher ein isolierter Ruf in der Wüste geblieben. *Wann aber, wenn nicht jetzt, sollten die Wissenschaftler/innen des Fachs beginnen, öffentlich in der Weise Alarm zu schlagen, wie dies in Kap. 6 nachzulesen ist? Bei der ‚Sicherheitsverfassung' handelt es sich nicht um einen separaten Bereich, der sich nur von entsprechend ausgewiesenen Fachleuten näher untersuchen ließe. Stattdessen wird hier durch Restriktionen ein Nährboden bereitet, auf dem die Herrschaft der Lügner umso leichter gedeihen, das politische System umso rascher in Richtung Oligarchie gedrängt werden kann.*

Als ersten Schritt erfordert die Situation, dass Politologinnen und Politologen alle institutionelle Vorstellungskraft aufbieten, über die sie verfügen, um robuste Schranken und Kontrollen für Geheimdienste zu entwerfen, zu fordern und zu fördern. Derartige Bemühungen können von der Arbeit profitieren, die NGOs wie „Liberty" oder die im Folgenden erwähnte Open Rights Group fortlaufend leisten (und bei der sie im Kampf gegen IPA mit anderen britischen und europäischen Gruppen zum Schutz von Privatsphäre und digitalen Rechten in einer zeitweisen Koalition zusammengearbeitet haben).

Ihr Augenmerk richten sollte die Disziplin zugleich auf Tätigkeit und Resultate weltweiter journalistischer Recherchegruppen wie das Internationale Netzwerk investigativer Journalisten (*International Consortium of Investigative Journalists*, ICIJ) oder *Forbidden Stories*. Das 1997 gegründete ICIJ koordinierte in den Fällen der *Panama*, der *Paradise* und der *Pandora Papers* (vgl. Kap. 6) die Auswertung der geleakten Daten ebenso wie die zeitgleiche Veröffentlichung in zahlreichen Ländern und Medien. Veröffentlichung. Für ihre Berichterstattung über die *Panama Papers* wurde die Organisation mit dem Pulitzer-Preis ausgezeichnet.

Forbidden Stories wurde 20 Jahre später als das ICIJ ins Leben gerufen zu dem Hauptzweck, „Geschichten am Leben zu erhalten" (*to keep stories alive*) – die Geschichten, die Berichte und Recherchen bedrohter, inhaftierter, ermordeter oder verschwundener Journalist(inn)en. Die jüngste, durch *Forbidden Stories* (im Zusammenwirken mit Amnesty International *und dem Citizen Lab der Universität Toronto*)[2] koordinierte Recherche, das *Pegasus-Projekt*, hängt unmittelbar mit dem Thema dieses

---

[2] Das Citizen Lab, eine interdisziplinäre Einrichtung, ist an der Munk School of Global Affairs & Public Policy der University of Toronto angesiedelt. Es arbeitet im Schnittbereich von Kommunikationstechnologien, Menschenrechten und Fragen weltweiter Sicherheit, konzentriert sich auf digitale Bedrohungen zivilgesellschaftlicher Gruppen, insbesondere Menschenrechtsaktivisten, *und verwendet nach eigener Darstellung einen „mixed methods"-Ansatz aus politikwissenschaftlichen, juristischen und computerwissenschaftlichen Verfahren*. Gründer und Direktor des Citizen Lab ist Ronald Deibert(1964-), *Professor für Politikwissenschaft an der Universität Toronto*. Sowohl er selbst als auch das Citizen Lab wurden vielfach ausgezeichnet. Die 2010 gegründete Munk School selbst, mit über 60 Professor(inn)en und 1200 Studierenden, weist vier untereinander verbundene Forschungs- und Lehrschwerpunkte auf: (1) Digitale Ära, künstliche Intelligenz, „Überwachungskapitalismus" (*surveillance capitalism*); (2) Politische Ökonomie der Innovation – inklusiv, gerecht, nachhaltig; (3) Weltordnung im Wandel – Erosion von Normen und Institutionen, Gegenreaktionen auf den Globalisierungsprozess, Rolle nichtstaatlicher Akteure; (4) Zukunft demokratischer Gesellschaften: Reformperspektiven demokratischer und rechtsstaatlicher Institutionen, Umgang mit steigender sozialer Ungleichheit, zunehmender politischer Polarisierung, anwachsendem Populismus. Aus politikwissenschaftlicher Sicht repräsentieren Munk School und Citizen Lab in zahlreichen Themenbereichen exakt jene Transformation des Fachs, der in diesem Buch das Wort geredet wird.

Kapitels zusammen. Es deckte auf, wie Menschenrechtsaktivisten, Oppositionspolitiker, Journalisten, aber auch Staatschefs, darunter Emmanuel Macron und Manuel López Obrador (Mexiko) durch autoritäre Regime mit Hilfe einer von der israelischen Firma NSO Group entwickelten Spähsoftware ausspioniert wurden (hierzu und zum Folgenden Ludwig et al. 2021; Mascolo und Münch 2021).

Mit dem „Trojaner" Pegasus können Smartphones unbemerkt infiziert werden. Er wird in Israel als Cyberwaffe eingestuft; seine Ausfuhr unterliegt der Genehmigungspflicht durch das israelische Verteidigungsministerium. Die Herstellfirma behauptet, er werde lediglich zur Bekämpfung „von Terrorismus und Kriminalität" eingesetzt. Zu den bisherigen Beziehern gehören, wie die Pegasus-Recherche ergab, unter anderem die Regierungen von Aserbaidschan, Saudi-Arabien, den Vereinigten Arabischen Emiraten, Ruanda, Marokko, Mexiko, Indien, Polen und Ungarn. Diverse Hinweise legen den gezielten Einsatz entsprechender Exportlizenzen im Rahmen einer „NSO-Diplomatie" (so die Tageszeitung *Haaretz*) der aufeinanderfolgenden Netanjahu-Kabinette nahe.

Die Pegasus-Recherche hatte Konsequenzen (Apple 2021; Harwell et al. 2021; Tagesschau, NDR, WDR 2022). Mit der Begründung, man sei bemüht, „die Verbreitung digitaler Geräte einzudämmen, die als Unterdrückungswerkzeuge missbraucht" würden, setzte die Biden-Regierung Ende 2021 die NSO Group auf eine schwarze Liste. Aufnahme in diese *entity list* (wobei „entity" sich auf Personen wie auf Unternehmen beziehen kann) bedeutet Ausschluss von der Belieferung mit amerikanischer Technologie. Keine drei Wochen später verklagte die Apple Corporation wegen „gezielten Angriffs auf Apple-Nutzer/innen" die Firma und beantragte eine dauerhafte Verfügung, die NSO „die Nutzung jeglicher Software, Services oder Geräte von Apple untersagt". Schließlich reduzierten israelische Regierungsstellen die Zahl der Länder, in welche die *mercenary spyware* (Citizen Lab; dt. soviel wie „zu Söldlingszwecken gedungene Spähsoftware") nach wie vor verkauft werden darf, von 102 auf 37.

Das Bundeskriminalamt erwarb noch 2021 eine „maßgeschneiderte" (Tagesschau, NDR, WDR) modifizierte Pegasus-Version, die – so offizielle Angaben – grundgesetzliche Einschränkungen berücksichtigt. Ihr Einsatz bedarf richterlicher Genehmigung. Unbestätigte Berichte sprechen von bislang „weniger als einem halben Dutzend" Fällen. Inzwischen soll – so wiederum Tagesschau/NDR/WDR – auch der Bundesnachrichtendienst (BND) sich der Spähsoftware bedienen.

David Kaye (1968-), Professor für Völkerrecht, Völkerstrafrecht und Menschenrecht an der University of California-Irvine, 2014–2020 UN-Sonderberichterstatter für Meinungsfreiheit, hat das ernüchternde Fazit gezogen, „die Überwachungsindustrie – in der die NSO Group nur einer von vielen Dutzenden, wenn nicht von Hunderten Akteuren ist" – sei „außer Kontrolle" (Kaye 2021). Die vorstehenden Erörterungen sollten verdeutlicht haben, wie weit staatliche *Förderung*, also der genaue *Gegensatz zu Kontrolle*, daran beteiligt ist.

Das gilt auch für flächendeckende oder Massenüberwachung, von der im Anschluss an MUSCULAR, PRISM und TEMPORA nochmals die Rede sein soll. Die in diesem Zusammenhang oben wiedergegebenen Argumente Atanassows und Katznelsons überzeugen umso mehr, als die Wirksamkeit flächendeckender Überwachungsmaßnahmen zur Verhinderung von Terroranschlägen keineswegs feststeht. Natürlich sollten grundlegende Erwägungen wie die bislang vorgebrachten obenan stehen: Die Geschichte, wo nicht die Ethik, lehrt, dass Ziele *nicht* jedes Mittel rechtfertigen. Doch wäre es doppelt unangebracht, sich auf Werkzeuge zu verlassen, wenn diese moralisch höchst fragwürdig wären *und* sich bezüglich ihrer Effektivität als allenfalls bescheiden erfolgreich erweisen sollten.

Während der Debatte über PRISM, die 2013 auf Edward Snowdens Enthüllungen folgte, zogen die Senatoren Mark Udall (D – Colorado) und Ron Wyden (D – Oregon) Aussagen der National Security Agency (NSA) in Zweifel, wonach Überwachungsprogramme geholfen hätten, „Dutzende von Terroranschlägen" zu verhindern. Beide gehörten zu der Zeit dem Geheimdienstausschuss des Senats (*U.S. Senate Select Committee on Intelligence*) an. Die erwähnten Anschläge, erklärten Udall und Wyden, „scheinen mit anderen [d. h. weniger einschneidenden] Maßnahmen aufgedeckt worden zu sein." Ein „Schlüsselmaßstab für die Effektivität des flächendeckenden Erfassungsprogramms" bestehe darin, ob es Informationen liefere, die *nicht* auf andere Weise erlangt werden könnten (Udall und Wyden 2013).

Als in Großbritannien IPA, das Gesetz über Ermittlungsbefugnisse, auf den Tisch kam, versprach Theresa May – wie eingangs in diesem Kapitel erwähnt –, die darin enthaltenen weitreichenden Befugnissen würden den Sicherheitsbehörden geben, was sie brauchten, „um uns zu schützen". Während das britische Unterhaus Anfang 2016 den Gesetzentwurf erörterte, veröffentlichte die Open Rights Group (die sich für digitale Selbstbestimmung einsetzt) einen Bericht, in dem es hieß, die Regierung habe „keinen nachweisbaren Zusammenhang zwischen ihren Forderungen nach Überwachungsbefugnissen und den konkreten Problemen der Täterermittlung" bei den jüngsten terroristischen Gewalttaten nachgewiesen (Open Rights Group 2016, Kap. 9, S. 1). *Nachdem* das Gesetz in Kraft getreten war, wurden 2017 vier Terroranschläge auf britischem Boden verübt, die 35 Tote und fast 400 Verletzte forderten. Das Alter der Täter lag zwischen 52 (Westminster-Anschlag, März), 22 (Bombenanschlag auf die Manchester Arena), 22 bzw. 27 bzw. 30 (London Bridge-Anschlag, Juni) und schließlich 18 Jahren (U-Bahn-Anschlag London, September). Mehrere hatten Vorstrafenregister. Einer war von den italienischen Behörden überwacht worden, die ihre britischen Kollegen unterrichtet hatten. Einer hatte sogar am PREVENT-Deradikalisierungs-Programm teilgenommen, auf das dieses Kapitel weiter unten zurückkommt. Selbst bei vorsichtiger Bewertung ließe sich annehmen, dass zielgerichtete nachrichtendienstliche Beobachtung aufgrund falschen Vertrauens in die Ergebnisse flächendeckender Überwachung vernachlässigt worden sein könnte.

Eine etwas anders ausgerichtete Untersuchung über die Strategien der Terrorismusbekämpfung in Frankreich nach dem Bataclan-Anschlag, deren Schwerpunkt auf polizeilichen Wohnungsdurchsuchungen ohne richterliche Anordnung und ähnlichen Vorgehensweisen lag (auf der Grundlage des verkündeten Notstands), ergab kein wesentlich unterschiedliches Bild. Weder diese Maßnahmen, noch ausgeweitete Video- und Kommunikationsüberwachung verhinderten, dass 2016 zwei Polizeibeamte und ein 86jähriger Priester erstochen wurden, noch vereitelten sie den Massenmord in Nizza am Nationalfeiertag (14. Juli) 2016 mit 86 Toten und über 400 Verletzten. Zur Vorbereitung war der Angreifer mit seinem 19-Tonnen-LKW elfmal (!) über die für Lastwagen verbotene Promenade der Stadt gefahren, ohne angehalten und verhört zu werden (Jobard 2017, S. 594, 595).

Die zitierte Studie spielte die reale Bedrohung weder herunter, noch übertrieb sie die bestehende Gefahr. Stattdessen schlug sie, wie sich gleich zeigen wird, andere Prioritäten im Umgang damit vor als die aktuell verfolgten.

Ein kurz zuvor veröffentlichter französischer Parlamentsbericht hatte etliche wesentliche Fakten geliefert. Für das Jahr zwischen November 2015 und November 2016 listete er 4300 (!) polizeiliche Razzien in Wohnungen und Moscheen auf. Davon führten 61 oder knapp 2 % (!) zu Gerichtsverfahren wegen „Tatsachen im Zusammenhang mit Terrorismus". Wiederum in zwei Dritteln dieser zwei Prozent hieß das nichts weiter, als dass Sympathien für terroristische Taten geäußert worden waren. Folglich stufte der Bericht den Beitrag, den diese Tausende von Razzien zur Bekämpfung des einheimischen Terrorismus geleistet hatten, als „bescheiden" ein (Assemblée Nationale 2016, S. 37, 49, 120). *Was diese Razzien allerdings erreichten – und hierin stimmten juristische Kritiker mit entlasteten Verdächtigen überein –, waren*

- *die Aufwertung fadenscheiniger, manchmal anonymer Informationen;*
- *eine Tendenz zur Umkehrung der Beweislast;*
- *und die Verstärkung des Empfindens französischer Muslime, sie würden insgesamt stigmatisiert* (Chassany 2017).

Während seiner Wahlkampagne hatte Emmanuel Macron sich auf den Bericht bezogen und erklärt, er würde die Notstandsbestimmungen auslaufen lassen. Als Präsident revidierte er seine Haltung. 2017 trat ein Gesetz zur Terrorismusbekämpfung in Kraft, das die meisten Bestimmungen der vorausgegangenen Notstandsverordnung übernahm (Einrichtung von Sicherheitszonen, Personenkontrollen, Verhängung von Hausarrest). Wenigstens wurde für Wohnungsdurchsuchungen nun eine richterliche Anordnung vorgeschrieben. In seinen Kerninhalten wurde das Gesetz 2020/2021 zweimal verlängert.

Wie Atanassow und Katzenstein vorausgesagt hatten: Die Ausnahme war zur Routine geworden …

Anstatt auf die immer weiter ausufernde, im Ergebnis bestenfalls mäßig sinnvolle Einschränkung bürgerlicher Freiheiten zu bauen, könnte ein unterschiedlicher Ansatz sich inspirieren lassen von der Art und Weise, wie die französische Polizei auf Identitäten und Verstecke zweier dschihadistischer Mörder aufmerksam gemacht wurde (Jobard 2017, S. 596, 597). Nach den Anschlägen in Toulouse und Montauban 2012, die sieben Todesopfer forderten, rief ein Motorradmechaniker bei der Polizei an und wies sie auf einen Kunden hin, welcher als der Täter identifiziert wurde. Nach den Massenmorden 2015 im Pariser Konzertsaal Bataclan und an weiteren Schauplätzen wurde die Polizei durch den Hinweis einer Zeugin, die von ihrem Cousin angeworben worden war, um beim Transport von Lebensmitteln zu helfen, zum Versteck des mutmaßlichen Anführers, seiner Cousine und eines weiteren Attentäters geführt.

Auf den Punkt gebracht: In beiden Fällen führten weder flächendeckende Überwachung noch polizeiliche Razzien zum Erfolg. „Soziale Kontrolle" (Jobard 2017, S. 597), der Beitrag der Zivilgesellschaft war es, der den Ausschlag gab. Bereits auf den ersten Blick legt dieser Umstand nahe, dass *als Kernelement des Kampfes gegen den Terrorismus* mehr investiert werden sollte in die Entwicklung von Sozialkapital; in die Rekrutierung von Polizeikräften aus Minderheiten; in den Abbau, statt in weitere Verstärkung, bestehender Ressentiments zwischen Polizei und Minoritäten; schlussendlich in die Herstellung einvernehmlicher Beziehungen zwischen Polizei und Bevölkerungsgruppen in Stadtteilen und Kommunen. Dass dabei enge Zusammenhänge bestehen mit der Entwicklung und Umsetzung wohldurchdachter Programme zur gesellschaftlichen Integration von Zuwanderern, wie sie in Kap. 7 umrissen wurden, liegt auf der Hand.

Diese Vorschläge werden gestützt durch zwei 2008 und 2010 erschienene Studien über polizeiliche Terrorismusbekämpfung in kulturell gemischten – besonders muslimischen – Stadtvierteln New Yorks und Melbournes (Australien). Beide gingen hervor aus empirischen Forschungsvorhaben, mit denen untersucht werden sollte, unter welchen Voraussetzungen Mitglieder der befragten Gruppen bereit wären, mit den Strafverfolgungsbehörden zusammenzuarbeiten und die Polizei präventiv vor terroristischen Bedrohungen zu warnen. (Die australische Studie enthielt auch Interviews mit Polizeikräften.) Die Ergebnisse waren praktisch deckungsgleich (Pickering et al. 2008, S. 91, 94–98, 104; Tyler et al. 2010, S. 367–372, 385, 386):

- Verfahrensgerechtigkeit im Sinne *fairer* Polizeimethoden – konsequente und neutrale Anwendung rechtlicher Vorschriften, respektvoller Umgang mit Menschen, Erläuterung von Maßnahmen, Einbeziehung der Bewohner – erwies sich als *der* wichtigste Bestimmungsfaktor, damit die Polizei als *legitime* Instanz wahrgenommen wurde. Legitimität kann definiert werden als Gewogenheit und Vertrauen. Beide ebnen den Weg, um bei der Verhinderung von Terroranschlägen zusammenzuarbeiten.
- Ein Vorgehen der Polizei mit „harter Hand" kann das angestrebte Ziel gefährden. Demonstrative Kontrollen, Ungleichbehandlung auf Grund ethnischer oder religiöser Zuschreibungen (*profiling*), Durchsuchungen auf offener Straße, unnötige Festnahmen riskieren, kontraproduktiv zu wirken, da sie die Legitimität der Polizei schwächen. Weil sie Entfremdung und Wut erzeugen, können sie gerade den Boden bereiten für ideologische Radikalisierung und die Rekrutierung durch Terroristen.

Die Verfasser/innen der Melbourne-Studie unterstrichen, dass nachhaltigen „sanfte Hand"-Strategien kulturelle Schulungen der Polizei vorausgehen müssen. Auf der Seite der Strafverfolgungsbehörden sind – zusammen mit aktivem Einsatz für Rechenschaftspflicht und soziale Integration – materielle wie immaterielle Ressourcen von entscheidender Bedeutung. In einem sich wandelnden gesellschaftlichen Umfeld gehört dazu kulturelles Verständnis als wesentliche Komponente. Kulturelles Lernen sollte deshalb in den Lehrplänen der Polizei verankert werden, statt auf die Ausbildung von „Spezialisten" beschränkt zu bleiben (Pickering et al. 2008, S. 102, 108).

Alle Versuche, ein Einvernehmen mit Einwohnergruppen zum Zusammenwirken mit der Polizei herzustellen, spielen sich jedoch unabweisbar in einem schwierigen, genau genommen alles andere als förderlichen kommunalen, nationalen und internationalen Umfeld ab, das solche Bemühungen „unglaublich schwierig" macht (Spalek 2010, S. 793, 800):

- Auf kommunaler Ebene muss eine auf Goodwill ausgerichtete Strategie ein Bewusstsein entwickeln für Zusammenhänge zwischen kulturellen und wirtschaftlichen Faktoren wie beruflicher Diskriminierung, wirtschaftlicher Benachteiligung (Ausbildung, Gesundheit, Wohnen) und Mangel an sinnvollen Perspektiven für Jugendliche – Umstände, die sich nur selten kurzfristig verbessern lassen. Gelingt es jedoch nicht, sie wirksam anzugehen, werden sämtliche Bemühungen zur Förderung bürgerschaftlichen Engagements untergraben oder vereitelt. Beziehungsweise sie bleiben, wie ein britischer Kommunalbeamter treffend formulierte, bestenfalls „Flickschusterei" (Husband 2011, S. 9–11; Zitat: Husband und Alam 2011, S. 188).
- Im nationalen Rahmen neigen aggressivere Ansätze der Terrorismusbekämpfung dazu (häufig von den Medien angefeuert), ganze muslimische Gemeinden als „verdächtig" zu betrachten. Dagegen erinnern „der von einem norwegischen Rechtsextremisten verübte Massenmord im Juli 2011" – oder die Ermordung der Labour-Abgeordneten Jo Cox 2016, oder die vom selbsternannten Nationalsozialistischen Untergrund in Deutschland zwischen 2000 und 2006 begangene Mordserie (neun Deutsche türkischer oder griechischer Herkunft und eine Polizistin) – „überdeutlich daran, dass extremistische Gewalttäter jeder Ethnie, Religion oder politischen Ideologie angehören können" (Archick et al. 2011, S. 1). Unabhängig davon, ob Muslime in toto als „verdächtig" eingestuft oder als bloße potenzielle „Informanten" ins Visier genommen werden, besteht die hohe Wahrscheinlichkeit, dass solche Taktiken kommunale Bemühungen um einen längerfristigen Dialog beeinträchtigen. Das wurde in der Melbourne-Studie vermerkt (Pickering

et al. 2008, S. 97, 98) und in Untersuchungen zu verschiedenen Varianten der (oben kurz erwähnten) PREVENT-Strategie der britischen Regierung bestätigt. Zu den Problemen gehören die unverhältnismäßige Nutzung „viel zu weit gefasster" polizeilicher Handlungsspielräume gegenüber muslimischen Bürgern; umfassendes *Profiling* unter Vernachlässigung der Tatsache, dass muslimische Bevölkerungsgruppen alles andere als homogen sind; die pauschale Verdächtigung von „Aktivitäten und Personen" ohne stichhaltige Beweise (Awan 2012, S. 1163, 1165, 1177; Husband und Alam 2011, S. 193).

- Dass schließlich die Art, wie internationale Politik im Rahmen des sogenannten weltweiten Kriegs gegen den Terror betrieben und durch muslimische Gemeinschaften wahrgenommen wird, die Beziehungen zwischen ihnen und der Polizei belastet, kann als ausgemacht gelten (Spalek 2010, S. 805). Zu dieser Politik gehören bekanntlich „verschärfte Verhörtechniken" – Folter – von Gefangenen unter der Bush-Regierung sowie gezielte Tötungen durch Drohnen und Kommandotruppen unter der Obama- und der Biden-Regierung, ferner das Auftauchen „buchstäblich Hunderter von Anschuldigungen" mit Bezug auf britische „Komplizenschaft bei der Misshandlung Gefangener", sowohl durch „direkte" als auch durch „indirekte" Unterstützung der USA (Blakeley und Raphael 2016, S. 244, 246; Glaser 2017b, S. 325, 329).[3]

[3] Zusammen mit der *Study of the Central Intelligence Agency's Detention and Interrogation Program* des U. S. Senate Select Committee on Intelligence, Executive Summary (Washington 2012, Revision und Freigabe 2014) stellt der Aufsatz von Blakeley und Raphael Pflichtlektüre für jeden dar, **der sich ein realistisches Bild machen möchte von den entmenschlichenden Auswirkungen verdeckter Praktiken unter dem Dach des „Kriegs gegen den Terror"**. (Ruth Blakeley ist Professorin für Politik und Internationale Beziehungen an der Universität Sheffield. Sam Raphael arbeitet an der Westminster University als Senior Lecturer auf demselben Gebiet.) In diesem Zusammenhang ist Henning Glasers Bemerkung über den „funktionalen Wert" des Rückgriffs auf die Folter einer Überlegung wert: „Die systematische Übertretung eines Tabus vermittelt eine wichtige Botschaft. Indem er das Tabu bricht, kann der Täter [d. h. die USA] das Faktum der souveränen Begründung einer neuen Ordnung demonstrieren" (Glaser 2017b, S. 325). Unter Verwendung eines von Judith Butler geprägten Begriffs argumentieren Blakeley und Raphael, dass britische Behörden mittels Nutzung der internationalen Ausweitung souveräner amerikanischer Macht betreffs Folter in der Lage waren, sich zu „Zwergsouveränen" (*petty sovereigns*) aufzuschwingen (Blakeley und Raphael 2016, S. 245, 246, 261). Beider Aufsatz enthüllt auch, dass das Ausmaß, in dem die britische Regierung die Verwicklung ihres Landes in die Misshandlung von Gefangenen vertuscht hat, eine passende Ergänzung zu dem Kapitel über die Herrschaft der Lügner im vorliegenden Buch abgeben würde.

Wo das vorliegende Buch der Politikwissenschaft die Aufgabe zuweist, durch Kompetenzsteigerung zur Selbstbestimmung von Bürgerinnen und Bürgern beizutragen, schließt dieses Ziel – ganz selbstverständlich – das Recht und die Fähigkeit muslimischer wie auch anderer Minderheiten ein, darauf hinzuwirken, dass ihre Belange öffentlich erörtert werden und die Politik sich damit befasst. Die erheblichen Auswirkungen polizeilichen Verhaltens auf öffentliche Einstellungen, inbegriffen zivilgesellschaftliches Engagement, wurden bereits im Kapitel über Einwanderung betont. Um Demokratien aus der „Sackgasse" gegenwärtiger, überwiegend durch Methoden der „harten Hand" bestimmten Strategien zur Terrorismusbekämpfung zu befreien, bedarf es zweifelsohne öffentlicher und medialer Unterstützung, einer entschlossenen Regierung und breitgefächerter Mithilfe der Polizei (Pickering et al. 2008, S. 103). Politikwissenschaftler/innen sollten solche Anstrengungen fördern – im Einklang mit der oben verfochtenen Position, Nachrichtendiensten ‚Zügel anzulegen' -, indem sie Bürgern, welche sich für die Änderung polizeilicher Befugnisse stark machen, ihre Unterstützung anbieten.

Selbst wenn derartige Vorschläge irgendwann auf fruchtbaren Boden fallen sollten, ist die Behauptung, „die Entgegensetzung von Freiheit und Sicherheit im Bereich der Terrorismusbekämpfung" laufe „auf eine falsche Dichotomie hinaus" (Pickering et al. 2008, S. 103), zu glatt. Realistischer betrachtet wäre es für die Politikwissenschaft von entscheidender Wichtigkeit, auf eine Wende bei der gegenwärtigen Umfunktionierung ethischer und verfassungsrechtlicher Normen zu „Sicherheitsfragen" hinzuwirken – darauf zu drängen, dass ein starker, stabiler Rahmen demokratischer Grundwerte und Institutionen erhalten bleibt, innerhalb dessen „Konflikte zwischen Freiheit und Sicherheit" sich mildern und entschärfen ließen (Atanassow und Katznelson 2017, S. 110).

In diesem Zusammenhang bleiben (um eine von profunder Sachkenntnis geprägte Auffassung wiederzugeben) Konzepte für eine De-Radikalisierung umstritten, zu wenig erforscht, letzten Endes – ungeachtet einiger weniger Projekte in südostasiatischen Ländern, vor allem Malaysia, Indonesien und, überraschenderweise, Saudi-Arabien – „nicht wirklich hinreichend gut verstanden". Dort, wo islamistische Terrorgruppen operierten, haben derartige Programme bislang religiöse Beratung durch muslimische Geistliche und Gelehrte umfasst, dazu psychologischen Beistand, Unterstützung bei der Überwindung familiärer Notlagen, Hilfe bei der Beschäftigungssuche und, keineswegs zuletzt, die Einbeziehung muslimischer Gemeinden (Banlaoi 2017, S. 92–95, 100–102. Rommel Banlaoi leitet auf den Philippinen den Vorstand des Instituts für Forschungen über Frieden, Gewalt und Terrorismus). Das Engagement muslimischer Gemeinden und die Beteiligung gemäßigter Geistlicher haben sich als Schlüsselelemente erwiesen (Acharya 2017, S. 58, 59; Gunaratna 2017, S. 69, 70). Das Kernziel besteht naturgemäß darin, den Verzicht auf Gewalt zugunsten friedlicher Methoden zu erreichen.

Solange hegemoniale internationale Politikmuster wie die oben kurz skizzierten fortbestehen – selbst in oberflächlich modifizierten Formen –, müssen auf De-Radikalisierung zielende „Ringen um Herz und Kopf"-Bemühungen außerordentlich schwierig bleiben. Das sollte Politolog(inn)en – in Zusammenarbeit mit Soziologen, Psychologen, Kriminologen (siehe einmal mehr das Beispiel der Munk School an der Universität Toronto) – nicht davon abhalten, De-Radikalisierungsbemühungen jener *to do*-Liste vergleichender Forschungsvorhaben hinzuzufügen, derer das komplette Feld „sanfter Hand"-Strategien (aktuelle Hindernisse eingeschlossen) in diesem Bereich so dringend bedarf.

Im Sinn der Studie von Husband und Alam zu PREVENT (2011, S. 191) sollte eine solche Liste sich auf jene Fragen konzentrieren, die in der gegenwärtigen Politik zur Terrorismusbekämpfung „nicht ausreichend präsent sind" – Fragen, welche auf Gesellschaften abzielen, die denkbarerweise sowohl bürgerrechtsbewusster als auch sicherer sind.

Literatur

Acharya, Arabinda (2017): "The Right War, the Just War? Assessing the Fight Against Terrorism Since 9/11." In: Hennig Glaser (hg.): *Talking to the Enemy. Deradicalization and Disengagement of Terrorists*. Baden-Baden: Nomos, 35–66.

Altheide, David L. (2006): *Terrorism and the Politics of Fear*. Landam/Oxford: AltaMira Press.

Anderson, David (2015): *A Question of Trust. Report of the Investigatory Powers Review*. London: Crown Copyright. https://www.gov.uk/government/uploads/system/uploads/attachment_data/file/434399/IPR-Report-Web-Accessible1.pdf, abgerufen 16. 2. 2018.

Anderson, David (2016): *Report of the Bulk Powers Review*. London: Crown Copyright. https://www.gov.uk/government/uploads/system/uploads/attachment_data/file/546925/56730_Cm9326_WEB.PDF, abgerufen 28. 2. 2018.

Apple (2021): "Apple verklagt NSO Group, um den Missbrauch durch staatlich geförderte Spionagesoftware einzuschränken". *Apple-Pressemeldung*, 23. November. https://www.apple.com/de/newsroom/2021/11/apple-sues-nso-group-to-curb-the-abuse-of-state-sponsored-spyware/, abgerufen 26. 8. 2022.

Archick, Kristin/Belkin, Paul/Blanchard, Christopher M. u. a. (2011): "Muslims in *Europe: Promoting Integration and Countering Extremism.*" *Congressional Research Service.* http://www.fas.org/sgp/crs/row/RL33166.pdf, abgerufen 26. 3. 2018.

Assemblée Nationale (2016): Rapport d'Information sur le Contrôle Parlementaire de l'Etat d'Urgence. http://www2.assemblee-nationale.fr/documents/notice/14/rap-info/i4281/(index)depots, abgerufen 16. 3. 2018.

Atanassow, Ewa/Katznelson, Ira (2017): "Governing Exigencies: On Liberal Democracy and National Security." In: Hertie School of Governance (hg.): *The Governance Report 2017.* Oxford: Oxford University Press, 95–110.

Awan, Imran (2012): "'I Am a Muslim Not an Extremist': How the Prevent Strategy Has Constructed a 'Suspect' Community." *Politics & Policy,* Jg. 40, 1158–1185.

Banlaoi, Rommel C. (2017): "Counter-Terrorism Measures and De-Redicalization Efforts in Southeast Asia: A View from the Philippines." In: Henning Glaser (hg.): *Talking to the Enemy. Deradicalization and Disengagement of Terrorists.* Baden-Baden: Nomos, 91–104.

Blakeley, Ruth/Raphael, Sam (2016): "British Torture in the 'War on Terror'". *European Journal of International Relations,* Jg. 23, 243–266.

Borges, Julian (2013): "NSA Files: Why the *Guardian* in London Destroyed Hard Drives of Leaked Files." *Guardian,* August 20. https://www.theguardian.com/world/2013/aug/20/nsa-snowden-files-drives-destroyed-london, abgerufen 1. 3. 2018.

Braun, Stephen (2013): "Former Judge Admits Flaws fith Secret FISA Court." *Associated Press / CBS News.* https://www.cbsnews.com/news/former-judge-admits-flaws-with-secret-fisa-court/, abgerufen 3. 3. 2018.

Chassany, Anne-Sylvaine (2017): "France: The Permanent State of Emergency." *Financial Times,* October 2. https://www.ft.com/content/f5309ff8-a521-11e7-9e4f-7f5e6a7c98a2, abgerufen 16. 3. 2018.

Engelhardt, Tom (2017): "'Never Leave the House': Locked in with the National Security State." https://www.huffingtonpost.com/entry/never-leave-the-house-locked-in-with-the-na-tional-security-state_us_594827b9e4b07499199dd48b, abgerufen 5. 3. 2018.

Gellman, Barton/Soltani, Ashkan (2013): "NSA Infiltrates Links to Yahoo, Google Data Centers Worldwide, Snowden Documents Say." *Washington Post,* October 30. https:// www.washingtonpost.com/world/national-security/nsa-infiltrates-links-to-yahoo-google-data-centers-worldwide-snowden-documents-say/2013/10/30/e51d661e-4166-11e3-8b74-d89d714 ca4dd_story.html?utm_term=.70c0239b3d1, abgerufen 2. 3. 2018.

Glaser, Henning (2017a): "Talking to the 'Enemy': Counterterrorism and Communication – An Introduction". In: ders. (hg.): *Talking to the Enemy,* op. cit., 11–34.

Glaser, Henning (2017b): "The Margin of Maneuver: Responding to the Terrorist Threat in Times of the Global War on Terror's Third Phase". In: ders. (hg.): *Talking to the Enemy*, op. cit., 257–354.
Green, Miranda (2017): "Homeland Secretary: People Would 'Never Leave the House' If They Knew What I Knew." *CNN*, May 26. https://edition.cnn.com/2017/05/26/politics/john-kelly-terror-threat-people-wouldnt-leave-the-house/index.html, abgerufen 5. 3. 2018.
Griffin, Andrew (2016): "Investigatory Powers Act Goes Into Force, Putting UK Citizens Under Intense New Spying Regime", Independent, December 31. https://www.independent.co.uk/life-style/gadgets-and-tech/news/investigatory-powers-act-billsnoopers-charter-spying-law-powers-teresa-may-a7503616.html, abgerufen 16. Februar 2018.
Gunaratna, Rohan (2017): "Fighting Terrorism with Smart Power: The Role of Community Engagement and Terrorist Rehabilitation." In: Henning Glaser (hg.): *Talking to the Enemy*, op. cit., 67–89.
Harwell, Drew et al. (2021): "Biden administration blacklists NSO Group over Pegasus spyware", Washington Post, Nov. 3. https://www.washingtonpost.com/technology/2021/11/03/pegasus-nso-entity-list-spyware/, abgerufen 26. 8. 2022.
Husband, Charles (2011): *British Multiculturalism, Social Cohesion and Public Security*. Warsaw: Institute of Public Affairs.
Husband, Charles und Alam, Yunis (2011): *Social Cohesion and Counter-Terrorism – A Policy Contradiction?* Bristol: Policy Press.
Jobard, Fabien (2017): "Terrorismus – nicht nur ein Problem der inneren Sicherheit." *Leviathan*, Jg. 45, 592–599.
Kaye, David (2021): „Die Überwachungsindustrie ist außer Kontrolle." Interview mit Kristiana Ludwig und Frederik Obermaier, *Süddeutsche Zeitung*, Nr. 163, 19. Juli, 26.
Ludwig, Kristiana/Munzinger, Hannes/Muth, Max/Obermayer, Bastian u. a. (2021): "Attacke aus dem Dunkel". *Süddeutsche Zeitung*, Nr. 163, 19. Juli, 19–25 („Pegasus-Projekt. Cyberangriff auf die Demokratie").
MacAskill, Ewen/Borger, Julian/Hopkins, Nick/Davies, Nick/Ball, James (2013): "GCHQ Taps Fibre-Optic Cables for Secret Access to World's Communications". *Guardian*, June 21. https://www.theguardian.com/uk/2013/jun/21/gchq-cables-secret-world-communications-nsa, abgerufen 28. 2. 2018.
Madison, Lucy (2013): "Obama Defends 'Narrow' Surveillance Programs." *CBS News*, June 19. https://www.cbsnews.com/news/obama-defends-narrow-surveillance-programs/, accessed March 3, 2018.
Mascolo, Georg und Münch, Peter (2021): „Enge Bande zur Regierung". Süddeutsche Zeitung, Nr. 167, 23. Juli, 9 („Pegasus-Projekt")
May, Theresa (2015a): "Theresa May Says 'Lives at Risk' Without Data Surveillance." *BBC*, January 14. http://www.bbc.com/news/uk-politics-30816331, abgerufen 16. 2. 2018.

May, Theresa (2015b): "Threats to UK 'considerable and evolving'." *BBC*, June 11. http://www.bbc.com/news/av/uk-33094318/theresa-may-threats-to-uk-considerable-and-evol-ving, abgerufen 16. 2. 2018.

Open Rights Group (2016): *GCHQ and UK Mass Surveillance. Report*, Chapter 9, March. https://www.openrightsgroup.org/assets/files/pdfs/reports/gchq/09-Conclusion_.pdf, accessed March 15, 2018.

Pickering, Sharon/McCulloch, Jude/Wright-Neville, David (2008): "Counter-Terrorism Policing: Towards Social Cohesion." *Crime, Law and Social Change*, Jg. 50, 91–109.

Rudenstine, David (2016): *The Age of Deference. The Supreme Court, National Security, and the Constitutional Order*. New York: Oxford University Press.

Senghaas, Dieter (1972a): *Abschreckung und Frieden* (Erstausgabe: Frankfurt: Europäische Verlagsanstalt 1969). Frankfurt: Fischer Taschenbuch.

Senghaas, Dieter (1972b): *Rüstung und Militarismus*. Frankfurt: Suhrkamp.

Spalek, Basia (2010): "Community Policing, Trust, and Muslim Communities in Relation to 'New Terrorism'." *Politics and Policy*, Jg. 38, 798–815.

Tagesschau, NDR, WDR (2022): „Die Folgen der Pegasus-Recherche". 18. Juli. https://www.tagesschau.de/investigativ/ndr-wdr/speah-software-pegasus-projekt-103.html, abgerufen 22. 8. 2022.

Tyler, Tom R./Schulhofer, Stephen/Huq, Aziz Z. (2010): "Legitimacy and Deterrence Effects in Counter-Terrorism Policing: A Study of Muslim Americans". *Law & Society Review*, Jg. 44, 365–401.

Udall, Mark/Wyden, Ron (2013): "Udall, Wyden Call on National Security Agency Director to Clarify Comments on Effectiveness of Phona Data Collection Program." *U. S. Senate Press Release*. June 13. https://www.wyden.senate.gov/news/press-releases/udall-wyden-call-on-national-security-agency-director-to-clarify-comments-on-effectiveness-of-phone-data-collec- tion-program, abgerufen 14. 3. 2018.

TEIL III

Parteilichkeit

KAPITEL 12

Politikwissenschaft für das 21. Jahrhundert: Politisierung einer Disziplin?

Eine normativ orientierte, empirisch gestützte Wissenschaft von der Demokratie

Der SUNY-Politologe John Gunnell (1993, S. 268) nannte die Antrittsreden gewählter Präsident(inn)en der American Political Science Association (APSA) einmal „Barometer der Sehnsucht und der Hoffnung". Er hätte sie ebenso gut als Messlatten der Kritik und des Appells bezeichnen können.

Zu Beginn dieses Buchs wurde die frühere APSA-Präsidentin Elinor Ostrom mit dem Vorwurf zitiert, die Disziplin vernachlässige ihre Aufgabe, Bürgerinnen und Bürger „über die Handlungsspielräume zu informieren, die sie kennen müssen und nutzen können." Ira Katznelson, ein Jahrzehnt nach Ostrom zum APSA-Präsidenten gewählt, hieb in die gleiche Kerbe. Nur zu oft, warnte er in seiner Antrittsrede, habe die herkömmliche Politikwissenschaft es an „Eindringlichkeit oder auch Zweckbestimmung" fehlen lassen und sich zufrieden gegeben mit dem „ästhetischen Reiz einer gut gemachten wissenschaftlichen Untersuchung".

Vor Jahrzehnten, erinnerte er sein Publikum, als viele Angehörige seiner Generation sich für die Politikwissenschaft entschieden hätten, seien sie motiviert worden durch die vordringliche Zweckbestimmung der Disziplin: nicht abgehoben vor sich hin zu arbeiten, sondern zu helfen beim Auffinden des Wegs „zu einer gesitteteren Politik und Gesellschaft unter gefährlichen und schwierigen Bedingungen". Diese Verantwortung, so Katznelson, bestehe nicht nur fort. Sie trete eher noch mehr zu Tage, seit die Politikwissenschaft sich zu einer im Großen und Ganzen ausgereifteren Disziplin entwickelt habe (Katznelson 2007, S. 4, 12).

Vierzig Jahre vor Katznelson hatte David Easton (1917–2014) in einer weiteren APSA-Antrittsrede auf das reagiert, was er als „postbehavioristische Revolution" bezeichnete – was Albert O. Hirschman, in einer einfühlsamen, 1982 erschienen Untersuchung, umfassender als die „Stimmungslage von 1968" charakterisieren sollte. Als zentrales Element dieser radikalen Oppositionsbewegung benannte Hirschman[1] „eine überwältigende Anteilnahme an öffentlichen Angelegenheiten" (Hirschman ²2002 [¹1982], S. 3; vgl. dazu auch neuerdings vom Verf.: Eisfeld 2022). Easton argumentierte nicht anders. In seiner Rede nahm er, bis in eine Anzahl Details, die in Kap. 1 erörtert werden, die spätere Debatte darüber vorweg, ob – und falls ja, mit welchen Mitteln – die Disziplin relevanter, verständlicher und kritischer werden müsse (Easton 1969, S. 1053, 1055–1059, 1061):

- *Verlagerung des Schwerpunkts auf dringende „große" Probleme*: Zu den „eindeutigen und akuten Gefahren" zählte Easton Kernwaffen, die Bevölkerungsexplosion, Umweltverschmutzung, ethnische und wirtschaftliche Konflikte
- *Warnung vor der Zukunft*: Easton sah, ausgelöst durch den Druck dieser Fragen, eine Entwicklung hin zur „Zunahme von Furcht- und Bedrohungsgefühlen" voraus, die zur Verschärfung sozialer Konflikte führen würden.

---

[1] Albert Otto Hirschman (1915–2012) sollte nicht nur als unkonventioneller politischer Ökonom in Erinnerung bleiben, sondern auch wegen seines Beitrags zur Rettung von weit über 2000 jüdischen Deutschen und anderen Flüchtlingen vor der Deportierung in die Konzentrations- und Vernichtungslager der Nazis. Er arbeitete mit Varian Fry (1907–1967) zusammen, der während eines Großteils der Jahre 1940/1941 das privat finanzierte, aus den USA angestoßene amerikanische Hilfskomitee – *Centre Americain de Secours* – in Marseille leitete. Das Komitee diente als Feigenblatt für die Schleusung von Flüchtlingen über die spanische Grenze auf klandestinen Fluchtwegen oder mit gefälschten Papieren. In schändlicher Kollaboration zwischen dem Vichy-Regime und dem US-Außenministerium wurde Fry schließlich ausgewiesen. Was er bewirkt hatte, „blieb in seinem eigenen Land weitgehend ungewürdigt"; sein Tod mit 59 nach mehreren schweren Erkrankungen „erfolgte fast unbemerkt" (Hirschman 1992, S. VIII). Zu denen, die Fry und sein kleiner Kreis gerettet hatten, gehörten Hannah Arendt, Alma Mahler, Anna Seghers, Heinrich Mann und seine Frau, Franz Werfel und seine Frau, Marc Chagall, Max Ernst, Lion Feuchtwanger, Arthur Koestler und Siegfried Kracauer. Varian Fry wurde schließlich 1994 von Yad Vashem als „Gerechter unter den Völkern" anerkannt. Ein Platz in Marseille und eine Straße im Zentrum des wiedervereinigten Berlin sind nach ihm benannt worden.

- *Plädoyer für Relevanz und für Handeln*: Easton wollte die fachliche Kompetenz der Disziplin in den Dienst von Vorschlägen und Initiativen gestellt sehen „zur Verbesserung des politischen Lebens nach humanen Maßstäben".
- *Schulung kommunikativer Fähigkeiten*: Das Wissen der Politolog(inn)en müsse in eine „für politisches Handeln weitaus brauchbarere Form" gebracht werden.
- *Überarbeitung der Anreizstruktur des Fachs*: Eine Schwerpunktverlagerung bei der „Zuweisung finanzieller und personeller Ressourcen" solle „unverzüglich" einsetzen.
- Schließlich: *Keine Scheu vor Visionen für die Gestaltung und Verwirklichung einer „guten Gesellschaft"*: In dem Bestreben, „kurzsichtiger Forschung" zu entrinnen in Form unkritischer, ja „lähmender" Festlegung auf vorherrschende Politikkonzepte und Werte, sollten Politologinnen und Politologen daranngehen, „umfassende spekulative Alternativen" zu den gegenwärtigen politischen Verhältnissen zu entwerfen. Ein solcher Orientierungswechsel sollte, so Easton, stärkeren Austausch mit ethnischen und wirtschaftlichen Minderheiten einschließen, mit unterrepräsentierten gesellschaftlichen Teilgruppen im eigenen Land und mit den Massen in postkolonialen Ländern.

Eastons Mahnungen sollten Jahrzehnte später sowohl bei der APSA als auch der britischen PSA in Gestalt der „Perestroika" und verwandter Initiativen wieder auftauchen. Allein diese Tatsache illustriert, dass die im Titel von Eastons Ansprache beschworene „Revolution" in der Politikwissenschaft nie stattgefunden hat. Der *mainstream* des Fachs blieb dominiert von quantitativen und funktionalen Ansätzen, die eine „Wissenschaft von der Demokratie" nicht im Sinn einer Disziplin für die Bürger dieser Demokratie prägten, sondern vorwiegend als Beschäftigung akademischer Insider – ausgerichtet auf das „Management" parlamentarischer oder präsidentieller, von Parteien und Interessengruppen gesteuerter politischer Systeme.

Wie in dem vorliegenden Buch durchweg deutlich wurde, hat sich dieses Paradigma als ungemein widerstandsfähig erwiesen. Es hat den „Managertyp" des Professors hervorgebracht, der – wie Harold Laski 1928 (!) bissig bemerkte – „weiß, wie man Ausschüsse und Konferenzen ‚organisiert'", der „Zugang zu einem Kurator hier hat und einem [Stiftungs-] Direktor dort", und der auf diese Weise den Berufsstand dominiert – geistesverwandt, wie Easton später hinzufügen sollte, mit „Eliten in Regierung, Geschäftswelt, Militär" (Laski 1930, S. 164, 175; Easton 1969, S. 1059).

Die anhaltende Konzentration auf die wichtigsten Akteure und Institutionen der liberal-repräsentativen Demokratie wurde durch den Umstand begünstigt, dass der „real existierende" Sozialismus in Gestalt von Stalinismus und Post-Stalinismus alle „radikalen" Alternativen diskreditiert hatte. Die Merkmale zu betonen, welche demokratische Regime von autoritären Spielarten unterschieden, schien in der Politikwissenschaft national wie international „angesagt"; quantitative Wahlstudien wirkten methodisch vielversprechender als – etwa im Fall der USA – qualitative Interviews mit schwarzen Ghettobewohnern.

Und das Produkt erwies sich als exporttauglich. Es „zeichnete der Disziplin einen Weg vor in andere Teile der Welt" (Coakley und Trent 2000, S. 4). Das hatte sich nach 1945 erwiesen. Es sollte sich nach 1990 erneut bestätigen. Auf beide Fälle wird hier kurz eingegangen, dem zweiten – der Jahre im Anschluss an 1990 – selbstredend mehr Aufmerksamkeit gewidmet. Belegt er doch, dass in einer Region – Ost-Mittel-Europa –, in der autoritäre Theorie und Praxis jüngst einen alarmierenden Aufschwung genommen haben, eine Politikwissenschaft,

- die darauf verzichtet, sich anhaltend, entschieden und kompetent in öffentliche Debatten einzumischen,
- auf dem besten Weg ist, bei der Bekämpfung antidemokratischer Herausforderungen eine noch unzulänglichere Rolle zu spielen als anderswo in Europa oder den Vereinigten Staaten.

Sowohl nach der Niederlage Nazi-Deutschlands im 2. Weltkrieg als auch nach dem Zusammenbruch der Warschauer Pakt-Staaten herrschte die Überzeugung vor, dass Bildungsreformen beim Aufbau liberal-demokratischer Gemeinwesen helfen würden. Ihre Etablierung als akademische Disziplin in Westdeutschland verdankte die Politikwissenschaft einer Koalition vertriebener Wissenschaftler, amerikanischer Besatzungsoffiziere und westdeutscher Politiker – zumeist Sozialdemokraten, aber auch einige Christdemokraten. Als die Militärregierung sich von ehrgeizigeren Plänen verabschiedete, das deutsche Bildungswesen nach amerikanischem Vorbild umzugestalten, schien die Politikwissenschaft eine Perspektive zu bieten, um Studierende zumindest stärker für ihre gesellschaftliche und politische Umwelt zu sensibilisieren.

Zwei Jahrzehnte lang legte die westdeutsche Politikwissenschaft das Hauptgewicht auf die Institutionen, Abläufe und Theorien repräsentativer

Demokratie, wobei sie ihr Augenmerk besonders auf Parteien und Interessengruppen richtete. Das normativ geprägte, an westlichen Demokratiekonzepten orientierte Leitbild der Disziplin (vgl. Günther 1985, S. 18, 1986, S. 29) richtete sich gegen „totalitäre" Herrschaft, sowohl der nationalsozialistischen wie der kommunistischen Spielart. In der Folgezeit gewannen behavioristische Ansätze, vor allem bei Politikfeldanalysen, zunehmend an Boden. Das Fach zeigte sich bald „ungewöhnlich fragmentiert" (Beyme 1986, S. 23) und ist es bis heute geblieben. Als Zusammenschluss unbeirrter Spezialisten verfügt es über kein klares Profil. Dass es derzeit vorteilhaft genug aufgestellt ist, um die die drängenden Fragen des 21. Jahrhunderts angemessen anzugehen, lässt sich bezweifeln.

Damit der Fachtransfer stattfinden konnte, mussten die akademischen Kontakte (bei denen während der NS-Zeit vertriebene Wissenschaftler, wie erwähnt, eine wichtige Rolle spielten) von Finanzhilfen begleitet werden. Der US-Hochkommissar in Deutschland (HICOG) stellte 200.000 DM bereit und trug damit bei zum Aufbau eines Forschungsinstituts für Politische Wissenschaft an der Freien Universität Berlin (Stammer 1960, S. 175, 177). Im selben Jahr, 1950, gewährte HICOG der neu gegründeten Deutschen Vereinigung für Politische Wissenschaft einen Zuschuss von 50.000 DM zur Förderung wissenschaftlicher Forschung „auf den Gebieten der Gesetzgebung, der politischen Parteien, der öffentlichen Meinung, der bürgerlichen Freiheiten, der Verwaltung und des Polizeiaufbaus" (Wolfgang Abendroth Papers, Folder 535).

Nach 1990 flossen wesentlich höhere Mittel in die Bildungssysteme der mittel- und osteuropäischen Länder. Staatliche wie private Akteure – amerikanische Regierungsstellen und Universitäten, einschlägige Institutionen der Europäischen Union, deutsche Stiftungen, der umtriebige Milliardär und „Open Society"-Philanthrop George Soros – favorisierten die Herausbildung politikwissenschaftlicher Fächer nach dem vorherrschenden westlichen Modell (Eisfeld und Pal 2010, S. 15–21, auch zum Folgenden). In quantitativer Hinsicht – Anzahl akademischer Beschäftigter oder neu gegründeter Berufsverbände – sind die Ergebnisse beeindruckend. Inhaltlich blieben die Ansätze jedoch weitgehend funktional, konzentrierten sich auf Institutionengründung, vergleichende Politikwissenschaft und internationale Beziehungen.

In Ländern mit neuen politischen Systemen mag das zunächst normal anmuten. Die Frage war: Würden die entstehenden Wissenschaftskulturen „über die anfänglichen Schwerpunktsetzungen hinauswachsen?" (Eisfeld und Pal 2010, S. 16)

Stattdessen trat etwas gänzlich anderes ein: Die „Hybridisierung" der politischen Regime in der Region begann die Fachentwicklung negativ zu beeinflussen. Der Begriff „hybrid" impliziert Fehlen oder Abschaffung von Schlüsselattributen der Demokratie – bürgerliche Freiheiten, freie und faire Wahlen unter gleichen Wettbewerbsbedingungen, Rechenschaftspflicht der Regierungen. Das Ergebnis von Hybridisierungsprozessen waren autoritäre Regime mit formaler Parteienkonkurrenz (Levitsky und Way 2010, S. 4, 5). Bald gehörten dazu etwa Albanien, Moldawien, die Ukraine, Belarus und Russland (wobei die Zunahme der Repression in den beiden letzteren Staaten die Bezeichnung „hybrid" nicht länger zulässt. Dies sind Diktaturen.). Wie durch Länderberichte über den jeweiligen Stand der Politikwissenschaft belegt, hat ihr Aufkommen die weitere Entwicklung der Disziplin „behindert, wenn nicht deformiert" (Eisfeld und Pal 2010, S. 12; passim).

Der Ukraine sollen hier aus leicht ersichtlichen Gründen einige Überlegungen gelten. Seit dem 23. Juni 2022 ist die Ukraine auf Beschluss des Europäischen Rates im Anschluss an eine entsprechende Empfehlung der Europäischen Kommission Beitrittskandidat der Europäischen Union. Die *reale* Verfassung des Landes charakterisierte die Stiftung Wissenschaft und Politik unmittelbar vor dem russischen Angriff wie folgt (Härtel 2022, S. 2):

> „Informelle Veto-Akteure wie die sogenannten Oligarchen schwächen die demokratisch gewählten Institutionen und können sie im Extremfall vollständig ersetzen … [Sie sind] keiner demokratischen Verantwortlichkeit unterworfen, [haben] aber Verfügungsgewalt über Politikbereiche … und durchdringen das Parlament …. Dazu zählen nicht nur Oligarchen, sondern auch politisch-ökonomische Netzwerke, die regional verankert sind, … und sogar Personenkreise innerhalb der Justiz."

Und die Stiftung fügte deutlich genug hinzu (Härtel 2022, S. 7):

> „Mit der invasiven Rolle westlicher Geberorganisationen und Partnerstaaten … kamen seit 2014 [Besetzung der Krim durch Russland] … die Komplexität weiter erhöhende Merkmale hinzu. Diese … erzeugen neue Interessenkonflikte und steigern die Zahl der Vetospieler …"

Im Anschluss an Wolodymyr Selenskyis Wahlsieg bei der Präsidentschaftswahl 2019 und dem Gewinn der absoluten Parlamentsmehrheit durch seine Partei erklärte das Verfassungsgericht Teile der anschließenden Antikorruptionsgesetzgebung für verfassungswidrig. Zwei Jahre später besetzten die Ukraine im Korruptionsindex von Transparency International bei 180 Plätzen immer noch Rang 122 (Transparency International 2022; Zahlen für 2017–2020: Ränge 130, 120, 126, 117). Unter den europäischen Ländern schnitt nur Russland anhaltend noch schlechter ab. Nach den 2021 getroffenen Feststellungen des Europäischen Rechnungshofs leidet „die Ukraine seit vielen Jahren unter ... Großkorruption .... Diese Art von Korruption rührt hauptsächlich von Oligarchen und Interessengruppen her ... Sachverständige schätzen, dass [dem Land] enorme Summen – in der Größenordnung von zig *Milliarden* US-Dollar – jährlich aufgrund von Korruption verloren gehen" (Europäischer Rechnungshof 2021, S. 4, 8; Hervorhebung nicht im Original).

Selenskyj hatte die erfolgreiche Wahlkampagne gegen seinen Vorgänger als Kämpfer gegen dessen durch die *Panama Papers* bekannt gewordene *Offshore*-Geschäfte im Besonderen und gegen korrumpierenden Oligarchen-Einfluss im Allgemeinen bestritten. 2021 war, wie in Kap. 9 bereits erwähnt, den *Pandora Papers* zu entnehmen, dass der – vor seiner Wahl – Fernsehdarsteller und – produzent Selenskyj Anteile an einer Briefkastenfirma auf den britischen Jungferninseln besessen hatte. Nicht geklärt ist bislang, wie eng Selenskyj mit dubiosen Finanzpraktiken des Eigentümers der Aktienmehrheit jener Medienholding verknüpft war, die seine Fernsehshow ausstrahlte: der wohl schillerndsten Gestalt der ukrainischen Oligarchenszene, Ihor Kolomosjykyi, zeitweise (2014/2015) Gouverneur der Oblast Dnipropetrowsk, gegen den wegen „fortdauernder korrupter Akte", die „eine „ernsthafte Bedrohung für die Zukunft der Ukraine darstellen" ein Einreiseverbot in die USA besteht (Much und Obermaier 2021; Trubetskoy 2021; U. S. Department of State 2021).

Die Herausbildung jener mittel-/osteuropäischen Kleptokratenkaste, für die sich der Begriff „Oligarchen" eingebürgert hat und die mit Erfolg *state capture* – die Vereinnahmung staatlicher Instanzen und Befugnisse in Gesetzgebung, Justiz und Exekutive – zu betreiben wusste, fällt nicht nur für Russland in einen Zusammenhang den ausgerechnet Boris Jelzin 1991 unumwunden charakterisierte: „Die Privatisierung [der Staatsbetriebe] in Russland hat längst begonnen, nur ungeplant, spontan und nicht selten auf krimineller Grundlage" (Zitat in: Beyme 1994, S. 212. Beyme selbst spricht von „Ländern, in denen [der Prozess] in mafiosen Formen vor sich ging". Zur Charakterisierung oligarchischer Einflussnahme in der Ukraine, die „Großkorruption erleichtert", siehe das Schaubild in: Europäischer Rechnungshof 2021, S. 9).

Die Zusammenarbeit „mit den wichtigsten Oligarchen", die auch Selenskyj anfangs versuchte, „wurde schnell brüchig". Ein im Frühsommer 2021 schließlich vom Präsidenten ins Parlament eingebrachtes, Ende 2021 in Kraft getretenes Anti-Oligarchen-Gesetz läuft „darauf hinaus, die Rolle der Oligarchen als Veto-Spieler im politischen Entscheidungsprozess zu begrenzen und ihre Einnahmequellen [durch Steuererhöhungen] auszutrocknen" (Härtel 2022, S. 6, 7)). Als Oligarch – dem die Finanzierung politischer Parteien oder Kundgebungen künftig untersagt bleiben soll – gilt laut Gesetzestext, wer drei von vier Kriterien erfüllt: Monopolstellung in einem Wirtschaftssektor; bestätigtes Vermögen von rd. 83 Mio. US-Dollar; bedeutender Medieneinfluss; Teilnahme am politischen Leben. Die entsprechende Einstufung obliegt keinem Gericht, sondern dem vom Präsidenten geleiteten Nationalen Sicherheits- und Verteidigungsrat, dem solche Befugnisse laut Verfassung nicht zustehen. Daran hat sich massive Kritik entzündet (Trubetskoy 2021).

Der russische Überfall auf die Ukraine verhinderte die Fortsetzung dieser Kontroverse ebenso wie erste Anläufe zur Anwendung des Gesetzes. Ihre Empfehlung an den Europäischen Rat, der Ukraine Kandidatenstatus für den EU-Beitritt zu verleihen, verband die Europäische Kommission mit einer Reihe nachdrücklicher Auflagen, deren Erfüllung überprüft werden soll, in den Bereichen Verfassungsgerichtsbarkeit, Richterauswahl, Korruptions- und Geldwäschebekämpfung, Unabhängigkeit der Medien, *last not least* Umsetzung des Anti-Oligarchen-Gesetzes (European Commission 2022a):

„Diese sollte auf rechtlich einwandfreie Weise erfolgen, unter Berücksichtigung der bevorstehenden Beurteilung der einschlägigen Gesetzgebung durch die Venedig-Kommission [Europäische Kommission für Demokratie durch Recht beim Europarat]".

Allein striktes Bestehen auf der Erfüllung dieser Bedingungen kann verhindern, dass bereits während der für die Zukunft erhofften Milderung der Kriegsfolgen in der Ukraine[2] mit massiver internationaler Finanzhilfe jene überkommenen „großkorrupten" Strukturen und Prozesse wieder greifen, die nach der unzweideutigen Feststellung des Europäischen Rechnungshofs „für

---

[2] Um diese Folgen hier nur anzudeuten, müssen zwei Zahlen genügen: Nach Schätzungen der UN (International Organisation for Migration bzw. Flüchtlingskommissariat; Stand: August/September 2022) hat die russische Kriegführung in der Ukraine einen Strom von 7 Mio. Binnenflüchtlingen und 12 Mio. Flüchtlingen in europäische Nachbarländer (zumeist Polen) in Bewegung gesetzt.

die wirtschaftliche Entwicklung der Ukraine das Haupthindernis" darstellen (Europäischer Rechnungshof 2021, S. 4). Zu schweigen davon, dass die Europäische Union sich nach einem Beitritt der Ukraine verstärkt mit jenem Problem belasten würde, das ihr bereits in den Mitgliedstaaten Rumänien (vgl. Transparency International 2022: Transparency Corruption Index für 2021: Platz 66), Bulgarien (Platz 78) und Ungarn (Position 73 – gleichauf mit Ghana) anhaltend zu schaffen macht.

Was das Stichwort „hybride Regime" betrifft, hat das ost-/mitteleuropäische Bild sich in dem Maße weiter verdüstert, in dem die Hybridisierung in zwei Mitgliedstaaten der Europäischen Union voranschritt, die noch 2010 zu den gefestigten Demokratien gezählt worden waren. Seit ihrer Wahl in die Regierung bestrebt, einen „illiberalen Staat" zu schaffen (Orbán 2014), haben die Partei Fidesz („Ungarische Bürgerallianz") unter Führung Orbáns und die polnische Partei PiS („Freiheit und Gerechtigkeit"), gelenkt von Jaroslaw Kaczyński, in ihren Ländern die Unabhängigkeit der Justiz – und damit die Gewaltenteilung – ausgehöhlt, das Angebot an unabhängigen Medien zurückgedrängt, oppositionelle NGOs eingeschränkt und fremdenfeindliche Ängste geschürt.

In einem beispiellosen Schritt, der tiefe Besorgnis spiegelte über die beobachtbare Aushöhlung der Demokratie in Polen, leitete die Europäische Kommission Ende 2017 ein Verfahren nach Art. 7 des Vertrags von Lissabon ein, wonach „eindeutig die Gefahr einer schwerwiegenden Verletzung der Rechtsstaatlichkeit" besteht. Das Europäische Parlament billigte die Maßnahme und forderte den Europäischen Rat auf, seinerseits den dreistufigen Prozess zu eröffnen, an dessen Ende die Aussetzung der Stimmrechte Polens stehen könnte. Für einen solchen Beschluss wäre jedoch Einstimmigkeit erforderlich, und die ungarische Regierung erklärte unverzüglich, dass sie gegen jede Sanktion ihr Veto einlegen werde.

Mehrere Entscheidungen des Europäischen Gerichtshofs (EuGH) stützten in der Folge den Standpunkt der Kommission. Weil Polen den hieraus erwachsenden Verpflichtungen nicht nachkam, setzte der EuGH Zwangsgelder fest, welche die Kommission in Tranchen mit den Mitteln verrechnet, die Polen aus dem EU-Haushalt zustehen. Polens PiS-Regierung hielt dagegen: Ende 2021 urteilte das von ihr als unabhängiges Organ faktisch entmachtete und neu besetzte Verfassungsgericht, die Auslegung von Bestimmungen der Unionsverträge durch den EuGH sei für Polen nicht verbindlich, soweit sie die polnische Gerichtsbarkeit betreffe. Da die polnische Regierung einem anschließenden Aufforderungsschreiben der Kommission nicht entsprach, leitete diese Mitte 2022 die zweite Stufe des Vertragsverletzungsverfahrens ein. An deren Ende könnte die erneute Anrufung des EuGH mit dem Ziel der Verhängung weiterer finanzieller Sanktionen gegen Polen stehen. In ihrem jährlichen Rechtsstaatsbericht (*2022 Rule of Law Report*) betonte die Europäische Kommission jedenfalls zum selben Zeitpunkt einmal mehr ihre „anhaltende ernste Sorge, was die Unabhängigkeit der polnischen Justiz betrifft". Auch der mangelhaften Bekämpfung von „Korruption auf hoher Ebene" sowie dem „sich fortwährend verschlechternden Umfeld für Journalisten" galten höchst kritische Sätze (European Commission 2022b).

Ganz ähnlich hielt die Kommission im Länderkapitel desselben Berichts über Ungarn fest, es habe sich nichts geändert an der reduzierten Unabhängigkeit der Justiz, die Gegenstand des Verfahrens nach Art. 7 sei. Dasselbe gelte für Mängel in der Korruptionsbekämpfung sowie im Hinblick auf die zahlreichen Gefährdungen freier Berichterstattung (European Commission 2022c). Doch dass das Kommissionsdokument Wirkung erzielen würde, stand nicht zu erwarten. Im Gegenteil ließ sich absehen, dass Orbán „den Umbau des Landes fortsetzen" und die „weitere Absicherung seiner Macht" betreiben würde (Bos 2022, S. 153). Denn unmittelbar zuvor war es Orbáns Fidesz-Partei bei den turnusmäßigen Parlamentswahlen gelungen, ihre 2018 erzielte Zweidrittelmehrheit noch auszubauen. Zwar hatten die wichtigsten Oppositionsparteien diesmal ein Wahlbündnis gebildet. Verzerrte Wettbewerbsbedingungen, großzügige Wahlgeschenke, Orbáns Inszenierung „als Garant für Frieden und Sicherheit" angesichts des Russland-Ukraine-Kriegs erbrachten jedoch die „bisher höchste Stimmenzahl" für Fidesz (Bos 2022, S. 143, 146, 149; Rácz 2022, S. 159).

Als ausschlaggebend erwies sich dabei die „Mobilisierung von Wählern auf dem Land" (Bos 2022, S. 143). Einen Hoffnungsschimmer stellt demgegenüber, ähnlich den *Climate Mayors*- und *C40 Climate Leadership*-Bündnissen im Fall globaler Erwärmung (vgl. oben, Kap. 10), jener „Pakt der Freien Städte" (*Pact of Free Cities*) dar, der 2019 von den Bürgermeistern der vier Hauptstädte Bratislava (Slowakei), Budapest, Prag (Tschechien) und Warschau ins Leben gerufen wurde. Ihr Ziel: der „großen Visegrád"-Allianz ihrer vier Staaten ein „kleines Visegrád" progressiver Ausrichtung, ein „werteorientiertes Städtenetzwerk", entgegenzusetzen – „Europa darf zunehmend autoritäre Regierungen nicht unsere Zukunft als Geisel nehmen lassen". Deshalb bestand die erklärte Absicht darin, finanzielle Hilfen auch dann aus Brüssel zu erhalten, wenn Ungarn, Polen oder weitere Staaten sich dafür disqualifizieren (Süddeutsche Zeitung 2020).

Das Bündnis suchte Beistand und erhielt ihn. Der Deutsche Städtetag unterstützte den Pakt („… die Städte sind Orte der Demokratie … Städtische Diplomatie kann zusammenhalten, was zusammengehört, gerade in Zeiten zunehmender Differenzen auf nationaler Ebene"); Frankfurt/ Main, Mannheim, Stuttgart, Ulm, Neu-Ulm traten ihm bei, ebenso – eher symbolisch – die Bürgermeister von Amsterdam, London, Los Angeles und Wien (Deutscher Städtetag 2021; #stadtvonmorgen 2021). In einer Entschließung, auf die weiter unten ausführlich eingegangen wird (Europäisches Parlament 2022, S. 35), forderte das Straßburger Parlament die Kommission auf,

> „Mittel und Wege zu finden, wie EU-Mittel über lokale Gebietskörperschaften … veteilt werden können, wenn die jeweilige Regierung hinsichtlich der Mängel bei der Anwendung des Rechtsstaatsprinzips nicht kooperiert."

Zuvor hatte der Pakt auf einer Konferenz in Budapest mit dem programmatischen Titel: *Building Sustainable Democracies* eine Verpflichtungserklärung verabschiedet (Pakt der Freien Städte 2021),

- „als Bollwerk gegen die Aushöhlung der Rechtsstaatlichkeit zu stehen, Korruption, *state capture*, Rassismus und populistischen Nationalismus zu bekämpfen",
- „sich einzusetzen für freie und faire Wahlen, sich zu wehren gegen Wahlbetrug, unfaire Wahlpraktiken, Des- und Fehlinformationskampagnen, die darauf abzielen, Wahlprozesse zu untergraben".

Diese kritischen Akzentsetzungen sollten sich als nur zu begründet erweisen. Wie bereits bei den ungarischen Parlamentswahlen 2018 stellte die Beobachtungsmission der Organisation für Sicherheit und Zusammenarbeit in Europa (OSZE)[3] bei den Wahlen 2022 erneut fest, dass

- im Widerspruch zu den eingegangenen OSZE-Verpflichtungen die „durchgängige Überschneidung" von staatlichen Ressourcen und solchen der Regierungspartei zur „Abwesenheit gleicher Wettbewerbsbedingungen" geführt,

---

[3] Genauer: Das OSZE-Büro für demokratische Institutionen und Menschenrechte (ODIHR).

- ferner „voreingenommene und unausgewogene Berichterstattung" in den Medien die „Fähigkeit der Wählerinnen und Wähler, eine informierte Wahl zu treffen, bedeutend eingeschränkt" hatte (OSCE 2022, S. 1).

2018 hatte die OSZE-Mission außerdem noch die „einschüchternde und fremdenfeindliche Rhetorik" vermerkt (OSCE 2018, S. 1). Nur drei Tage später hatte damals ein Bericht an den Ausschuss des Europäischen Parlaments (EP) für bürgerliche Freiheiten, Justiz und Inneres „eine systemische Bedrohung von Demokratie, Rechtsstaatlichkeit und Grundrechten" in Ungarn festgestellt. In die entsprechende Aufzählung aufgenommen worden waren auch Verstöße gegen die Grundrechte von Flüchtlingen sowie gegen Minderheitenrechte, besonders bei der Behandlung der Roma (European Parliament 2018, S. 4, 8, 9, 10–14, 16–20).

Zu dem Gesamtbild gehört freilich, dass zuvor die Europäische Volkspartei (EVP), das Bündnis christdemokratischer Parteien im Europäischen Parlament, sich jahrelang „der Komplizenschaft ... bei der Aushöhlung von Demokratie und Rechtsstaat in Ungarn" schuldig gemacht hatte. Schließlich trug Fidesz „verlässlich Mandate" zur Machtstellung der „christdemokratisch-konservativen Allianz auf europäischer Ebene" bei. Und auch „billige Lohnkosten, niedrige Unternehmenssteuern, in Teilen fast inexistenter Arbeitnehmerschutz" in „der ersten ‚illiberalen Demokratie' Europas" dürften eine Rolle gespielt haben (Wolkenstein 2022, S. 154; vgl. ebd., S. 147–151, für das Folgende 152–153). Nur allmählich drehte sich der Wind. 2019 wurde die EVP-Mitgliedschaft der Partei suspendiert (was ermöglichte, dass die EVP-Fraktion im Europäischen Parlament „weiterhin die von Fidesz bei den Europawahlen gewonnen Mandate für sich verbuchen" konnte). Dem schließlich doch drohenden Ausschluss kam Fidesz 2021 mit dem Austritt zuvor.

Ungarns Hybridisierung, von der es heißt, sie habe Kaczyński und die PiS inspiriert, wird hier ausführlicher Raum gewidmet, weil der Fall in mehrfacher Hinsicht als beispielhaft gelten kann. Eine Bewertung von Orbáns Politik, wie Beobachter der Vereinten Nationen, der OSZE, des Europarats oder des Europäischen Parlaments sie wahrgenommen haben, ergibt als Grundzüge: Schüren einer Belagerungsmentalität, Vorantreiben eines Freund-Feind-Szenarios, Anheizen von Misstrauen und Spaltung in der Zivilgesellschaft.

- Schüren einer Belagerungsmentalität bei der Mehrheitsbevölkerung: Heraufbeschworen wird die Bedrohung durch Hunderttausende von

Asylbewerbern und Migranten, die nur darauf warten, dem Land von den Vereinten Nationen und der Europäischen Union aufgezwungen zu werden, um dessen Kultur bis zur Unkenntlichkeit zu verändern
- Vorantreiben eines Freund-Feind-Szenarios: Konzentration von Furcht und Feindschaft auf eine einzige angebliche Bedrohung – Einwanderung – und einen einzigen angeblichen internationalen Drahtzieher, George Soros (der ungarische Außenminister Péter Szijjártó titulierte den Bericht des EP-Ausschusses unverzüglich ein Werk „des Soros-Imperiums")
- Anheizen von Misstrauen und Spaltung in der Zivilgesellschaft: Stigmatisierung zivilgesellschaftlicher Organisationen (NGOs), die Finanzmittel aus dem Ausland erhalten, als – laut Präambel des 2017 erlassenen Gesetzes über die Transparenz von Organisationen – potenzielle „Bedrohung der politischen und wirtschaftlichen Interessen Ungarns", möglicherweise manipuliert „von ausländischen Interessengruppen".

Politiker können angst- und argwohngeprägte öffentliche Debatten in der Absicht befeuern, Bürgerinnen und Bürger von der Infragestellung spezifischer Maßnahmen abzubringen – eine Einsicht, für die in früheren Kapiteln des Buchs auf die Studien David Altheides zurückgegriffen wurde. Weil Einwanderung „anders sein" suggeriert, potenziell „außer Kontrolle geratenen" Wandel, wurde sie dort ebenfalls bereits als hochgradig „geeignetes" Thema zur Mobilisierung gesellschaftlicher Ängste beurteilt. Trumps Wahlkampagne und das „Brexit"-Referendum lieferten Beispiele. Im Ungarn von heute beherrschen nicht allein Appelle von Regierung und herrschender Partei an diffuse Ängste vor angeblich drohender *nationaler* „Opferung" Ungarns auf dem Altar der Interessen *internationaler* Mächte die politische Szene. Sie gehen einher mit gezielten Medienaufkäufen in großem Stil und mit politischer Vereinnahmung der Justiz.

Und auch die Kontrolle über die Wissenschaft sucht Orbáns Regime sich zu sichern. 2018 schuf es ein Ministerium für Innovation und Technologie. Die Ungarische Akademie der Wissenschaften (MTA) verlor auf einen Schlag zwei Drittel ihres Jahresbudgets von 130 Mio. Euro, die dem neuen Ministerium zur Forschungsfinanzierung zugewiesen wurden. Im Jahr darauf folgte die Gründung einer Behörde mit der Bezeichnung ELKH (Eötvös Loránd Forschungs-Netzwerk), deren Präsident „im Einvernehmen" von Ministerium und Akademie nominiert wird. Ihrer Kontrolle, Vermögenswerte eingeschlossen, wurden die 15 Forschungsinstitute der Akademie unterstellt. Proteste von Wissenschaftsorganisationen aus

Polen, Slowenien, der Tschechischen Republik, Großbritannien und Deutschland blieben folgenlos (vgl. im Einzelnen Eisfeld 2021, S. 79–81). *Auf diese Weise wird der Grundstein gelegt für ein zutiefst illiberales Regime, das als Demokratie zu bezeichnen fehl am Platz wäre.*

In einer historischen Entschließung vom 15. September 2022 hat denn auch das Europäische Parlament Ungarn infolge des „Zerfall(s) der Demokratie, der Rechtsstaatlichkeit und der Grundrechte" (Europäisches Parlament 2022, S. 33) beschrieben als „gemäß den einschlägigen Indices", „hybride(s) System der Wahlautokratie."

Die Bedeutung der Übernahme einer differenzierten politikwissenschaftlichen Kategorie in den politischen Diskurs – verschieden von dem vergleichsweise grob gestrickten Pluralismus-Totalitarismus-Narrativ der 1950er/1960er-Jahre – sollte nicht unterschätzt werden.

Mit gleichfalls noch nicht dagewesener Deutlichkeit erklärte das Parlament, jede weitere Verzögerung der Feststellung – für die keine Einstimmigkeit erforderlich sei – der „eindeutigen Gefahr" einer schwerwiegenden Verletzung der Werte der Union durch den Europäischen Rat gemäß Art 7 EU-Vertrag „käme einem Verstoß gegen den Grundsatz der Rechtsstaatlichkeit durch den Rat selbst gleich" (ebd.). Zwei Monate später, Mitte Dezember 2022, gelang dort der Durchbruch: Unter Anwendung des Rechtsstaatsmechanismus fror der Europäische Rat 6,3 Mrd. Euro für Ungarn bestimmter regionaler Fördermittel ein und legte außerdem die Auszahlung der erste Tranche an Konjunkturhilfen aus dem Corona-Programm auf Eis.

In dem detaillierten, umfänglich belegten Text seiner Entschließung benannte das Parlament als neuralgische Bereiche, in denen die anhaltende Missachtung grundlegender Werte der Europäischen Union durch die ungarische Regierung zu Tage trete,

- Verfassungs- und Wahlsystem, einschließlich der Gesetzgebung zum Schutz der Menschenrechte, zur kommunalen Selbstverwaltung und zur Ausrufung des Notstands;
- Unabhängigkeit der Justiz und Rechte der Richter;
- Bekämpfung der Korruption
- Ausspähung der Privatsphäre (unter Verweis auf die *Pegasus*-Recherche; vgl. Kap. 11 dieses Buchs)
- Meinungsfreiheit und Medienpluralismus (besonders eindringlich geraten, im Hinblick auf die von der ungarischen Regierung angewandten Methoden unbedingt der Lektüre wert)

- Freiheit der Lehre (und, bliebe zu ergänzen, der Forschung)
- Vereinigungsfreiheit („Druck auf regierungskritische Organisationen der Zivilgesellschaft", Einschränkung des „Raums für sozialen Dialog")
- schließlich Gleichbehandlungs-, Minderheits- („vor allem zum Nachteil der Bevölkerungsgruppe der Roma"), Migranten- und Flüchtlingsrechte („Zugang zu Asylverfahren und zu einer substanziellen und individuellen Risikobewertung in Ungarn ... de facto unmöglich geworden", „schrittweise(r) Abbau des Asylsystems kontinuierlich von einem harten und migrationsfeindlichen Diskurs der ungarischen Regierung begleitet und angeheizt").

Für Politologen sollte eine Kernaufgabe darin bestehen,

- *dieses für Europa hochbrisante ideologisch-institutionelle Konglomerat im Hinblick auf Ursachen, Abläufe und Folgen vertieft zu erforschen sowie,*
- *die Resultate entsprechender Arbeiten der Öffentlichkeit schlüssig und anhaltend zu vermitteln.*

Doch die polnische wie die ungarische Politikwissenschaft scheinen darauf schlecht vorbereitet.

Die Polnische Politikwissenschaftliche Vereinigung (Polskie Towarzystwo Nauk) schloss sich Protesten gegen die Beschneidung der Unabhängigkeit der Justiz durch die polnische Regierung nicht an, die von der Polnischen Soziologenvereinigung, den Universitäten Warschau und Posen oder der Jagiellonen-Universität Krakau eingelegt wurden. Anders als ungarische, serbische, britische, niederländische oder deutsche politikwissenschaftliche Organisationen wirkte die Vereinigung auch nicht an den internationalen Solidaritätsbekundungen mit, als die Central European University in Budapest unter Beschuss geriet (mehr dazu weiter unten). Ein möglicher Grund könnte darin bestehen, dass die Auseinandersetzung mit staatlicher Politik und ihren Auswirkungen – wie in einer kürzlichen Studie konstatiert – zu den Mangelbereichen polnischer Politikwissenschaft gehört (Sasinska-Klas 2010, S. 218. Teresa Sasinska-Klas war 2004–2010 Präsidentin der Polnischen Politikwissenschaftlichen Vereinigung).

In Ungarn wurde die Disziplin Mitte der 1990er-Jahre von Attila Ágh, einem ihrer führenden Köpfe, nicht nur als „Demokratiewissenschaft" eingeschätzt, sondern als „Generalplan und Blaupause für Demokratisierung" (Ágh ⁴1998 [¹1995], S. 197). Das optimistische Urteil mag seinerzeit eine gewisse Berechtigung gehabt haben, als intellektuelle Debatten über die Funktionsweise des neuen politischen Systems und die potenzielle Rolle der Politikwissenschaft sich häufig überschnitten (Arató und Toth 2010, S. 151–153). Im selben Zeitraum bildete sich die unglückliche Gepflogenheit einer „leitartikelnden Politikwissenschaft" heraus: Zahlreiche Politologen spielen bis heute die Rolle von Medienkommentatoren, die „in anderen Ländern Journalisten wären", ohne sich auf solide Forschung und entsprechendes Fachprestige zu stützen (Arató und Tóth 2010,S. 158; *Hungarian Spectrum* 2015).

Es gereicht Ágh zur Ehre, dass er zwei Jahrzehnte nach seiner allzu optimistischen Prognose das Ungarn Orbáns und der Fidesz untersucht und als „Potemkinsche Demokratie" charakterisiert hat – den „schlimmsten Fall" im fortdauernden „Ent-Demokratisierungs- und Ent-Europäisierungsprozess" der Region. Doch Ághs knappe Analyse stand in einer Zeitschrift, die in Großbritannien erscheint (Ágh 2016).

Die Ungarische Politikwissenschaftliche Vereinigung (Magyar Politikatudományi Páraság) kam der von George Soros 1991 gegründeten Central European University (CEU) in Budapest mit einer Erklärung zu Hilfe, als die Universität 2017 offenkundig zum Ziel eines geänderten Hochschulgesetzes wurde, das die Tätigkeit ausländischer Universitäten einschränkte und zwei Jahre später die faktische Vertreibung der CEU nach Wien bewirkte. Generell dominieren jedoch analytische Unsicherheiten, wie sie für die vorherrschenden funktionalen Ansätze nicht untypisch sind, die Reaktionen ungarischer Politologen auf die entstehende Autokratie – und verwässern sie. Dieser Umstand trat Ende 2015 deutlich zu Tage, als zwei prominente Politikwissenschaftler, András Körösényi und Zsolt Boda, beide tätig an der Forschungsabteilung für Demokratie und Politische Theorie der Ungarischen Akademie der Wissenschaften, einander bei einer Konferenz über „25 Jahre des ungarischen politischen Regimes" scharf widersprachen (*Hungarian Spectrum* 2015, auch für das Folgende).

Boldt machte kein Hehl aus seiner Überzeugung, dass Ungarns gegenwärtiges politisches System „im Rahmen des Paradigmas hybrider Regime" verstanden werden müsse und nicht länger als Demokratie bezeichnet werden könne. Körösenyi hingegen beharrte darauf, „System" („ein dauerhaftes, stabiles Phänomen") und „Regime" („sehr vorübergehend ... vielleicht nicht fähig zur ,Konsolidierung'") zu unterscheiden und behauptete, Orbáns „Regime" praktiziere zwar „eine neue Art der Machtausübung", habe das politische „System" aber nicht grundlegend verändert. Boldt warf ihm darauf vor, „um den heißen Brei herumzureden".

Körösenyis Argument, das die Tiefe und das Ausmaß der Verankerung des autokratischen Systems herunterspielt, muss im Licht des minimalistischen Konzepts der „Führerdemokratie" bewertet werden, das er zuvor vorgelegt hatte (Körösenyi 2005, S. 360). Durch geschickte Verlagerung der Repräsentationsfunktion vom Parlament auf Premierminister bzw. Kanzler oder Präsident gelang es ihm, „Repräsentation" umzudefinieren in „Führung", beruhend auf „Entschlossenheit", auf „Willenskraft" und anschließender Prägung der öffentlichen Meinung durch den „Führer". Körösenyi vermied sorgfältig Carl Schmitts Begriff der „Entscheidung", aber der Rückschluss drängte sich auf, zumal er sich zustimmend auf Schmitts Konzept „qualitativer" – auf die Exekutive konzentrierter – Repräsentation bezog (Körösenyi 2005, S. 364, 368, 372, 377).

Was normative Erwägungen anbelangt, hatte Körösenyi über Schumpeters Ansatz, den er seinem eigenen an die Seite stellte, nonchalant bemerkt, seines Erachtens bedürfe er „als analytisches Erklärungsmodell der Demokratie keiner normativen Rechtfertigung". Sollte eine solche vonnöten sein, dann genüge das „Wahlrecht", ermögliche es doch „friedlichen Wandel" und bringe, wenn nicht „wählerorientierte" (*responsive*), so doch „rechenschaftspflichtige" (*responsible*) Regierungen hervor, da „schlechte" Machthaber abgesetzt werden könnten (Körösenyi 2005, S. 378).

Körösenyi gab sich keine Mühe, zu erwägen, was denn wohl einen „guten" Machthaber ausmachen könnte. Er schenkte sich außerdem das Nachdenken darüber, dass Demokratie heute „bereits an der Wahlurne zum Entgleisen gebracht" werden kann. Die Bürger gehen weiter zur Wahl, und gewählte Autokraten „halten eine demokratische Fassade aufrecht". Doch ihrer Substanz wird diese Demokratie „entleert". Wahlordnungen werden umgeschrieben, Behörden und Gerichte umbesetzt, Medien aufgekauft oder eingeschüchtert (Levitsky und Ziblatt 2018, S. 12–15).

Die Hybridisierung der Regime in Ost-Mittel-Europa stellt nur den Extremfall demokratischen Rückschritts dar. Auch die Demokratien Westeuropas und der USA sehen sich Fehlentwicklungen ausgesetzt, die Gegenstand früherer Kapitel dieses Buchs waren. Sie gehen nicht nur über die Gefährdungen hinaus, die bereits David Easton benannt hatte – sie betreffen den Kern demokratischer Regeln und Werte:

- Tempo und Ausmaß wirtschaftlicher, gesellschaftlicher, kultureller Veränderungen erzeugen Aggressionen gegen demokratische Verfahren, ausgelöst durch ratlose Verwirrung und Furcht.
- Massive Ansätze zu einer Herrschaft der Lügner vergiften informierte politische Beteiligung und untergraben die Rechenschaftspflicht von Regierungen.
- Deregulierende Eingriffe des Staates, konzernfreundliche Steuersenkungen und Abbau des Sozialstaats schwächen die Loyalität zahlreicher Bürger gegenüber demokratischen Verfahren.
- Extrem zunehmende Ungleichheit sozialer, damit gleichzeitig politischer Ressourcen (Einkommen, Vermögen, Bildung) lassen Demokratien zurückfallen in Richtung auf die Plutokratien eines neuen viktorianischen beziehungsweise (im Fall der USA) *Gilded Age*
- Mängel im öffentlichen Bildungswesen fördern nicht allein Ungleichheit, sondern auch fremdenfeindliche Vorurteile.
- Nicht zuletzt infolge staatlicher Maßnahmen sind Mitgliederzahlen und Verhandlungsmacht der Gewerkschaften drastisch gesunken. Weitgehend beschränkt auf den öffentlichen Sektor, sind sie in großen amerikanischen und britischen Unternehmen praktisch nicht mehr vertreten.
- Das Fehlen durchdachter Strategien für die Integration von Millionen Einwanderern sowie der Umstand, dass Weiße in den Vereinigten Staaten die kommende Minderheit stellen, polarisiert Gesellschaften und schürt fremdenfeindliche Reaktionen.
- Wachsender Rückgriff von Regierungen auf flächendeckende Überwachung und weitreichende polizeiliche Befugnisse zur Terrorabwehr haben in „Sicherheitsverfassungen" gemündet, die Antiterrormaßnahmen Vorrang einräumen vor Bürgerrechten.
- Wirtschaftliche und politische Vetospieler unterminieren einschneidende Wandlungen der Klimapolitik, obwohl menschliches Leid als Konsequenz von Umweltzerstörung katastrophale Auswirkungen auf Demokratien haben kann.

Minimalistische Demokratiekonzepte sind buchstäblich das Letzte, was die Politikwissenschaft braucht vor dem Hintergrund aktueller – durch den eskalierenden russischen Angriffskrieg gegen die Ukraine noch drastisch verschärfter – Ungewissheiten, wie sinnvolles Zusammenleben unter Respektierung grundlegender demokratischer Freiheiten und Rechte weiter gelingen soll.[4] Im Gegenteil, die Art entschlossenen Eintretens für eine aktive Zivilgesellschaft, der Demokratie am Herzen liegt, wie ihr in diesem Buch durchweg das Wort geredet wurde, sollte für die Politikwissenschaft des 21. Jahrhunderts obligatorisch sein.

Die zahlreichen drängenden Herausforderungen, die hier aufgelistet wurden, ihrer Lösung auch nur einige wenige Schritte näherzubringen, ist ein politisches Vorhaben, das viele Jahre und zahllose Akteure, nationale wie internationale, erfordert. Es sind diese Herausforderungen, denen die Politikwissenschaft sich mit Vorrang vor allen anderen Themen stellen müsste. Die vorausgehenden Kapitel haben eine Reihe von Vorschlägen unterbreitet für eine problemorientierte Disziplin, die Bürgerinnen und Bürgern bei ihrer Orientierung und in manchen Fällen sogar bei der Inangriffnahme vorstellbarer inhaltlicher Lösungen helfen könnte. Dazu gehören:

- Die Politikwissenschaft sollte Bürgerinnen und Bürger dabei unterstützen, Wandlungsprozesse *im Grundsatz* (ohne Zorn, Angst oder Apathie) zu akzeptieren, sie sorgfältig zu beurteilen (nach Normen der Gleichheit und sozialer Gerechtigkeit) und auf ihrer Gestaltung (durch demokratische Mitwirkung) zu bestehen, was natürlich zur

---

[4] Dessen ungeachtet hat Körösényi sein Konzept der „Führerdemokratie" auf Buchlänge ausgebreitet. In *The Orbán Régime: Plebiscitary Leader Democracy in the Making* (zus. m. Gábor Illés und Attila Gyulai, Abingdon/New York: Routledge 2020) behaupten die Autoren, die „normative Voreingenommenheit" des Hybridisierungsansatzes sei identisch mit der „*unreflektierten* (Hervorhebung im Original) Lobpreisung liberaler Demokratie" (S. 5). Nicht nur das vorliegende Buch belegt das Gegenteil. Was Körösényi u. a. als angeblich „endogene Faktoren, darunter das Problem autokratischer Tendenzen" schönreden, „die in der inneren politischen Logik der Demokratie wurzeln" und mit denen der „hybride Regime"-Begriff, wiederum angeblich, „nichts anfangen kann" (S. 7), erweist sich bei genauerem Hinsehen als Gängelung von Justiz und Medien, Korruption und permanente verschwörungstheoretische Brandmarkung von Individuen, Gruppen und Organisationen als aus dem Ausland gesteuerte oder agierende Feinde von „Nation" und „Kultur" (siehe wiederum dieses Buch). Doch gegen exakte Bestimmungen dieser Art verwahren sich die Autoren: Sie ziehen sich zurück auf den, im Max Weberschen Sinn, „idealtypischen" Charakter ihres Konstrukts (S. 10), das sich nach wie vor mit dem Begriff „Demokratie" schmücken darf. Das nennt man Immunisierungsstrategie. Die Abfassung ihres Buchs wurde, wie dort vermerkt, gefördert durch ein Stipendium der Nationalen Behörde für Forschung, Entwicklung und Innovation (NKFIH), die dem 2018 gebildeten Ministerium für Innovation und Technologie (siehe dieses Kapitel) untersteht.

Folge haben kann, dass *bestimmte*, durch politische Akteure vorgeschlagene Veränderungen abgewandelt oder verworfen werden.
- Die Disziplin muss sich auf breiter Front mit den politischen Auswirkungen eskalierender wirtschaftlicher Ungleichheit auseinandersetzen – anders gesagt mit dem abnehmenden politischen Engagement minder gut situierter Bürger und mit der begrenzten Aufgeschlossenheit politischer Systeme für deren Belange –, und sie muss sich dabei einsetzen für spürbare Maßnahmen zur Verringerung der Ungleichheit politischer Ressourcen.
- Politikwissenschaftler sollten Kapazitäten entwickeln, um die Öffentlichkeit zu warnen vor anhaltenden, von Politikern, Regierungen, politischen Parteien und Konzernen unternommenen Versuchen, Unwissen zu fabrizieren oder Unwahrheiten zu verbreiten.
- Das Fach bedarf dringend einer erneuerten Politischen Ökonomie, die wesentliche Aspekte der Beziehungen zwischen Unternehmen und Regierungen erforscht, welche in vorangehenden Kapiteln thematisiert wurden, wie beispielsweise (1) Investitionsschutz durch private internationale Schiedsgerichtsbarkeit, zum möglichen Nachteil von Regulierungsmaßnahmen (einschließlich vorgreifender „regulatorischer Abkühlung"), (2) politische Strategien, die durch nichts zu rechtfertigende Offshore- und Onshore-Steueroasen geschaffen haben, welche Unternehmen ermöglichen, sich demokratisch beschlossener Steuerpflichten zu entziehen; (3) Prozesse „kognitiver Vereinnahmung", welche die Einstellungen politischer Akteure geprägt haben, denen (De-) Regulierung obliegt. Angemerkt werden sollte, dass diese Art Vereinnahmung durch die OECD als „gewichtiges Problem" eingestuft worden ist, das „korrekt arbeitende Einrichtungen" erfordere, Regeln zu Transparenz und Rechenschaftslegung inbegriffen. Doch beziehen die Empfehlungen des OECD-Sekretariats sich auf die Ausübung tatsächlichen Drucks, nicht aber auf tief verwurzelte Überzeugungen (OECD 2014, S. 181).
- Eine reaktivierte Politische Ökonomie sollte eintreten für spürbare Steuerreformen, für die international abgestimmte (mit soliden Befugnissen versehene) Regulierung kapitalistischer Volkswirtschaften – an erster Stelle Banken –, schließlich für eine wiederbelebte „moralische Ökonomie", die tief verankerte Gerechtigkeitsmaßstäbe einschließt zur Begrenzung höchster und zur Steigerung niedrigster Einkommen.

- Die Disziplin sollte darauf drängen, dass staatlich finanzierte Sekundar- und Hochschulbildung wieder aufgewertet wird, wobei Qualität und allgemeine Zugänglichkeit in den Vordergrund zu treten hätten – als Investition in individuelle Lebenschancen wie in intelligente Selbstregierung und als wesentlicher Bestandteil eines neu konzipierten, dem 21. Jahrhundert angemessenen Wohlfahrtsstaats.
- Politologen sollten die verbreitete Schaffung von Integrationspakten zwischen nationalen, regionalen und kommunalen Behörden anregen und begleiten, um Zuwanderer im Hinblick auf Wohnraum, Schulbildung und Arbeitsmarktzugang zu beraten und zu unterstützen, wobei ein Schwerpunkt auf diskriminierenden Praktiken zu liegen hätte. Der Einsatz für ethnisch breitgefächerte Einstellungsverfahren für Polizeibeamte auf allen Hierarchieebenen sollte einen wesentlichen Bestandteil solcher Bemühungen bilden.
- Durch energische Einmischung sollte die Politikwissenschaft versuchen, ihren Beitrag zu leisten, damit die Untergrabung demokratischer Werte und Institutionen im Namen von Sicherheitsmaßnahmen zur Terrorismusbekämpfung rückgängig gemacht wird. Die Disziplin sollte umfangreiche vergleichende Forschungsarbeit in *soft power*-Ansätze solcher Bekämpfung investieren (Bemühungen um De-Radikalisierung eingeschlossen), die in Verknüpfung mit nachhaltigen Integrationsprogrammen darauf abzielen, Entgegenkommen und Vertrauen unter Einwanderergruppen aufzubauen.
- Die Disziplin sollte sich stark machen für den durch die verstorbene Nobelpreisträgerin Elinor Ostrom entwickelten polyzentrischen Ansatz in der Klimapolitik, bei dem lokale, regionale und nationale Akteure verbunden sind durch Informationsnetzwerke und wirksame begleitende Kontrollen. Politikwissenschaftler/innen sollten definitiv präsenter sein in den Bereichen Anpassung an die Folgen wie Eindämmung des stattfindenden Klimawandels, und sie sollten sich dabei konzentrieren auf die Einbeziehung von Maßnahmen zur Emissionsreduzierung in Entwicklungsstrategien für Megastädte, indem sie beispielsweise kooperieren mit der *C40 Cities Climate Leadership Group*.
- Und auch mit einer anderen urbanen Gruppierung sollten Politologen die Zusammenarbeit suchen: Mit dem vom Deutschen Städtetag unterstützten „Pakt der Freien Städte" der danach trachtet, ein Gegenmodell umzusetzen zur autoritären Transformation ost-mitteleuropäischer Staaten. Deren Regierungen, Orbáns Ungarn

vorweg, sind erfolgreich dabei, die Wissenschaft – nicht zuletzt die Sozialwissenschaften – an die Kandare zu legen (hinsichtlich weiterer Länder vgl. Eisfeld und Flinders 2021). Wäre es nicht an der Zeit für die Wissenschaft, sich sichtbar und konstruktiv zu widersetzen?

Grundsätzlich sollte eine Politikwissenschaft für das 21. Jahrhundert in ihren Kanon der Grundwerte außer Freiheit, Gleichheit, demokratischer Teilhabe und staatlicher Rechenschaftspflicht zusätzlich kulturelle Vielfalt und ökologische Nachhaltigkeit aufnehmen.

Als relevante, bürgernahe Demokratiewissenschaft zu fungieren, ist während der letzten Jahrzehnte zweifelsohne nicht leichter geworden. Die gerade aufgeführten Ziele belegen das zur Genüge. Den Kapiteln entnommen, in denen sie erörtert wurden, und als umfassende Liste präsentiert, summieren sie sich zu einem ehrgeizigen und anspruchsvollen Programm. *Doch diese Ziele verkörpern, was es heißt, Relevanz zurückzugewinnen, sich eine Zuhörerschaft zu erarbeiten, dadurch die Öffentlichkeit einzubeziehen mit dem Ziel, Bürgerinnen und Bürger in ihrer Kompetenz zu stärken. Sie ergeben sich aus der Einsicht, dass allgemeine Appelle nicht länger ausreichend sind.*

Das Fach mag sich ermutigt fühlen durch den Umstand, dass ein Zusammenschluss, der sowohl als Club der „reichen ‚Leute'" gilt wie als „weltweit größte Denkfabrik" – mit anderen Worten, die Organisation für wirtschaftliche Zusammenarbeit und Entwicklung, OECD (Pal 2012, S. XIII) – begonnen hat, Strategien ins Auge zu fassen zur Herbeiführung einer weniger ungleichen, vielfältiger offenen Gesellschaft, die „allen eine Stimme gibt" (OECD 2014, S. 1–2, 8–10, 162).

Doch selbst allererste Schritte in Richtung auf eine Umgestaltung des fachlichen „mainstreams" werden *entschlossene Anstrengungen erfordern, zur Umgestaltung derzeitiger Prioritäten in der Ausbildung – zum Erwerb von Kommunikationsfähigkeit mit einem nichtakademischen Publikum – wie in Forschung und Lehre, wobei auf jeder Ebene beträchtliche Finanzmittel einer neuen Verwendung zugeführt werden müssen.* In Kap. 1 kann man dazu einiges nachlesen. *Offenkundig bedeutet dies einen langen Marsch durch die Institutionen – Universitäten, Stiftungen, Redaktionen von Fachzeitschriften samt ihren jeweiligen Akzeptanzregeln.* Soziologen und etliche Wirtschaftswissenschaftler könnten sich als Koalitionspartner anbieten. Jedenfalls wäre es illusorisch zu erwarten, dass solche Neuausrichtung, wenn sie denn ernsthaft versucht wird, nicht zu Zwistigkeiten innerhalb des Fachs und darüber hinaus führen würde.

Wir könnten jedoch an einer entscheidenden Wegmarke angelangt sein. Mehr vielleicht als während jeder anderen Phase seit 1945 muss eine Politikwissenschaft des 21, Jahrhunderts Partei ergreifen, muss Position beziehen bei Konflikten über Hauptpunkte auf der vorgeschlagenen Liste zentraler Themen des Fachs, einschließlich Konflikten zwischen Wirtschaftsinteressen und demokratischen Regierungen.

Im Prinzip sollte die Politikwissenschaft „ihre Karten neu mischen", sich inspirieren lassen von einer „New Deal"-nahen Ausrichtung.

Franklin Roosevelts New Deal – ab 1935 „die Roosevelt-Revolution" – brachte den USA Wohlstand in Friedenszeiten nicht zurück. Infolge des vorherrschenden Systems erzwungener Rassentrennung war er zudem „zweigeteilt" statt ethnisch neutral (Hooker und Tillery 2016, S. 6). Dennoch linderte er das Leid Millionen Arbeitsloser. Und er etablierte die organisierte Arbeiterschaft und die organisierte Landwirtschaft als Juniorpartner neben der Wirtschaft. Der Kapitalismus, so schien es, konnte reformiert, die Demokratie verbreitert werden. Der New Deal „lieferte Grund zu der Annahme, dass Reformperioden von neuem einigermaßen häufig auftreten würden" (Dahl und Lindblom 1976, S. XXX).

Doch so kam es nicht. Die „Geldwechsler" weigerten sich, anders als Roosevelt gemeint hatte, „ihre Hochsitze" zu verlassen, und die Roosevelt-Wählerkoalition zerbrach schließlich in den 60er-Jahren. Aber selbst unter Berücksichtigung seiner Unzulänglichkeiten bietet der New Deal weiter

- eine lebendige Inspiration („das Einzige, was wir zu fürchten haben, ist die Furcht selbst, lähmt sie doch die Anstrengungen, um vorzurücken statt zurückzuweichen"),
- ein bedeutsames Symbol (während autoritäre Regierungen in Europa, Deutschland vorweg, Gewerkschaftsrechte mit Füßen traten, wurden Tarifverhandlungen in den USA legalisiert, und die Zahl der Gewerkschaftsmitglieder nahm enorm zu)
- und nicht zuletzt eine Perspektive von Dauer („hier liegt die Herausforderung für unsere Demokratie: ein Drittel der Nation ist schlecht untergebracht, schlecht gekleidet, schlecht ernährt. Der Ungerechtigkeit bewusst, die darin liegt, ... sind wir entschlossen, jeden einzelnen Bürger zum Gegenstand des Interesses und der Sorge seines Landes zu machen").

Dennoch mag nicht jede Politologin, jeder Politologe die Neigung verspüren, einen solchen Ansatz zu verfolgen. Und selbst innerhalb eines New Deal-inspirierten Rahmens würde und sollte es reichlich Raum für unterschiedliche Einschätzungen geben. Solche Unterschiede dürften fortbestehen und erfordern die Entwicklung einer „Kultur" gut informierter, vernunftgeleiteter öffentlicher Einmischung – jenen Kodex guter Praxis, von dem in einem früheren Kapitel die Rede war.

Der Argwohn, eine New Deal-geleitete Orientierung könnte die Politikwissenschaft in eine politisierte Disziplin verwandeln, ist ungerechtfertigt. Um Sinn zu machen, müsste der Vorwurf „politisiert" entweder „politisch manipuliert" bedeuten – und natürlich zeigt die Geschichte, dass Wissenschaftler solchen Manipulationsansinnen, von Regierungen gewünscht oder erzwungen, erlegen sind und weiter erliegen. Oder der Vorwurf könnte eine unreflektierte, unkritische Festlegung auf aktuelle Politik und Wertmaßstäbe bedeuten, wie sie – David Easton zufolge – in der jüngeren Vergangenheit des Fachs nicht selten vorherrschte, mit dem Ergebnis (Eastons Einschätzung lohnt die Wiederholung) kurzsichtiger Forschung. Beide Aspekte stehen hier nicht zur Debatte.

Politikwissenschaftliche Studien, welche die Entwicklung demokratischer Theorie und Praxis untersuchen, bewerten und öffentlich kommunizieren, können auf normative Urteile nicht verzichten, freilich nicht zu Lasten empirischer Sorgfalt. Sollen sie Sinn ergeben, müssen solche Urteile jene wirtschaftlichen, kulturellen und politischen Schranken berücksichtigen, die der Umsetzung demokratischer Prinzipien entgegenstehen und in den Kapiteln des vorliegenden Buchs erörtert wurden. Um relevant zu sein für die Bürgerinnen und Bürger, auf deren Existenz und zivilgesellschaftliches Engagement diese Zwänge sich auswirken, muss die Disziplin mögliche Wege in der Absicht benennen und erörtern, einer Gesellschaft näherzukommen, die mit demokratischen Rechten, Pflichten und dem Versprechen eines erfüllten Lebens vereinbar ist.

In diesem, und ausschließlich in diesem Sinn, sollte eine Politikwissenschaft für das 21. Jahrhundert parteilich sein.

Literatur

Ágh, Attila (^{4}1998 [^{1}1995]): "The Emergence of the 'Science of Democracy' and the Impact on the Democratic Transition in Hungary." In: David Easton/John G. Gunnell/Michael B. Stein (hg.): *Regime and Discipline. Democracy and the Development of Political Science.* Ann Arbor: University of Michigan Press, 197–215.

Ágh, Attila (2016): "The Decline of Democracy in East-Central Europe. Hungary as the Worst-Case Scenario." *Problems of Post-Communism*, Jg. 63, 277–287.

Arató, Krisztina/Tóth, Csaba (2010): "Political Science in Hungary: A Discipline in the Making." In: Eisfeld/Pal (hg.), *Political Science in Central-East Europe*, op. cit., 149–162.

Beyme, Klaus von (1986): „Die deutsche Politikwissenschaft im internationalen Vergleich." In: ders. (hg.): *Politikwissenschaft in der Bundesrepublik Deutschland. Entwicklungsprobleme einer Disziplin*. PVS-Sonderheft 1. Opladen: Westdeutscher Verlag, 12–26.

Bos, Ellen (2022): „Macht zementiert. Orbáns Fidesz gewinnt die Wahlen in Ungarn". *Osteuropa*, Jg. 72, Nr. 4–5, 133–153.

Coakley, John/Trent, John (2000): *History of the International Political Science Association 1949–1999*. Dublin: IPSA.

Dahl, Robert A./Lindblom, Charles E. (1976): "Preface." In: *Politics, Economics and Welfare* (Reissue; 11953). Chicago: Chicago University Press, XXI–XLIV.

Deutscher Städtetag (2021): „Städtische Diplomatie kann zusammenhalten, was zusammengehört." 16. September, https://www.staedtetag.de/presse/pressemeldungen/2021/staedtetag-unterstuetzt-pakt-der-freien-staedte, abgerufen 18. 9. 2022.

Easton, David (1969): "The New Revolution in Political Science." *APSR*, Vol. LXIII, 1051–1061.

Eisfeld, Rainer (2021): „Towards a Tyranny of Politically Selected Relevance? Co-option Through State-Directed Research Funding". In: Eisfeld/Flinders (hg.): *Political Science in the Shadow of the State*, op. cit., 65–91.

Eisfeld, Rainer (2022): *Ein neuer Blick auf 1968. Impulse für eine engagierte Politikwissenschaft*. Opladen: Barbara Budrich.

Eisfeld, Rainer/Flinders, Matthew (hg., 2021): *Political Science in the Shadow of the State. Research, Relevance, Deference*. Cham: Palgrave Macmillan.

Eisfeld, Rainer/Pal, Leslie A. (2010): „Political Science in Central-East Europe and the Impact of Politics: Factors of Diversity – Forces of Convergence". In: dies. (hg.): *Political Science in Central-East Europe: Diversity and Convergence*. Opladen/Farmington Hills: Barbara Budrich, 9–35.

Europäischer Rechnungshof (2021): *Bekämpfung der Großkorruption in der Ukraine: Mehrere EU-Initiativen, jedoch nach wie vor unzureichende Ergebnisse*, Sonderbericht 23/2021, 29. September. https://www.eca.europa.eu/Lists/ECADocuments/SR21_23/SR_fight-against-grand-corruption-in-Ukraine_DE.pdf, abgerufen 8. 9. 2022.

Europäisches Parlament (2022): *Bestehen einer eindeutigen Gefahr einer schwerwiegenden Verletzung der Werte, auf die sich die Union gründet, durch Ungarn*. https://www.europarl.europa.eu/doceo/document/TA-9-2022-0324_DE.pdf, abgerufen 16. 9. 2022.

European Commission (2022a): *Opinion on the EU Membership Application by Ukraine*. file:///C:/Users/Eisfeld/Downloads/Ukraine%20Opinion%20and%20Annex-2.pdf, abgerufen 8. 9. 2022.

European Commission (2022b): *2022 Rule of Law Report: Country Chapter on the Rule of Law Situation in Poland.* Commission Staff Working Document SWD(2022) 521 final, 13. Juli. https://ec.europa.eu/info/sites/default/files/48_1_194008_coun_chap_poland_en.pdf, abge-rufen 12. 9. 2022.

European Commission (2022c): *2022 Rule of Law Report: Country Chapter on the Rule of Law situation in Hungary.* Commission Staff Working Document SWD(2022) 517 final, 13. Juli. https://ec.europa.eu/info/sites/default/files/40_1_193993_coun_chap_hungary_en.pdf, abg-erufen 14. 9. 2022.

European Parliament, Committee on Civil Liberties, Justice and Home Affairs (2018): Doc. 2017/2131(INL) [*Sargentini Report*]. http://www.europarl.europa.eu/resources/library/media/20180411RES01553/20180411RES01553.pdf, abgerufen 16. 4. 2018.

Günther, Klaus (1985): *Politisch-soziale Analyse im Schatten von Weimar.* Frankfurt/M.: Peter Lang.

Günther, Klaus (1986): „Politikwissenschaft in der Bundesrepublik und die jüngste deutsche Geschichte." In: Beyme (hg.): *Politikwissenschaft in der Bundesrepublik Deutschland*, op. cit., 27–40.

Gunnell, John (1993): *The Descent of Political Theory.* Chicago/London: University of Chicago Press.

Härtel, André (2022): „Die Ukraine unter Präsident Selenskyj. Entwicklung hin zum ‚populistischen Autoritarismus?'", *SWP-Aktuell A 09*, 4. 2., Stiftung Wissenschaft & Politik, https://www.swp-berlin.org/publications/products/aktuell/2022A09_ukraine_selenskyj.pdf, abgerufen 7. 9. 2022 (Nachdruck mit leichten Veränderungen und einem Postskriptum unter dem Titel: „Fragmentiert, instabil, plural" in: *Osteuropa*, Jg. 72 (2022), Heft 1–3, 319–329).

Hirschman, Albert O. ([2]2002 [[1]1982]): *Shifting Involvements. Private Interest and Public Action.* Princeton/Oxford: Princeton University Press.

Hirschman, Albert O. (1992): "Introduction." In: Varian Fry: *Assignment Rescue. An Autobiography.* New York: Scholastic Inc. (publ. in conjunction with the United States Holocaust Memorial Museum), V–VIII.

Hooker, Juliet/Tillery, Alvin B. (2016): *The Double Bind: The Politics of Racial and Class Inequalities in the Americas.* Report of the APSA Task Force on Racial and Social Class Inequalities in the Americas, Executive Summary. Washington: American Political Science Association.https://www.apsanet.org/Portals/54/files/Task%20Force%20Reports/Hero%20Report%202016_The%20Double%20Bind/Double%20Bind%20Executive%20Summary.pdf?ver=2017-07-06-135548-510, abgerufen 12. 8. 2018.

Hungarian Spectrum (2015): „Orbán System or Orbán Regime. Debate on the Nature of the Hungarian Government", November 24. http://hungarianspectrum.org/tag/andras-korosenyi, abgerufen 18. 4. 2018.

Katznelson, Ira (2007): "APSA Presidential Address: At the Court of Chaos: Political Science in an Age of Perpetual Fear". *Perspectives on Politics*, Jg. 5, 3–15.

Körösényi, András (2005): "Political Representation in Leader Democracy." *Government and Opposition*, Jg. 40, 358–378.
Körösényi, Illés, Gábor und Gyulai, Attila (2020): *The Orbán Regime. Plebiscitary Leader Democracy in the Making*. Abingdon/New York: Routledge.
Laski, Harold (1930): "Foundations, Universities and Research" [Harper's Monthly, August, 295–303], in: ders.: *The Dangers of Obedience and Other Essays*. New York/London: Harper & Brothers, 150–177.
Levitsky, Steven/Way, Lucan A. (2010): *Competitive Authoritarianism. Hybrid Regimes After the Cold War*. Cambridge/New York: Cambridge University Press.
Levitsky, Steven/Ziblatt, Daniel (2018): *Wie Demokratien sterben*. (Originaltitel: *How Democracies Die*. New York: Crown 2018.) München: DVA.
Much, Mauritius/Obermaier, Frederik (2021): „Der Oligarch und sein Clown", in: Pandora Papers – Auf den Spuren der Gier, *Süddeutsche Zeitung*, Nr. 229, 4. Oktober, 12.
OECD (2014): *All on Board. Making Inclusive Growth Happen*. https://www.oecd.org/inclusive-growth/All-on-Board-Making-Inclusive-Growth-Happen.pdf, abgerufen 6. 5. 2018.
Orbán, Viktor (2014): Full text of Speech of Viktor Orbán at Baile Tusnad, July 26. https://budapestbeacon.com/full-text-of-viktor-orbans-speech-at-baile-tusnad-tusnadfurdo-of-26-july-2014/, abgerufen 16. 4. 2018.
OSCE Office for Democratic Institutions and Human Rights, Limited Observation Mission Hungary – Parliamentary Elections (2018): *Statement of Preliminary Findings and Conclusions*. April 8. https://www.osce.org/odihr/elections/hungary/377410?download=true, abgerufen 16. 4. 2018.
OSCE Parliamentary Assembly/OSCE Office for Democratic Institutions and Human Rights, International Election Observation Mission Hungary – Parliamentary Elections and Referendum (2022): *Statement of Preliminary Findings and Conclusions*. https://www.osce.org/files/f/documents/4/6/515111_1.pdf, abgerufen 12. 9. 2022.
Pakt der Freien Städte (2021): Erklärung. https://kommunalwiki.boell.de/index.php/Pakt_der_Freien_Städte, abgerufen 14. 9. 2022.
Pal, Leslie A. (2012): *Frontiers of Governance. The OECD and Global Public Management Reform*. New York: Palgrave Macmillan.
Rácz, András (2022): „Krieg, Kurswechsel, Kontinuität. Ungarns Ukraine- und Russlandpolitik", *Osteuropa* Jg. 72, No. 4–5, 155–164
Sasinska-Klas, Teresa (2010): "Political Science in Poland: Roots, Stagnation, and Renaissance." In: Eisfeld/Pal (hg), *Political Science in Central-East Europe*, op. cit., 207–220.
#stadtvonmorgen (2021): „Deutsche OBM treten dem ‚Pakt der freien Städte' bei, 16. Sepetmber. https://www.stadtvonmorgen.de/global-city/deutsche-obm-treten-dem-pakt-der-freien-staedte-bei-5965/, abgerufen 18. 9. 2022.

Stammer, Otto (1960): „Zehn Jahre Institut für politische Wissenschaft." In: ders. (hg.): *Politische Forschung: Beiträge zum 10jährigen Bestehen des Instituts für Politische Wissenschaft*. Köln/Opladen: Westdeutscher Verlag, 175–203.

Süddeutsche Zeitung (2020): „Wir verdammen die Aktionen von Herrn Orbán und Herrn Morawiecki", 9. 12. https://www.sueddeutsche.de/politik/polen-ungarn-buergermeister-brief-eu-1.5142852?reduced=true, abgerufen 17. 9. 2022.

Transparency International (2022): *Corruption Perceptions Index Ukraine – 2021 Rank*. https://www.transparency.org/en/countries.ukraine, abgerufen 7. 9. 2022.

Trubetskoy, Denis (2021): „Die zwei Gesichter des Wolodymyr Selenskyi". In: *Zentrum Liberale Moderne: Ukraine verstehen*, 6. Oktober. https://ukraineverstehen.de/trubetskoy-zwei-gesichter-des-praesidenten-selenskyj/, abgerufen 7. 9. 2022.

U. S. Department of State (2021): Public Designation of Oligarch and Former Ukrainian Public Official Ihor Kolomoyskyy Due to Involvement in Significant Corruption. https://www.state.gov/public-designation-of-oligarch-and-former-ukrainian-public-official-ihor-kolomoyskyy-due-to-involvement-in-significant-corruption, abgerufen 7. 7. 2022.

Wolfgang Abendroth Papers. Folder 535. Amsterdam: International Institute of Social History.

Wolkenstein, Fabio (2022): *Die dunkle Seite der Christdemokratie. Geschichte einer autoritären Versuchung*. München: C. H. Beck.

Autorenverzeichnis

A
Abkühlung, regulatorische 151
Ågh, Attila 227
Aldrich, John H. 5
Altheide, David 225
Anderson, David 189
Arendt, Hannah 214
Arrow, Kenneth 48
Atanassow, Ewa 197
Atkinson, Anthony 177

B
Ballard, J. G. 179
Bang, Guri 182
Banlaoi, Rommel 206
Barber, Benjamin 51
Bartels, Larry 119
Bernauer, Thomas 180
Bethe, Hans 40
Biden, Joe 174
Blair, Tony 83, 154
Blakeley, Ruth 205

Bloomberg, Michael 151
Boal, Ian 56
Boda, Zsolt 228
Bradbury, Ray 21
Brintnall, Michael 73
Brown, Gordon 155
Bush, George H. W. 82

C
Carver, Nixon 177
Chilcot, John 83
Chomsky, Noam 46
Clapp, Jennifer 180
Clinton, Bill 82
Clinton, Hillary 78
Coburn, Thomas 4
Cohen, Leonard XXV
Conway, Eric M. 57
Conway, Kellyanne 74
Cooper, Gary 66
Cox, Jo 204
Crick, Bernard 67

© Der/die Herausgeber bzw. der/die Autor(en), exklusiv lizenziert an Springer Nature Singapore Pte Ltd. 2023
R. Eisfeld, *Streiten gegen die Erosion der Demokratie*,
https://doi.org/10.1007/978-981-19-8788-5

D

Dahl, Robert 120
Dale, Daniel 77
Dauvergne, Peter 180
de Gucht, Karel 153
Dean, John 85
Deibert, Ronald 198
Deutsch, Karl W. 48
Dickinson, Eliot 178
Dilnot, Andrew 79
Disraeli, Benjamin 131
Douglas, Kirk 72
Drumheller, Tyler 82
Dudley, Susan 58

E

Easton, David 214, 215
Eichel, Hans 158
Ellsberg, Daniel 90
Eschenburg, Theodor 49
Etzioni, Anitai 49

F

Farage, Nigel 80
Figueiredo, António de 3, 4
Fischer, Joschka 156
Flinders, Matthew XIX
Friedrich, Carl Joachim 42
Fukuyama, Francis 50

G

Gabriel, Sigmar 153
Galbraith, John Kenneth 131
Gibson, Mel 70
Giddens, Anthony 156
Gilens, Martin 122
Glaser, Henning 205
Glenn, John 68
Gorbatschow, Michail 66, 70
Gove, Michael 78, 88
Gramm, Phil 142
Green, Donald 7
Griffith, Robert 53
Gunnell, John 213

H

Harper, Stephen 89
Hawking, Stephen 19
Helm, Dieter 182
Hidalgo, Anne 183
Hilary, John 144, 177
Hirschman, Albert O. 214
Hoover, John Edgar 71
Hoynes, Hilary 144
Huntington, Samuel P. 44

I

Isaac, Jeffrey 55

J

Javeline, Debra 179
John, Peter 9
Johnson, Lyndon B. 81
Jones, Gareth 162

K

Kaczyński, Jaroslaw 221
Kalter Krieg XXI
Kapp, K. William 177
Katznelson, Ira 196, 197, 213
Kelly, John 195
Kennan, George F. 20
Keohane, Robert O. 180
Killian, James 40
Klein, Joel 131
Koblitz, Ann 47
Koblitz, Neal 47

Koch, Ed 144, 156
Kolomosykyi, Ihor 219
Korda, Alexander 178
Körösényi, András 228
Krugman, Paul 119

L
Lafontaine, Oskar 158
Lang, serge 47
Laski, Harold J. 25
Lenschow, Andrea 182
Lindblom, Charles 43, 120
Linz, Juan XXIII
Lipset, Seymour Martin 47
Livingstone, Ken 183

M
Macron, Emmanuel 199, 202
Mailer, Norman 42
Mannheim, Karl 26
May, Theresa 189, 195, 200
Mayer, Jane 58
McCartney, Alison Rios Millett 73
McFarland, Andrew 43
McGuire, Dorothy 65
Mikulski, Barbara 5
Milanovic, Branko 117, 121, 122
Mordaunt, Penny 78
Mouffe, Chantal 43

N
Naumann, Michael 158
Nixon, Richard 72, 175
Nye, Joseph S. 6

O
Obama, Barack 141, 142, 174, 194
O´Connor, Sandra Day 68

Oliver, Chad(wick) 179
Orbán, Viktor 221
Oreskes, Naomi XXIV
Ostrom, Elinor 3, 176, 180, 181, 185, 213, 233
Ostrom, Vincent 23, 69

P
Paes, Eduardo 183
Page, Benjamin 122
Peel, Robert 109
Pelosi, Nancy 147
Pence, Mike 59
Perkins, Anthony 66
Perlstein, Rick 80
Phillips, Kevin 119
Piketty, Thomas 119
Pinderhughes, Dianne XIX
Podesta, John 141
Preminger, Otto 72
Proctor, Robert 56
Putin, Wladimir 28, 163
Putnam, Robert 69

R
Rabi, Isidor 40
Raphael, Sam 205
Reagan, Ronald 66, 68, 70
Reardon, Sean 132
Reid, Harry 147
Renwick, Alan 86
Rifkin, Jeremy 99
Robertson, James 193
Roosevelt, Eleanor 108
Roosevelt, Franklin D. 235

S
Sagan, Carl 18, 21, 26, 54
Said, Edward 49

Sanders, Bernie 147
Sartori, Giovanni 5
Sawer, Marian XIX
Schäfer, Armin 124
Schröder, Gerhard 156
Selenskyi, Wolodymyr 163, 218–220
Shapiro, Ian 7
Sheehan, Neil 81
Shihata, Ibrahim 149
Skocpol, Theda 7, 118
Snowden, Edward 90, 192, 194, 200
Solt, Frederik 122
Soros, George 217, 225
Sprungk, Carina 182
Stiglitz, Joseph 119
Stuart, Gisela 78
Summer, Lawrence 141

T
Talaga, Tanya 77
Teller, Edward 39, 48, 58
Thatcher, Margret 79, 128
Tienhaara, Kyla 153
Tiomkin, Dimitri 66
Trent, John 89
Trumbo, Dalton 72
Trump, Donald J. 73, 74, 77, 78, 80, 85, 86, 88, 89

U
Udall, Mark 200
Ulam, Stanislaw 39

V
Valls, Manuel 104
van Gogh, Theo 106
Vásquaz, Trabraré 151
Vry, Varian 214

W
Waldfogel, Jane 132
Warren, Earl 71
Weber, Max 11
Wellhausen, Rachel 150
Wells, H. G. 178
Williams, Shirley 159
Wilson, Michael 66
Wolpert, Julian 47
Wyden, Ron 200
Wyler, William 65, 66, 102, 215

Z
Zitzelsberger, Heribert 158
Zucman, Gabriel 163, 164

Stichwortverzeichnis

A
affirmative action 101
Agnotologie 56, 173
Antisemitismus 27

B
Brexit 30, 60, 78, 80

C
C40 Cities Climate Leadership
 Group 233
Central European University 227
Climate Mayors 183

G
Gilded Age 230
Große Depression 27, 141
Große Rezession 29, 53, 140, 142,
 144, 155, 159

H
House Un-American Activities
 Committee 66
Hybridisierung 218, 221,
 224, 229

I
Integrationspakte 108, 109, 233
Iran-Contra-Affäre 82

K
Kalter Krieg 31, 40, 42, 44, 50, 58,
 195, 197
Koch Brothers 29

M
McCarthyismus 71, 72
MGIMO (Moskauer Institut für
 internationale Beziehungen) 28

N
New Deal 127, 141, 235, 236

O
Oligarchie. *Siehe* Plutokratie

P
Pakt der Freien Städte 222
Panama Papers 162, 219
Pandora Papers 162, 163, 198
Pentagon Papers 90, 91
Perestroika-Initiative 8, 215
Plutokratie 117, 119, 161, 179, 230
Proprietarismus 165

S
Sonderrechtszonen 162, 163

T
Tea Party 29, 30, 58, 174

U
United States Climate Alliance 175

V
Vietnamkriegs 42, 46, 81, 82

W
Watergate 82, 85
Weltwirtschaftskrise 27

GPSR Compliance

The European Union's (EU) General Product Safety Regulation (GPSR) is a set of rules that requires consumer products to be safe and our obligations to ensure this.

If you have any concerns about our products, you can contact us on

ProductSafety@springernature.com

In case Publisher is established outside the EU, the EU authorized representative is:

Springer Nature Customer Service Center GmbH
Europaplatz 3
69115 Heidelberg, Germany

www.ingramcontent.com/pod-product-compliance
Lightning Source LLC
LaVergne TN
LVHW020342260326
834688LV00045B/1493